Natalja Reschetowskaja

Lieber Alexander

Mein Leben mit Solschenizyn

Natalja Reschetowskaja

Lieber Alexander

Mein Leben
mit Solschenizyn

Aus dem Russischen
von
Alexander Kaempfe

Desch

Mit 14 Abbildungen

Die Veröffentlichung der Abbildungen erfolgt mit Genehmigung von Teti Editore, Mailand;
die der Abbildung neben Seite 145 links unten mit der von dpa.
Schutzumschlag-Entwurf: Klaus von Seggern, München
Gesamtherstellung: Salzer - Ueberreuter, Wien
Printed in Austria 1975
ISBN 3-420-04748-7

Inhalt

KAPITEL I

Krieg

Am 22. Juni 1941, einem Sonntagmorgen, entstieg ein junger Mann dem Schnellzug Rostow–Moskau und betrat den Bahnsteig des Kasanbahnhofs. Erst jetzt, da er Moskauer Boden betrat, begann dieser Mann, der zweiundzwanzigjährige Alexander Solschenizyn, ein neues Leben. Er hatte sein letztes Examen an der Physikalisch-mathematischen Fakultät der Universität Rostow abgelegt und daraufhin beschlossen, die exakten Wissenschaften aufzugeben und sich ganz der Literatur zu widmen.
Solschenizyn kam nach Moskau, um die Aufnahmeprüfung für das zweite Unterrichtsjahr des Instituts zu bestehen, an dem er, parallel zur Universität, im Fernstudium studierte: des Moskauer Instituts für Philosophie, Literatur und Geschichte (MIFLI).
Jetzt brauchte er die Mathematik nur noch zum Erwerb fürs tägliche Brot. Für die Seele, zur Erlangung des erträumten Ziels, brauchte er eine vollwertige humanwissenschaftliche Ausbildung. Denn schon von frühen Jahren an träumte Sanja davon, Schriftsteller zu werden.
*»In der Stadt wuchs der Junge Gleb auf, aus dem Füllhorn der Wissenschaften fielen die Erfolge auf ihn herab, er bemerkte, daß er rasch auffaßte, daß es aber auch andere gab, die schneller auffaßten und ihn durch die Fülle ihres Wissens ausstachen ... Er verstand das so: Nur jene Menschen sind bedeutend, die in ihrem Kopf die Last der Weltkultur mit sich tragen, die enzyklopädischen Geister, die Kenner der Geschichte, die Liebhaber des Schönen, die Vielgebildeten und Vielseitigen. Und dies: Man muß zu den Auserwählten gehören!«**
Mit der Straßenbahn nach Sokolniki ... Ins MIFLI ... In der Vorhalle sind die Lehrveranstaltungen und Examina ausgehängt.
MIFLI: das ist der Weg nach oben! Hier lehren die berühmtesten Professoren des Landes! Die Studenten dieses Instituts unterscheiden sich durch etwas Unwägbares von den Medizinern und Ingenieurstudenten, ja selbst noch von den Philologen anderer Hochschulen. Alexander Twardowskij, unlängst noch MIFLI-Student, hat voriges Jahr den Leninorden bekommen.

* Alle kursiv gesetzten Passagen bezeichnen Texte, die die Autorin aus Solschenizyns Roman DER ERSTE KREIS DER HÖLLE zitiert.

Die gehobene Stimmung legt sich auch dann nicht, als sich herausstellt, daß die Fernstudenten nicht wie sonst in dem schon ans Herz gewachsenen Schulgebäude neben dem Institut untergebracht werden, sondern im Wohnheim an der Stromynka, bunt vermischt mit den »fremden« Studenten der Moskauer Universität.
Doch nun scheint er sich halbwegs eingerichtet zu haben. Die Bücher und Exzerpte sind im Nachttisch verstaut.
Da kündigt der Rundfunksprecher – das Radio im Zimmer ist eingeschaltet – eine wichtige regierungsamtliche Mitteilung an...
Was soll das bedeuten? Das vage unruhige Vorgefühl eines bedeutenden Ereignisses greift um sich.
Es ist Krieg ... Krieg mit Deutschland!
Viele Studenten des MIFLI tragen sich in die Liste der Kriegsfreiwilligen ein. Sanjas Wehrpaß ist in Rostow geblieben, er kann nur dort zur Armee eingezogen werden. Auf nach Rostow! (Er muß bitten, daß er zur Artillerie kommt. Aber wird seine »beschränkte Tauglichkeit« nicht ein Hindernis sein?)
Daran, daß Sanja für den Militärdienst nur »beschränkt tauglich« war, trug sein Nervensystem die Schuld.
Allen, die ein Bild von Solschenizyn sahen, fiel die Narbe auf, die seine rechte Stirnseite quert.
Es ergab sich, daß alle glaubten, diese Spur rühre vom Krieg oder vom Gefängnis her. Solschenizyn pflegte das weder zu bestätigen noch zu dementieren. Und ich, obwohl ich diese Narbe seit unserer ersten Begegnung kannte, fragte meinen Mann nicht danach. Es wäre mir peinlich gewesen. Erst im Jahre 1973, ein gutes Dritteljahrhundert nach unserer ersten Bekanntschaft, erfuhr ich ihren wirklichen Ursprung. Kirill Simonjan, Doktor der Medizinalwissenschaften, bekannter Chirurg, der einst die gleiche Klasse wie mein Mann besucht hatte, erzählte davon.
Kirill und ich hatten uns zwanzig Jahre lang nicht gesehen.
Wir betrachteten einander voller Neugier.
»Kirill, weißt du, ich versuche, das Vergangene in mancher Hinsicht neu zu durchdenken, um es besser zu verstehen... Um die Gegenwart zu begreifen, muß man begreifen, was geschehen ist... Mir scheint, daß die Ursprünge irgendwo weit, weit weg liegen...«
Von der Absicht erfüllt, ein ernsthaftes Gespräch zu führen, begann ich aus irgendeinem Grund – mit der Narbe.

Kirill war nicht verwundert.
»Du weißt doch«, sagte er, »daß Sanja in seiner Kindheit sehr sensibel war und es sich sehr zu Herzen nahm, wenn ein anderer eine bessere Note bekam als er. Wenn Sanjas Antwort nicht mit einer Fünf benotet wurde, veränderte sich seine Gesichtsfarbe, er wurde kreidebleich und lief Gefahr, in Ohnmacht zu fallen. Deshalb beeilten sich die Lehrer, ihm zu sagen: ›Setz dich! Ich ruf' dich ein anderes Mal auf.‹ Ohne ihm eine Note zu geben.
Eine derart empfindliche Reaktion Sanjas, selbst noch auf den kleinsten Reiz, hielt auch uns, seine Freunde, davor zurück, eine wie immer geartete Kritik an ihn zu richten.
Sogar noch als er als Klassensprecher mit einer besonderen Lust ausgerechnet mich und Lida, seine besten Freunde, ins Disziplinarheft eintrug, schwiegen wir und ließen ihn gewähren.
Auch die Lehrer nahmen Rücksicht auf Sanjas Nervosität. Dies erweckte in ihm schließlich den Glauben an die Unfehlbarkeit seiner Person, den Glauben an seine Ausschließlichkeit.
Eines Tages jedoch mußte Geschichtslehrer Berschadskij Sanja tadeln, und Sanja fiel wirklich in Ohnmacht. Er prallte gegen die Schulbank und schlug sich die Stirn auf.
Alle waren sehr erschrocken. Seit jenem Vorfall behandelten die Lehrer Sanja noch behutsamer.
Der Mensch, der in uns die Liebe zu Literatur und Kunst erweckte, war zweifellos Anastassija Sergejewna Grünau«, fuhr Simonjan weiter fort. »Sie unterrichtete uns seit der siebenten Klasse. Ihr Lehrfach faßte sie mit Begeisterung an. Und die Begeisterung sprang auf uns über. Während ihres Unterrichts fühlten wir uns nicht als Kinder, sie behandelte uns wie Erwachsene.
Unsere Aufsätze über Shakespeare, Byron und Puschkin schrieben wir unter Zuhilfenahme von Sekundärquellen, wobei einer den anderen auszustechen versuchte. Nach und nach stellte sich heraus, daß Lida Jescherez, Sanja Solschenizyn und ich am besten damit umzugehen verstanden.
Zunächst schrieben wir sehr schwache und stark nachempfundene Gedichte, bis Anna Sergejewna uns den Vorschlag machte, gemeinsam Romane zu verfassen.
Gleichzeitig begannen wir, eine satirische Zeitung mit Gedichten und Epigrammen herauszugeben. Mit den Epigrammen zielten wir aufeinander, aber auch auf die Lehrer, welche diese sogar

benoteten: sehr witzig – nicht sehr witzig – witzig, aber taktlos usw.
In der neunten und zehnten Klasse begeisterten wir uns für das Theater. Wir gründeten einen Dramenzirkel und probten Stücke von Ostrowskij, Tschechow und Rostand. In unserer Klasse gab es ausgeprägte ›handelnde Personen‹ für jede Rolle. Auch hier natürlich mußte Sanja voran sein – man vertraute ihm die Rollen der ›ersten Liebhaber‹ an. Im Jahre 1936 machte er sogar den Versuch, dem Sawadskij-Studio beizutreten. Doch seine Stimmbänder ließen ihn im Stich. Seine Stimme klang immer etwas dumpf.
Nach Abschluß der Schule, als wir drei verschiedene Institute besuchten, sahen wir uns viel seltener. Aber unsere Literaturbegeisterung ließ nicht nach. Am konsequentesten verhielt sich Lida, sie beendete die Philologische Fakultät des Pädagogischen Instituts sowie eine Aspirantur an der Universität Moskau und wurde Literaturkritikerin. Wir zwei besuchten einen literarischen Zirkel im ›Haus der Medizinalschaffenden‹.«

Im Gespräch, das ich hier wiedergebe, klang verborgen ein zweites, tieferes Thema an. Die Menschen reden nicht nur mit Worten ... Ab und zu kam, wie mir scheint, ein »Kontrapunkt« zustande. Diesen Roman von Huxley haben wir in unserer Jugend sehr geliebt ...
Wie das im Leben oft geht, stieß ich einige Tage nach meinem ersten Gespräch mit Simonjan beim Durchblättern der Briefe meines Mannes auf einen recht bemerkenswerten Ausspruch, der den Roman von Huxley betraf. Solschenizyn fand den Gedanken verblüffend, daß alles, was einem Menschen zustößt, unweigerlich ihm selbst gleicht. Er ging daran, diese Behauptung am Beispiel seines eigenen Lebens zu prüfen, und fand sie in auffallender Weise bestätigt. Viele »Zufälligkeiten« sind, wenn man genauer hinschaut, der Ausdruck der Natur des Betreffenden und die Frucht der Natur.
Interessant zu wissen, was Solschenizyn heute dazu sagen würde? Daß jedes Volk sein Los verdient, habe ich aus seinem Mund gehört. Und jeder Mensch ...?

Wieder in Rostow angekommen, eilte mein Mann ins Wehrbezirkskommando. Dort legte man ihm nahe, zu warten.
Fast alle Absolventen der Universität wurden bald mobilisiert und auf Kriegsschulen geschickt. Darunter war auch unser bester gemeinsamer Freund Nikolaj Witkewitsch oder, wie wir ihn nannten, Koka.
Koka besuchte die Schule zusammen mit Sanja, Lida und Kirill. Als im Jahre 1936 Sanja an die Physikalisch-mathematische Fakultät und Lida ans Pädagogische Institut gingen, schrieben sich Koka und Kirill an der Chemischen Fakultät der Universität ein. Das gleiche tat auch ich.
Schon nach der achten Klasse hatte ich in der Klavierklasse der Rostower Musikschule zu studieren begonnen. Mein Lehrer war der hervorragende Musikpädagoge Jewgenij Fjodorowitsch Girowskij. Ich lernte zusammen mit der begabten Gajaneh Tschebotarjan und spielte mit ihr auf zwei Klavieren. Gajaneh wurde später Komponistin.
Nach Beendigung der Schule wollte ich mich nur noch der Musik widmen. Doch auch die Wissenschaften liebte ich sehr. So verbrachte ich bereits während der Schulzeit die Feiertage über der Lösung von Aufgaben, die man uns gar nicht aufgegeben hatte. An zweiter Stelle nach der Mathematik interessierte ich mich für Chemie. Ich hatte dieses Fach besonders liebgewonnen, als ich von jener geheimnisvollen Tabelle mit den Zeichen der schon bekannten und der noch unbekannten chemischen Elemente erfuhr, die in unserem Chemiesaal hing. Die Tabelle des genialen Medelejew enthielt, wie sich herausstellte, sämtliche Bausteine, aus denen unser Weltgebäude erbaut ist, und sie ließ sogar noch Raum für jene, die in der Zukunft entdeckt werden würden. In der Meinung, Mathematik sei doch nicht ganz das Richtige für einen weiblichen Kopf, und mochte dieser auch über die notwendigen Fähigkeiten verfügen, wählte ich Chemie. Aus diesem Grund lernte ich Koka und Kirill früher kennen als Sanja. Ich freundete mich rasch mit ihnen an.
Kirill wechselte nach einem Jahr ins Medizinische Institut über, während Koka und ich im Jahre 1941 die Chemische Fakultät der Universität Rostow abschlossen.
Die ganzen fünf Jahre über saßen wir Seite an Seite. Wir brachten es fertig, den Vorlesungen zu lauschen oder ein Experiment zu verfolgen und zugleich unablässig »diverse Ideen« (Kokas Aus-

druck) zu diskutieren. Wir diskutierten die Worte des Dozenten, diskutierten unsere persönlichen Erlebnisse und Leseerfahrungen von einst und jetzt, diskutierten jeden durchlebten Tag.
Das Ergebnis war, daß die Wandzeitung der Fakultät uns »Vorlesungsplapperer« zu Helden einer spöttischen Glosse machte. Aber die Dozenten verziehen uns, denn wir lernten gut. Wäre Koka nicht so kompromißlos gewesen, hätten wir alle beide die Universität mit dem Diplom »vorzüglich« absolviert. Während des Staatsexamens über die Grundlagen des Marxismus-Leninismus lehnte er es aus Prinzip ab, eine Zusatzfrage von der Art »Was wäre gewesen, wenn ...« zu beantworten, wobei er sich auf Lenins negative Einstellung zu solchen konjunktivischen Fragen berief. Die Mitglieder der Prüfungskommission wurden von Zorn gepackt und setzten Kokas Note herunter. Das war so ungerecht, daß wir in einer ganzen Gruppe zum Rektor gingen und ihn baten, Witkewitsch eine Wiederholung seines Examens zu gestatten. Kommissionsvorsitzender Professor Schenker schlug Nikolaj vor, eine Erklärung mit der Bitte um Nachexaminierung einzureichen: in Anbetracht dessen, daß er zum Zeitpunkt der Prüfung unpäßlich gewesen sei.
»Sie wissen genau, daß nicht das der Grund war«, erwiderte Koka.
Ich erzähle das deshalb, weil dieser Vorfall in vollem Maße Kokas Charakter enthüllt.
Sanja und Koka waren füreinander wohl die engsten Schulfreunde. Ein noch festeres Band war die gemeinsame Reiselust.
Im Sommer 1936 schafften sie sich Fahrräder an und machten im Sommer 1937 eine Radtour über die Georgische Militärstraße.
Im Sommer 1938 radelten sie durch die Ukraine und Krim.
Anfang 1939 nahm Koka bereitwillig Sanjas Vorschlag an, ans MIFLI zu gehen. Sie würden Seite an Seite fortschreiten. Sie würden die »Greise« studieren – das waren die berühmten Philosophen der Vergangenheit –, und anschließend würden sie arbeiten: Koka auf dem Gebiet des reinen Denkens, Sanja als Kunsthistoriker.
Im Sommer des gleichen Jahres, nachdem sie sich als Fernhörer am MIFLI eingeschrieben hatten, unternahmen die zwei Freunde, der Radfahrerei untreu geworden, eine Bootsfahrt auf der Wolga. Sie kauften sich in Kasan für 225 Rubel ein Boot, versorgten sich statt mit Angelgerät mit Lehrbüchern, schwammen die Wolga abwärts, sammelten Eindrücke und büffelten die MIFLI-Fächer.

Nach drei Wochen trafen sie in Kujbyschew ein. Hier gelang es ihnen, ihr Boot für 200 Rubel zu verkaufen. Die Reise hatte sie also 25 Rubel gekostet.
Es folgten gemeinsame Fahrten zweimal im Jahr (auch Kirill war dabei) zum Sommer- und zum Wintersemester des MIFLI.
Da wurde Koka zur Armee eingezogen. Man schickte ihn zu einem Offiziersausbildung-Kurzlehrgang an die Akademie für Kriegschemie.
Sanja begann am 1. September den Kindern des Städtchens Morosowsk Mathematik und Astronomie beizubringen. An der gleichen Schule unterrichtete ich Chemie und die Grundlagen des Darwinismus.
An den Abenden saßen wir oft draußen vor der Tür des Hauses, das wir bewohnten, und redeten lange mit den Nachbarn: mit dem Ehepaar Bronewizkij. Sie lebten ihr eigenes, besonderes Leben ... Alle Ereignisse an der Front nahmen sie auf eine eigenartige Weise auf. Wenn in den Heeresberichten davon gesprochen wurde, unsere Truppen hätten eine Stadt aufgegeben, berichtete uns Bronewizkij, welche Stadt von den Deutschen »eingenommen« worden sei.
Unsere Gespräche wurden immer offenherziger, und wir erfuhren, daß Bronewizkij jenen schweren Lebensabschnitt hinter sich hatte, der meinem Mann erst noch bevorstand: das *Gefängnis!*
Damals jedoch verhalf uns Bronewizkijs Geständnis nicht dazu, seine Verbitterung zu begreifen und zu rechtfertigen.
Obwohl wir mit den Kriegsereignissen lebten, obwohl uns die Mißerfolge an der Front sehr nahegingen und wir ständig die durch unseren Bahnhof fahrenden endlosen Züge mit Evakuierten vor Augen hatten, brachten wir es fertig, Gefallen am Unterricht in der Schule zu finden. Wir tauschten gern unsere Meinungen über die Schüler, über ihre Erfolge und Mißerfolge aus. Uns beeindruckten die vor Neugier brennenden Augen der Kinder, wenn sie von uns zum erstenmal etwas für sie völlig Neues, bis dahin Unbekanntes erfuhren. Deshalb bemühten wir uns, den Unterricht möglichst interessant und einfallsreich zu gestalten.
Mitte Oktober wurde Sanja eingezogen.
Viele Jahre später, Ende 1954, schrieb Sanja:
»Es war so schwer, an jenem Tag des 18. Oktober 1941 aus dem Haus zu gehen! Aber mein Leben begann erst mit jedem Tag. Niemals wissen wir, was mit uns geschieht!«

Als der Krieg begann, war unsere Ehe etwas älter als ein Jahr.
Sanja und ich lernten uns im Jahre 1936 kennen: einige Tage nach dem Beginn unseres ersten Studienjahres.
Einmal standen während einer Unterrichtspause Koko, Kirill und ich zusammen und unterhielten uns lebhaft. Ich war mit meinem Frühstück, das ich von zu Hause mitgebracht hatte, beschäftigt.
Plötzlich hoben die beiden Burschen ihre Köpfe und riefen: »Der Seehund!«
Die Treppe hinauf, nur jede zweite Stufe nehmend, rannte ein hochaufgeschossener, hagerer junger Mann mit dichtem hellem Haar. Er erklärte, er würde bei uns Chemie hören. Er redete sehr schnell. Auch seine Bewegungen waren irgendwie schnell und ungestüm. Sein Gesicht war sehr beweglich.
Seine Augen wechselten von einem zum anderen, um sich dazwischen voller Interesse auf mich zu heften. Sein erster Eindruck war, er hätte schon im ersten Augenblick nicht mein ganzes Gesicht gesehen. Dessen untere Hälfte war von einem riesengroßen Apfel verdeckt, von dem ich, im Wechsel mit den Stullen, ab und zu ein Stück abbiß.
Die Jungen erzählten viel über ihre Schule. Sich selbst bezeichneten sie als die drei Musketiere, wobei Sanja Athos, Koka Portos und Kirill Aramis war.
Ihre Gespräche waren angefüllt von den Helden der verschiedensten Literaturwerke, von antiken Göttern und geschichtlichen Personen. Alle drei erschienen mir als Alleswisser.
Zu Hause erzählte ich so ausgiebig und begeistert von meinen neuen Bekannten, daß meine Mutter vorschlug, die drei irgendwann zu uns einzuladen.
Am Abend des 7. November kamen Sanja, Koka und Kirill und noch drei Studentinnen unserer Fakultät zu uns. Wir veranstalteten ein Pfänderspiel, ich mußte mich ans Klavier setzen. Ich spielte die Vierzehnte Etüde von Chopin.
Bevor wir uns zu Tisch setzten, um Tee zu trinken und Mutters Gebäck zu essen, wuschen wir uns in unserem kleinen Zimmer die Hände. Sanja goß das Wasser aus einem Krug über meine Hände. Er sagte: »Weißt du, du spielst sehr gut Klavier.«
Meiner Mutter gefiel die ganze Gesellschaft, am meisten aber Kirill, dessen traurige ausdrucksvolle Augen es ihr angetan hatten. Sein Leben war in der Tat nicht gerade fröhlich. Seine Mutter

war schon lange und schwer krank, die Sorge um sie und die kleine Schwester Nadja – die heute eine bekannte Komponistin ist – lag auf Kirills Schultern.
Zehn Tage später, am 17. November, veranstaltete man aus Anlaß des Geburtstags einer früheren Klassenkameradin unserer »drei Musketiere«, der Biologiestudentin Ljulja Oster, wieder einen ähnlichen Abend. Dort stellte man mich Lida Jescherez vor. Kirill führte mich zu ihr und sagte gewichtig: »Natascha, das ist Lida.« Wir hatten schon viel voneinander gehört. Kirill hatte ihr voller Erstaunen über mich gesagt: »Verstehst du, die ist ganz wie wir.« In seinem Mund war das das höchste Lob.
Natürlich konnte ich damals nicht ahnen, daß ich genau zwanzig Jahre später von Solschenizyn folgenden Brief erhalten würde: »Heute sind es genau zwanzig Jahre seit jenem Tag, den ich als den Tag ansehe, an dem ich mich endgültig und unwiderruflich in dich verliebte: der Abend bei Ljulja, Du im weißen Seidenkleid und ich (zum Spiel, zum Scherz, aber auch im Ernst) auf den Knien vor Dir. Der nächste Tag war ein Feiertag – ich ging den Puschkin-Boulevard auf und ab und verlor vor Liebe fast den Verstand.«
An jenem Abend faßt Sanja Solschenizyn den Entschluß, einen historischen Roman zu schreiben. Am nächsten Tag durchdenkt er den Roman. Mich stellt er sich als eine Romanheldin vor, die den klangvollen Namen Ljussja Olchowskaja tragen soll...
In jenem Jahr war ich aber mehr noch mit Koka befreundet. In den Winterferien brachte er mir das Schachspiel bei und im Sommer das Radfahren. Er schickte mir sogar, von seiner Radtour über die Georgische Militärstraße, einen Brief, der mich, infolge einer Laune der Post, nicht erreichte ... Sanja sagte mir damals nichts von seinem Gefühl für mich. Es inspirierte ihn zu Gedichten. Er vertraute es seinem Tagebuch an ...

Als wir im zweiten Studienjahr waren, wurde an der Universität eine Tanzschule eröffnet. Von uns allen meldeten sich nur zwei Personen an: Sanja und ich. Da war es nicht verwunderlich, daß wir ein Paar wurden ...
Auch zu den Universitätsabenden kamen wir fortan immer zu zweit und tanzten dort nur miteinander. Sanja holte mich ab, ich spielte ihm, bevor wir gingen, gewöhnlich noch etwas auf dem

Klavier vor. Außer den Stücken, an denen ich übte, spielte ich, wie ich mich erinnere, oft die Serenade von Brag.
Ich fühlte mich sehr wohl dabei. Und wünschte mir keinerlei Veränderungen.
Am 2. Juli 1938 gestand mir Sanja plötzlich seine Liebe. Er sprach davon, daß er mich in seinem zukünftigen Leben stets an seiner Seite sähe. Und wartete auf eine Antwort.
War das, was ich für Sanja empfand, Liebe? Jene Liebe, für die man bereit ist, alle und alles zu vergessen, um sich Hals über Kopf in ihren Abgrund zu stürzen? Damals verstand ich unter echter Liebe nur dies (das kam aus Büchern). Heute verstehe ich unter echter Liebe nur dies (nachdem das Leben gelebt ist).
Doch in jener Zeit war mein Leben so vielgestaltig, daß Sanja, so schien es mir, dies alles nicht ersetzen konnte, obwohl er mir sehr viel bedeutete. Die Welt erschöpfte sich für mich nicht in ihm.
Indessen mußte irgendwas sofort gesagt und entschieden werden. Ich ließ den Kopf auf die Bank fallen, die im Dickicht des Theaterparks versteckt war, und begann zu weinen.
Dann kam der 5. Juli. Das Konzert der damals bekannten Sängerin Tamara Zereteli im Perwomaiskij-Garten. Sanja gab sich zurückhaltend, betont höflich, schweigsam.
War also alles vorbei? Plötzlich erschien alles um mich herum nicht mehr anziehend. Nur das allein sollte bleiben, was war! Weil ich ohne das nicht leben konnte. Ich wollte, daß es immer so bliebe! Also war es Liebe?
Einige Tage später schrieb ich, die in Wort und Tat bisher stets so Zurückhaltende, Sanja einen Brief, daß ich ihn liebe.
Und alles blieb, wie es war ... Aber nicht ganz ... Allmählich trat in unsere Beziehung viel Zärtlichkeit. Die Trennung nach einem Zusammensein fiel uns immer schwerer, immer größere Mühe kostete es uns, unseren Wünschen keinen freien Lauf zu lassen.
Entweder Vereinigung oder Trennung – so stellte sich mir die Situation dar. Und ich machte, wieder brieflich, den letzteren Vorschlag. Als Antwort händigte mir Sanja einen Brief ein, den er, wie sich herausstellte, schon längst parat hielt.
Er schrieb, er könne sich mich in der Zukunft nur als seine Ehefrau vorstellen. Er fürchte aber, daß das dem Ziel seines Lebens hinderlich sein würde. Um einen solchen Erfolg im Leben zu erringen, wie er ihn sich vorstellte, müsse er das MIFLI abschließen, und zwar möglichst schnell; und ich sollte währenddessen das

Konservatorium beenden ... Das würde eine hohe Konzentration unserer Zeit erfordern. Jedoch tausend verschiedene Kleinigkeiten, die im Familienleben unvermeidlich seien, könnten »die Zeit in Gefahr bringen«. Diese Kleinigkeiten würden uns unterkriegen, noch ehe es uns gelänge, »unsere Flügel zu entfalten«. Die Zeit! So ließe sich das grundlegende Hindernis für eine sofortige Eheschließung am knappsten formulieren. Sanja war verwirrt, er quälte sich.

Bei der Aufzählung dessen, was uns bei der »Flügelentfaltung« behindern würde, nannte Sanja »noch eine potentielle angenehm-unangenehme Folge«: die Geburt eines Kindes.

In dieser Frage änderten sich Solschenizyns Ansichten wiederholt. Im Gefängnis bedauerte er, daß wir keine Kinder hatten. Später kam er zur Einsicht, daß Menschen »mit großen Aufgaben« nicht körperliche, sondern »geistige Kinder« haben sollten.

In den letzten Jahren haben sich Solschenizyns Ansichten und sein Handeln auf diesem Gebiet wiederum verändert.

Damals im Jahre 1939 einigten wir uns darauf, daß wir ein Jahr später heiraten würden, nach Beendigung des vierten Studienjahres.

Sanja war bereits Student des MIFLI. Er hatte kein Recht mehr, auch nur eine einzige Minute zu verlieren. Sogar wenn er auf die Straßenbahn wartete, entnahm er seiner Manteltasche handgeschriebene Zettel, auf deren einen Seite irgendein geschichtliches Ereignis oder eine historische Persönlichkeit verzeichnet war, während die andere Seite die dazugehörigen Daten enthielt. Vor dem Beginn eines Konzerts oder eines Films pflegte ich ihn mit Hilfe dieser zahllosen Zettel abzufragen, von wann bis wann Mark Aurel regiert hatte, wann das Edikt von Carracola eingeführt worden war und manches mehr in dieser Art. Oder lateinische Wörter und Ausdrücke, die gleichfalls auf solche Kartothekzettel geschrieben waren.

Wenn weder ein Filmbesuch noch ein Konzert in Aussicht stand, wurden unsere Rendezvous auf zehn Uhr abends angesetzt. Um diese Zeit machte nämlich der Lesesaal zu. Sanja opferte seiner Geliebten lieber den Schlaf als das Lernen auf!

Der Frühling des Jahres 1940 brach an. Für die Trauung wählten wir den 27. April. Mein zukünftiger Mann liebte Zahlen, die durch drei teilbar waren. An diesem warmen, aber windigen Tag schenkte mir Sanja, als wir aus dem Standesamt heimkamen, sein Photo mit folgender Widmung:

»Wirst Du in allen Lebensumständen den Mann lieben, mit dem Dich das Leben einst verbunden hat?«

Diese mir von meinem Mann und vom Schicksal gestellte Frage will ich in meinen Aufzeichnungen zu beantworten versuchen.

Wir erzählten keinem davon, daß wir uns hatten trauen lassen. Einige Tage später fuhr ich nach Moskau, um dort ein Betriebspraktikum zu machen.

Es war mein erster Moskauaufenthalt. Ich lernte meinen Onkel V. Turkin und seine erste Familie kennen: Veronika die Ältere und Veronika die Jüngere. Ich wohnte bei Veronika Nikolajewna. Das Praktikum absolvierte ich im NIOPIK, das sich in nächster Nähe des Hauses an den Patriarchenteichen befand, wo meine Tante wohnte.

Am 18. Juni eilte ich zum Empfang meines Mannes. Er kam zum Sommersemester des MIFLI.

An jenem glücklichen Tag spazierten Sanja und ich durch den Park für Kultur und Erholung. Wir drangen bis in den Nesskutschnyj-Garten vor. Damals konnten wir nicht ahnen, unter welch andersgearteten Umständen wir uns hier wieder aufhalten würden.

Stacheldraht sollte uns trennen, und eine Verständigung war nur durch Zeichen möglich: er auf einem Fensterbrett im zweiten Stock jenes Hauses an der Kalugaer Bannmeile sitzend, wo er als Parkettleger arbeitete, ich aus dem Nesskutschnyj-Garten zu ihm hinauf schauend ...

Ende Juli ließen wir uns auf Anraten meines Onkels in Tarussa nieder. Dort verbrachten wir unseren »Honigmond«.

Wir mieteten ein kleines Haus direkt am Wald. Wir streiften selten durch diesen Wald, lieber ließen wir uns im Schatten der Birken nieder. Mein Mann las Gedichte von Jessenin oder Tolstojs »Krieg und Frieden« vor, wobei er gern auf die Ähnlichkeit der beiden Nataschas hinwies.

Wir lasen und lernten, zusammen und jeder für sich. Mein Mann bereitete sich für das zweite Studienjahr des MIFLI vor. Ich füllte meine Bildungslücken aus.

Erst aus Tarussa schrieben wir unseren Müttern und Freunden, daß wir geheiratet hatten. Wir erhielten ihre Glückwünsche. Die der Freunde waren, aus einer Reihe von Gründen, nicht ganz aufrichtig ... Wie ich später von Kirill erfuhr, war Koka darüber unglücklich, daß ich Sanja geheiratet hatte, obwohl er mich das mit keiner Andeutung fühlen ließ. Sanja war doch sein Freund. Kirill war meinetwegen betrübt, er befürchtete, Sanja würde durch sein despotisches Wesen, das seinen Freunden schon damals aufgefallen war, meine Selbständigkeit unterdrücken, meine Persönlichkeit an ihrer Entfaltung hindern.

Das Leben zeigte mir, daß die Freunde recht hatten. Doch um das zu begreifen und es mir einzugestehen, brauchte ich volle dreißig Jahre.

Uns erwartete ein »Hochzeitsgeschenk«: Solschenizyn erhielt fortan ein höheres Stipendium. Er bekam es deshalb, weil er nicht nur die besten Noten vorzuweisen hatte, sondern auch Aktivist war. Zu seiner Aktivität gehörte die Laienkunst, die Herausgabe einer Wandzeitung und allgemein eine tätige Teilnahme an allen öffentlichen Angelegenheiten.

Mein Mann und ich ließen uns nicht weit von unseren Verwandten nieder.

Das Zimmer in der Tschechowgasse, freilich klein und bei einer mürrischen Wirtin gemietet, besaß indessen die Bequemlichkeit, daß wir in der Nähe meiner Verwandtschaft und Sanjas Mutter lebten und daß sich auch die beiden bevorzugten Lesesäle meines Mannes in der Nähe befanden: der »schwerindustrielle« Lesesaal und der Lesesaal im Haus für Parteibildung. Letzteren nannte man »Denkerei«, weil es sich dort besonders konzentriert arbeiten ließ. Während unseres ersten Ehejahres, zugleich unser letztes Jahr vor einer langen Trennung, waren wir beide bis zum äußersten beschäftigt. Nach dem zu früher Stunde eingenommenen Frühstück eilten wir in die Universität. Wenn es keine Vorlesungen gab, ging Sanja in einen Lesesaal, während ich zu Hause blieb, um die mir noch verbliebenen Spezialfächer zu pauken oder um Aufstellungen für die Jahresarbeit zu machen.

An den Werktagen trafen wir uns dann bei meinen Verwandten, wo Punkt drei das Mittagessen eingenommen wurde. Das Essen durfte sich nicht um eine einzige Minute verspäten! Wenn das doch geschah, entnahm Sanja seiner Hosentasche die bereits bekannten Zettel und bat mich, ihn abzufragen.

Nach dem Mittagessen lief mein Mann wieder in den Lesesaal. Auch nach der Heimkehr nahm das Lernen seinen Fortgang: häufig bis um zwei Uhr nachts. Das ging nicht ohne Kopfschmerzen ab. Er begriff, daß man so nicht arbeiten konnte, wollte sich aber nicht Einhalt gebieten. Er mußte der Erste sein, der Erste! Um alles in der Welt! Um jeden Preis!

An den Sonntagen gestatteten wir es uns, den Tag ein wenig später als gewöhnlich beginnen zu lassen. Die Sonntage unterschieden sich außerdem noch darin von den Werktagen, daß wir bei Sanjas Mutter zu Mittag aßen. Dieser einzige Tag war für sie ein Feiertag. Sie legte ihr ganzes Talent und ihre Liebe darein, uns ein besonders schmackhaftes Mahl vorzusetzen.

Ihre Tatkraft und Geschicklichkeit, die Behendheit, mit der sie trotz der sie nie verlassenden Krankheit (einer offenen Tuberkulose) alles verrichtete, waren bewunderungswürdig. Sie besaß die gleiche schnelle Redeweise wie der Sohn, die bei ihr freilich durch Husten unterbrochen wurde, und die gleiche lebendige Mimik ... Man konnte sich gut vorstellen, welch vorzügliche Stenographin sie gewesen war.

Solschenizyns Befürchtungen, daß seine Eheschließung seinen Zukunftsplänen im Wege stehen würde, wurden gegenstandslos. Er sah, daß er als verheirateter Mann nicht nur keine Zeit verloren, sondern sogar welche dazugewonnen hatte! Man mußte keine Rendezvous mit »ihr« verabreden, mußte sie nicht mehr ständig ins Konzert, ins Theater oder ins Kino führen, mußte mit ihr nicht nachts auf den Straßen und Boulevards spazierengehen. Wenn sie für ihn besonders begehrenswert war, befand sie sich gleich neben ihm. Freilich jammerte ihm die Frau manchmal darum etwas vor, daß das Leben nicht mehr so unterhaltend war, daß der Begriff »zu Gast sein« fast aufgehört hatte zu bestehen. Mein Mann kam mir bisweilen wie eine auf ewige Zeiten aufgezogene Maschine vor. In solchen Augenblicken überfiel mich Furcht ... Aber Sanja malte seiner Frau verlockende Bilder aus: sie würden ein Jahr in der Dorfschule arbeiten (gleichzeitig werde er das Dorfleben studieren), und dann würden sie versuchen, in Moskau Fuß zu fassen. Er werde das Studium am MIFLI abschließen ... Sie sollte das Konservatorium besuchen ... Um solcher Aussichten willen lohne es sich schon, einiges zu erdulden ...

Obwohl wir über die Maßen beschäftigt waren, beteiligten wir

uns im Frühjahr 1941 an der Laienkunstleistungsschau der Hochschulen und Technika des Gebietes Rostow. Mein Mann trug Gedichte vor, während ich Klavier spielte.
In jenem Jahr trafen wir uns nur selten. Zum letztenmal an Lidas Namenstag am 20. April ...
Lida war bereits Aspirantin am Pädagogikinstitut. Kira absolvierte gerade das vierte Studienjahr des Medizinalinstituts. Koka, Sanja und ich sollten in einem Monat das Staatsexamen ablegen.
Wir saßen auf dem Balkon und erfreuten uns an der buntbewegten Menschenmenge, die über die gleißend beleuchtete Friedrich-Engels-Straße wogte. Das war die Hauptstraße von Rostow: das, was der Newskij-Prospekt für Leningrad bedeutet. Genauso schnurgerade, genauso einladend, ein genauso beliebter Treffpunkt der Jugend.
Keiner von uns konnte vermuten, daß diese Straße zwei Monate später abends in Finsternis versinken würde, während ein beträchtlicher Teil der sorglos spazierenden Jugend die Armeeuniform anziehen würde ...

Ende November 1941 schrieb mir mein Mann, er würde zu einem Transportbataillon abgestellt.
Statt der ersehnten Artillerie geriet der Mathematiker Solschenizyn mitsamt seinem Universitätsdiplom – zum Troß.
»Es begann der Krieg, Nershin kam zunächst als Fahrer zum Troß, an Kränkungen würgend, jagte er ungeschickt hinter Pferden her über die Weide, um sie am Zügel zu packen oder aufzuspringen, er konnte nicht reiten, kannte sich mit dem Zaumzeug nicht aus, verstand es nicht, Heu auf eine Heugabel zu spießen, und selbst der Nagel unter seinem Hammer verbog sich unweigerlich, als würde er den der Fertigkeit entbehrenden Meister auslachen.«
Für Solschenizyn blieb die Zeit gleichsam stehen. Er verfiel in Trübsal. Seine Lebensfreude, sein Optimismus wurden von Apathie abgelöst, alles war ihm gleichgültig geworden ... Er wünschte sich nur das Ende des Krieges herbei, um zu seinen Nächsten und zu seinen früheren Studien zurückkehren zu können.
Der Feind muß überall zum Stehen gebracht werden. Das verlangt die derzeit herrschende zugespitzte Lage, las ich in der »Prawda« vom 27. November.

Ich in meinem Morosowsk bin besorgt und angespannt.
Meine Tage widme ich der Weiterbildung. Geschichte, Geographie, Deutsch, sogar Astronomie. Nachts renne ich hinaus, um den Sternenhimmel zu studieren. Ich stricke. Mache kurze Eintragungen in meinem Tagebuch. Warte auf Briefe. Warte auf das unverhoffte Wunder ...
Es tritt tatsächlich ein. Am 29. November verkündet Rundfunksprecher Lewitan dem ganzen Lande mit Donnerstimme, Rostow sei zurückerobert. Unser Rostow!
In jener Zeit tauchen in meinem Tagebuch Ausrufungszeichen auf:
Sieg bei Moskau! Vormarsch auf Orjol! Wir rücken vor! Tarussa! (Unser Tarussa!) Naro-Fominsk! Nowosil! Kertsch und Feodossija! Malojaroslawez!
Sanjas Situation hat sich unterdessen nicht verändert.
»Heute habe ich ausgemistet, da fiel mir ein, daß ich Namenstag habe, das traf sich sehr gut«, schrieb er mir im Brief vom 25. Dezember.
Ich lebte in der Erwartung der Briefe meines Mannes. Wenn sie lange ausblieben, las ich die früheren nach. Jeden Morgen wartete ich voller Hoffnung, ob mir der Postbote nicht ein kleines Dreieck bringen würde.
Am 23. März saß ich nach dem Frühstück am Fenster und las den »Hammer«. Da trat ein lächelnder Rotarmist in Mantel und Helm auf das Fenster zu. Ich traute meinen Augen nicht! Wie eine Wahnsinnige stürzte ich in den Hof hinaus. Mir war, als würde ich in Ohnmacht fallen. So viele Gedanken jagten mir im Nu durch den Kopf: Wohin ist er unterwegs? Etwa an die Front? Wird er bald wieder von mir fortgehen? – Nein, er ist auf Dienstreise und hat bei mir vorbeigeschaut. Erst nachts fährt er wieder weg. Welch ein Glück! Der Tag wird zum Feiertag! Ich schenkte Sanja mein Photo mit Widmung:
Nach einer halbjährigen Trennung begegne ich getrost der neuen, noch längeren – nicht endgültigen.
Einige Minuten nach drei ging er fort und kehrte nicht zurück.
Ich bin stolz auf meinen Mann! Wo gibt es das, daß ein einfacher Soldat auf Dienstreise geschickt wird? Alle halten ihn für einen Stabsangehörigen, und er redet es keinem aus.
Diese Dienstreise in den Stab des Stalingrader Militärbezirks entschied über das Schicksal meines Mannes.

Sein Diplom hatte eine magische Wirkung. Man schickte ihn sogleich zu einem Artilleristenlehrgang.

Im Februar und März herrschte an der Front relative Ruhe.
Mein Schicksal und das meines Mannes war indessen Veränderungen unterworfen. Sanja trennte sich von seiner »Pferdekompanie«, und ich kehrte nach Rostow zurück.
Ich ging neben dem Leiterwagen her, auf dem ein Junge meinen Koffer untergebracht hatte, und hörte nicht auf zu lächeln. Mich schreckten weder die zerborstenen Fensterscheiben noch die zerstörten Gebäude, noch die ausgebrannten Häuser.
Einige Tage später arbeitete ich bereits als Laborantin am Lehrstuhl für Physikalische Chemie der Universität Rostow.
Wir beschäftigten uns mit wichtigen Dingen – wir produzierten Zünder. Wir stellten selbst Reagenzgläser aus Glasröhren her, kalibrierten sie, füllten sie auf und löteten sie zu. Deshalb war ich vollauf berechtigt, mich meinem Mann gegenüber zu loben:
»... ich arbeite unter der Losung ›Tod den deutschen Okkupanten‹. Du brauchst Dir also nichts einzubilden, sei lieber stolz auf Deine Frau!«
Rostow war in jenen Tagen eine frontnahe Stadt. Die Deutschen standen nur 60 Kilometer von uns entfernt. Taganrog war in ihrer Hand.
Jeden vierten Tag zog die Fakultät vor die Stadt hinaus, um Panzergräben auszuheben. Die Straßenbahnen in Rostow verkehrten nicht. Wir mußten zu Fuß die ganze Stadt bis zum Selmasch marschieren (durch ganz Nachitschewanj), weiter ging es dann über die Steppe. Hinmarsch und Rückmarsch dauerten zusammen fünf Stunden, dazu kamen sieben Stunden Schipperei. Ich hatte mich noch nie durch besonders robuste Gesundheit ausgezeichnet. Das, was jetzt das allgemeine Los und die gemeinsame Pflicht aller im frontnahen Bereich Verbliebenen war, fiel mir anfangs nicht leicht. Nach dem ersten Einsatz zog ich mir eine Erkältung zu, nach dem zweiten steigerte sich die Erkältung zu einer entsetzlichen Grippe.
Aber bald gewöhnte ich mich an die Arbeit und hielt wacker mit. Besonders als der Frühling in seine Rechte eintrat. Überall sproß das junge Gras, und die Bäume begannen zu grünen. Die Luft war sauber und gesund, da erschien einem die körperliche Arbeit gar nicht mehr so schwer!

Etwas anderes beunruhigte mich – ich wußte nichts über Sanja.
Da kommt Taissija Sacharowna, die genauso expansiv war wie ich, am 2. Mai an meinen Arbeitsplatz gelaufen. Ich sehe es ihrem Gesicht an, daß sie eine freudige Nachricht bringt. Geheimnisvoll lächelnd öffnet sie ihre Tasche und überreicht mir das lang ersehnte Dreieck.
»Von wo?« platze ich heraus.
»Aus Kostroma ...«
»Wie ist er dorthin geraten?«
Mein Gott, welch ein Glück! Sanja ist bereits Kommandeursschüler. Er wird nicht bloß anderthalb oder zwei Monate in der Kommandeursschule bleiben, sondern mindestens bis zum 1. August.
Alle Ängste sind im Nu verflogen. Ums Herz ist es mir plötzlich so leicht. Das Leben ist so gut zu mir ...
Es verging kaum ein halber Monat seit dem Eintreffen Sanjas in der Artillerieschule, da begann er sich bereits über das für ihn ungewohnte Leben zu beschweren.
Sogar der Umstand, daß er für seine Bücher eine besondere Aktentasche besaß, bezeichnete sein Kommandeur als »studentische Undiszipliniertheit« und befahl die Abschaffung der Tasche.
Besondere Aufmerksamkeit wurde dem Bettenmachen gezollt und sehr darauf geachtet, wie Bettdecke und Kopfkissen zu liegen kommen, wie das Käppi auf dem Kopf sitzt, ob das Kochgeschirr gesäubert und gewaschen ist. Tausende von obligaten Kleinigkeiten mußten während der armseligen kurzen Stunde »Freizeit« ausgeführt werden.
Drei- oder viermal am Tag mußten die Stiefel gewaschen und gewichst werden. Bereits der kleinste Fleck bedeutete »Dienst außer der Reihe«.
Sanja beklagte sich, daß ihn, im Grunde genommen, grüne Jungen umgeben.
Was die Klagen meines Mannes über den Mangel an Freizeit betrifft, so riefen sie in mir freilich Verwunderung hervor. Immerhin ist das eine Kriegsschule, und die Ausbildungsfristen sind infolge des Krieges stark verkürzt. Man muß sich umstellen! Wenn der Krieg erst vorbei ist, wird die Zeit anbrechen, da ein jeder, und so auch mein Mann, der gewünschten Beschäftigung nachgehen wird. Bis dahin sollte man die Leidenschaft der Weiterbildung möglichst tief verstecken ...

Eine seltsame Sache ist doch der Krieg. Sanja zog an die Front und lebte in der tiefsten Etappe. Er lernte und trug sich mit dem Gedanken, DAS SECHSTE STUDIENJAHR zu schreiben: über die Studenten an der Front. Wir aber, die wir zu Hause geblieben waren, hatten den Krieg noch vor ihm kennengelernt. Die Front: da ist sie, ganz in unserer Nähe, ein lumpiges halbes Hundert Kilometer von uns entfernt. Wir spüren es immer stärker und stärker. Nachts weckt uns das furchtbare Gebell unserer Flakgeschütze, wir hören das Heulen der deutschen Flugzeuge und die Bombeneinschläge ... Die Luftangriffe häufen sich. Von der Nacht dehnen sie sich auf den Tag aus.

Bei einem dieser Angriffe wurde jener Flügel der Physikalisch-mathematischen Fakultät zerstört, wo sich unsere Labors befanden. Alles, was davon übrigblieb, waren zwei kleine Schlüssel, die an den Fingern unserer Oberlaborantin Vera baumelten. Es gab unsere großartige Aula nicht mehr, die Bibliotheken und viele Labors waren zerstört. Das gleiche Los hatte unsere persönlichen Papiere ereilt, die wir, bevor wir in den Schutzraum gingen, leichtsinnigerweise in den Schubladen unserer Arbeitstische zurückgelassen hatten.

Vernichtet war das Haus in der Tschechowgasse, wo mein Mann und ich in Untermiete wohnten. Zerstört war die Oberschule, die ich besucht hatte, zerstört war meine Musikschule ...

Und trotzdem war nicht dies das Allerschlimmste. Das war ein kleines Papier, benannt »Evakuierungsblatt«. Wir hielten es in den Händen. Es bedeutete, daß unsere Stadt dem Feind überlassen werden würde ...

Wir verließen die Stadt in der Nacht. Ein furchtbares Gewitter kam auf. Kaum hatten wir die Eisenbahnbrücke passiert, da verkündeten die Sirenen das Eintreffen deutscher Flugzeuge. Der Zug blieb stehen. Die Flakgeschütze feuerten in unserer nächsten Nähe. Einige Zeit später sahen wir eine Wolke aus Rauch und Feuer über Rostow aufsteigen, wieder im Budjonnowskij-Rayon. Bei Kustschewka standen wir elf Stunden auf freier Strecke. Wir hörten Bombeneinschläge. Die Deutschen zerstörten einige Male die Strecke. In Krylowskaja sahen wir einen riesengroßen Bombentrichter und die zerschmetterten Waggons eines Sanitätszugs.

Man sagte, eine Bombe hätte die Rostower Eisenbahnbrücke getroffen, kurz nachdem wir sie passiert hatten.

Je weiter wir uns von unserer dem Untergang geweihten Stadt entfernten, desto weniger bekamen wir den Krieg zu spüren. Was wird mit denen werden, die dortgeblieben sind?
In Kislowodsk ist es wunderbar still, der Kislowodsker Park ist so schön, durch die ganze Stadt weht ein herrlicher Duft. Man wollte einfach nicht glauben, daß es irgendwo Bomben, Granaten und Feuersbrünste gab ...
In Kislowodsk wohnte ich mit meiner Mutter bei der Familie von Mutters Schwester J. K. Wladimirowa, von Tante Shenja. Ihr Mann war bei der Armee. Die ältere Tochter Tanja, meine Altersgenossin, arbeitete als Ärztin im Hospital. Die jüngere Tochter Nadja besuchte noch die Schule.
Mutter und ich kamen langsam wieder zu uns. Alles, was mit uns geschehen war, erschien uns jetzt als Ausgeburt einer kranken Phantasie.
Im Kursaal gastierte das Ensemble des Theaters von Nowotscherkassk. Wir schauten uns die »Kameliendame« an und beweinten das traurige Los Marguerites ...
Mitten in der Nacht vom 4. auf den 5. August wurden wir von Tanja geweckt. Sie kam aus dem Hospital gelaufen, wo sie Nachtdienst hatte. Wir begriffen kaum, was sie uns berichtete: die Eisenbahnverbindung nach Mineralnyje Wody sei unterbrochen. Wir sind abgeschnitten. Am Morgen wird das Hospital evakuiert. Zu Fuß. Mit ihr zusammen können auch wir gehen.
Tante Shenja hat keine Zweifel. Sie und Nadja werden zusammen mit Tanja ziehen. Taja ebenfalls.
Und was soll mit Mutter sein? Einen Augenblick lang schwanke ich. Wohin soll es gehen? Als wir Rostow verließen, wußten wir, wohin wir fuhren. Und jetzt? Ins Unbekannte hinein? Ohne irgendwelche Mittel? Es kann gut sein, daß die Deutschen gar nicht mehr bis Kislowodsk kommen. Sie müssen doch in nächster Zukunft zum Stehen gebracht werden.
»Aber wenn du bleibst, dann trennst du dich von Sanja!« sagt Mutter laut und entrüstet. Ihre Worte ernüchterten mich. Ich sprang auf und begann, alles das einzusammeln, womit ich schon in Rostow das Packen begonnen hatte: die mir ans Herz gewachsenen Photos, Sanjas Briefe und Gedichte, seine mir besonders liebenswerten Erzählungen, meine eigenen Tagebücher ... Daß ich damals so handelte, habe ich später nie bereut. Mein Dank dafür gebührt meiner Mutter!

Über das, was danach kam, berichtet knapp mein Tagebuch. Es war mein erster Fußmarsch durch den Kaukasus. Die Straße Pjatigorsk–Naltschik. Eine breite, ziemlich gerade Straße ohne starkes Gefälle. Keine Berge in der Nähe. Nur jeden Morgen die Schneewand in der Ferne, in ihrer vollen Schönheit. Ich schrieb:
6. August. Zu Fuß in Pjatigorsk aufgebrochen, hinter den Fuhrwerken her. Tagsüber 15 Kilometer geschafft. Es ist wahnsinnig schwer, die Sachen zu schleppen. Eine Panne! Am Lebensmittelwagen ist ein Rad gebrochen. Von zwei anderen Wagen wurde das Gepäck heruntergeworfen, um die Lebensmittel aufzuladen. Mit Mühe haben wir unsere Sachen hineingepfercht. Nachdem es uns erst sehr schwerfiel, entwickeln Nadja und ich eine ungeahnte Energie. Das Gepäck hat sein Gewicht verloren. Nachts ist es kalt, tagsüber ist es heiß. Wir rasten an Bächen. Trinken das Wasser, baden, waschen sogar das Haar. Trotz allem ist es romantisch.
7. August. Allmählich legen wir ein Gepäckstück nach dem anderen auf die Fuhrwerke, sogar die wertvollen Rucksäcke. 34 Kilometer am Tag. Früh aufgebrochen, kurz nach fünfzwischendurch gerastet.
8. August. Um nicht zurückzubleiben, halten wir uns an einem Fuhrwerk fest. Wenn man einen Schritt zurückbleibt, kostet das Wiedereinholen unheimliche Mühe. Im Gehen versuche ich mich an Andersens Märchen von der kleinen Seejungfrau zu erinnern. Spät abends in Naltschik angekommen. Wir übernachten auf der Straße ...
Wie sich später herausstellte, kam Kirill Simonjan etwa zur gleichen Zeit aus Pjatigorsk ebendorthin direkt aus Kislowodsk über den Juzupaß.
Ab Naltschik verkehren Züge ...
Und von Baku aus fuhren Schiffe. Aber nur selten ... Und es war nicht leicht, auf so einem Schiff einen Platz zu bekommen. Und die Lebensmittel neigten sich ihrem Ende zu.
Mit dem Brot gingen wir so sparsam um, daß nichts verlorenging. Die Brotkrümel trockneten wir in einem Schälchen. Wenn sich genug angesammelt hatten, rieben wir sie klein, vermischten sie mit Zucker, wovon wir noch etwas übrig hatten, gossen Wasser dazu – und fertig war die »Zwiebackgrütze«. Schlecht war nur, daß jene zwei Löffel, die jeder von uns bekam, unsere leeren Mägen nicht zu sättigen vermochten.

Eines Tages, als die soundsovielte Portion Brotkrümel im Schälchen in der Sonne trocknete, trat auf unsere Gruppe an der Schiffsanlegestelle ein stattlicher Offizier zu. Bei Gott, ich habe mein ganzes Leben lang bei meiner Tante Shenja keine so strahlenden Augen gesehen.

Das war Pawel! Tajas Mann!

Es stellte sich heraus, daß die Einheit, bei der Pawel Wladimirow diente, während unseres Rückzugs bis nach Baku zurückgerollt war. Ein Chauffeur hatte Taja erkannt!

Das war eine Freude! Außerdem erwies sich Pawel als unser aller guter Geist. Wir brauchten fortan nicht mehr zu hungern.

An jener Schiffsanlegestelle in Baku traf ich mit Sanjas Studienjahrkollegen Milja Masin zusammen.

Genau wie Sanja war Milja begrenzt kriegsdienstverwendungsfähig. Er hatte fast zur gleichen Zeit wie wir geheiratet. Auch er unterrichtete bei Kriegsbeginn Mathematik an einer Dorfschule. Jetzt wurde er mit Frau und kleiner Tochter evakuiert. Die Tochter war erst ein Jahr alt.

Wir reisten früher ab. Von Milja sollte ich lange Zeit nichts mehr hören.

Während unserer qualvollen Reise ließ mir der Gedanke, wo Sanja sei, keine Ruhe. Ich schrieb ihm: fast ohne Hoffnung, daß ihn der Brief erreicht. Die nächste Nachricht ließ ich meinem Mann aus Taschkent zukommen. Es war kein Papier da. Ich schrieb die Nachricht auf das Formular einer telegraphischen Geldüberweisung:

Mein Lieber!

Wo bist Du?

Aller Wahrscheinlichkeit nach werden wir vorläufig in Alma-Ata bleiben. Was weiter sein wird, ist unbekannt. Ich lebe in der Hoffnung, daß Du mich ausfindig machst.

In der Nacht vom 6. auf den 7. September trafen wir in Alma-Ata ein. Die Nacht verbrachten wir im Garten vor dem Bahnhof, im Regen. Am Tag danach fanden wir eine Bleibe und gingen auf die Suche nach Arbeit.

Mein Tagebuch:

19. September. Ich ging allein Brot einkaufen und malte mir das Bild einer Begegnung mit Sanja so lebhaft aus, daß ich aufschluchzte, als mir dessen Irrealität bewußt wurde. Am 23. sollen wir wegfahren.

Noworossijsk ist längst aufgegeben. Es wird in den Außenbezirken von Stalingrad gekämpft.
21. September. Ich habe Nachricht erhalten, daß Sanja bis zum 15. September in Kostroma bleibt.
Hurra! Also ist er noch in Sicherheit! Also hat er meine »ins Leere« geschickten Briefe bekommen! Also *sind wir uns nicht verlorengegangen!* – Aber der 15. ist schon vorbei. Ich kann also nirgends hinschreiben! Ich fahre fort, die Ereignisse knapp ins Tagebuch einzutragen:
23. September. Abreise nach Taldy-Kurgan.
30. September. Habe im Technikum beinahe Fuß gefaßt.
2. Oktober. Habe die ersten Vorlesungen über anorganische Chemie gehalten.
Kämpfe in Stalingrad, Mosdok und Noworossijsk.
Ich habe es doch gewagt, Sanja nach Kostroma zu schreiben. Wenn er fort ist, schickt man es ihm vielleicht nach ...
13. Oktober. Ein Telegramm von Sanja aus Kostroma! Ich habe zurücktelegraphiert.
So ist es also mit der Dreizehn! Es ist eine Glückszahl!
Mein Lieber, melde ich mich, ich brauche Dir meine Freude und mein Staunen nicht zu beschreiben, die mich ergriffen, als Mutter mir aus Taldy-Kurgan Dein Telegramm mitbrachte. Und das nach einer Pause von drei, von fünf Monaten. Wie glücklich bin ich, daß Du immer noch in Kostroma bist ... Gleich renne ich zur Arbeit ins Technikum, wo ich Anorganik lese ... Täglich vier bis sechs Stunden, ich springe für die abwesenden Lehrkräfte ein ... Schreibe, schreibe mir.
Er antwortete mit einem langen Brief, durch den ich von allen seinen Aufregungen des vergangenen Sommers erfuhr.
Er schrieb von der schwarzen Leere des Juli und August, als die Sorge um mich ihn verzehrte. Daraufhin erschien ihm mein Aufenthalt in Kasachstan als unermeßliches Glück. »Denn Du lebst, Du bist mir geblieben, ich habe etwas, wofür ich leben und Krieg führen kann ...« Mein Mann erinnerte sich, daß es im Juli Augenblicke gab, als er glaubte, das Leben würde sich für ihn nicht mehr lohnen. Da wollte er die Kriegsschule aufgeben und sich an die Kaukasusfront melden. Die Heeresberichte jeden Morgen durchzuckten ihn wie elektrische Schläge.
Sanja fragte, ob sich wenigstens eines seiner Photos bei mir erhalten hätte. Bereits die Frage, schrieb er, flößt Entsetzen ein:

was ist bei Dir geblieben, was konntet Ihr ans Ziel schleppen, auf dem Fußmarsch nach Naltschik?
Also einige Zeit später wird Sanja dennoch fragen, was von seinen Heften und sonstigen Schriften in Rostow zurückgeblieben ist. »Und noch eine Frage: wo ist das Studienbuch des MIFLI?«
Klingt das komisch? Vielleicht. Aber man kann es verstehen. Das MIFLI ist einer der Wege in die Welt der Literatur.
Während diese Briefe zu mir unterwegs waren, festigte sich meine Stellung im Technikum. Ende Oktober, während der Zuckerrübenernte, wurde der Unterricht unterbrochen; ich arbeitete mit den Studenten auf dem Feld. In den Rauchpausen bissen wir voller Appetit in die großen Zuckerrüben ... Dann begann wieder die Lehrtätigkeit. Ich vergewisserte mich ein weiteres Mal, »um wieviel interessanter, lebendiger und anregender das Unterrichten ist«.
Es nahen die Novemberfeiertage.
»Die Sommer-und-Herbst-Kampagne geht ihrem Ende zu. Und mit welchem Ergebnis?« fragt Sanja und fährt fort: »Darüber wird in den nächsten Tagen Stalin in seiner Rede sprechen. Aber dies kann man bereits sagen: die russische Standfestigkeit ist stark! Zwei Sommer lang hat Hitler diesen Klotz mit den Händen ganz Europas geschubst. Er hat ihn nicht weggestoßen!
Was wird uns dieser Winter bringen? Wenn die Armee Gelegenheit bekommt, die Vorjahrsoffensive zu wiederholen, dazu noch in Richtung Stalingrad–Rostow, könnte es kolossale Ergebnisse geben. Die Rückeroberung von Rostow wäre ein zureichendes Fazit der ganzen Winterkampagne – für die Fritze am Don, für die Fritze im Kaukasus, für die Fritze in Berlin.«
Sanja steht vor dem Abschluß der Artillerieschule.
»Unsere Beurteilungen sind bereits geschrieben, die Bilanzen sind gezogen – jetzt werden die Unterlagen nach Moskau geschickt.«
Und dann endlich:
»Teure Nataschenka!
Ich schreibe in aller Eile, auf dem Bahnhof Kostroma. Gerade hat man uns den Befehl über unsere Schulentlassung verlesen. Zum Teil bin ich schon eingekleidet, zum Teil wird das morgen geschehen. Mit Kostroma habe ich abgeschlossen.
Dein Leutnant.«

KAPITEL 2

Front

Sanjas Aufenthaltsort war für mich ein Rätsel, während ich von Koka irgendwann eine Postkarte erhielt, auf der statt einer Feldpostnummer ein ganz gewöhnlicher Absender angegeben war: Geb(iet) Orjol, R(ayo)n Nowosil, Dorf Tschernyschino.
Jede Postkarte schloß Koka mit stets der gleichen Frage ab:
»Was hört man von Xander?«
Konnte er ahnen, daß er die Antwort früher erhalten würde als ich die Postkarte?
Am 7. Juli trafen zwei völlig gleiche Militärbriefe ein: mit dem gleichen Stempel, mit dem gleichen die Handgranate werfenden Soldaten. Jedoch die Anschrift war auf dem einen Brief von Sanjas Hand, auf dem anderen von Kokas Hand geschrieben.
Sie waren sich begegnet!!!
Das Schicksal hatte sich entschlossen, ohne Ende zu spaßen. Es stellte sich heraus, daß die Freunde Seite an Seite gelebt hatten, daß sie über dieselben Feldwege und dieselbe Brücke gegangen waren.
Jetzt lebte Koka bei Sanja wie in einem Kurort, liegt im Schatten der Bäume, lauscht den Vögeln, trinkt Tee und raucht Zigaretten.
»Während dieser Zeit wurde alles ausgesprochen, ausgestritten und erzählt.«
Bald erhielt ich ein gemeinsames Photo von Sanja und Koka. Sanja hatte noch Würfel auf den Kragenspiegeln, Koka trug bereits Achselstücke mit Sternchen.
Das Hauptthema der Briefe meines Mannes war durchaus nicht der Krieg, sondern die Literatur. Seine literarischen Federübungen. Ich erfuhr, daß in seinem Kopf neben den Sujets zweier neuen Erzählungen eine »wunderbare dritte Fassung des ›Leutnants‹« Gestalt gewann.
Sogar die Briefe könnten ihr hinderlich sein. Sanja fragte an, welche Art von Briefen mir angenehmer wäre: kurze häufige oder lange seltene Briefe, und entscheidet selbst, daß er, wenn er öfter schreiben würde, keine Zeit für die Arbeit an seiner neuen Erzählung hätte. »Willst Du, daß ich Schriftsteller werde, oder willst Du es nicht?«

Ich rede mir beruhigend zu. Wenn er die Möglichkeit hat, so viel Zeit der literarischen Tätigkeit zu widmen, dann lebt er wohl ruhig und nicht allzu gefährlich.
Doch der Schriftsteller ist stärker. Als Sanja von mir erfährt, daß Bronewizkij, unser Nachbar in Morosowsk, während der deutschen Besetzung »Stadtoberhaupt« war, äußert er sich sogleich dazu. Die Nachricht über Bronewizkij beschäftigte und bewegte ihn sehr.
Welch ein reicher literarischer Stoff! Sanja meint, eine »glänzende Erzählung« über einen Verräter sei ihm an diesem Stoff sicher. Ich besaß das Thema, schreibt er, aber ich brauchte einen *Menschen:* Wie sind sie beschaffen? Er sagt, wenn er einen Menschen in Fleisch und Blut hat, dann hat er auch schon die Erzählung. Er braucht sie nur noch niederzuschreiben.
Und trotzdem bleibt Sanja in manchem noch ein Junge. Wenn auch nicht ohne Humor, so doch mit Stolz, berichtet er von seiner neuen Frisur, welchen Einfall er »innerhalb von drei Tagen in Ausführung gebracht hat«, oder davon, daß er zu rauchen begonnen hat. »Wenn mir das beim Schreiben hilft, dann muß ich es mir doch nicht wieder abgewöhnen? Was meinst Du dazu?«
Wohl wissend, daß von meiner Meinung sowieso nichts abhängt, versuche ich, mir für mein Einverständnis wenigstens das Recht, die Lippen zu schminken, zu sichern, stoße aber gegen eine Betonwand. Mein Mann plädiert eisern für »Natürlichkeit«.
Mit der Verwegenheit eines zünftigen Haudegens schreibt Sanja über den Wodka:
»Stell dir vor, es macht froh, obwohl es nur hundert Gramm sind. Ich kippe sie einfach 'runter.« Die Begeisterung in Sachen Alkohol reichte freilich nur für drei Zeilen. Der Absatz schloß mit einer nüchternen Schlußfolgerung: »Ansonsten soll ihn der Teufel holen! Jeden Tag werde ich nicht trinken, das ist schädlich. Ich werde ihn gegen Zucker tauschen.« Im übrigen machte ich mir weder über das Rauchen noch über den Wodka Sorgen.
Mich beunruhigte etwas anderes. Das Offiziersein, der Kommandeursposten begannen sich auf Sanjas Charakter negativ auszuwirken.
Solschenizyn schrieb – und nicht ohne sichtliches Vergnügen –, daß er kaum seine Grütze fertiggegessen hat und bereits mehrere Hände nach dem Kochgeschirr greifen, um es zu waschen, während man von der anderen Seite schon den Tee herbeischleppt.

Alexander Solschenizyn 1960

Oben: Rostow 1934. Die Freunde der 8. Klasse. Hinten in der Mitte Nikolaj Witkewitsch und Alexander Solschenizyn; vor ihnen Kirill Simonjan und Lida Jescherez. – *Unten links:* Natalja Reschetowskaja als junges Mädchen. – *Unten rechts:* Alexander Solschenizyn 1940

Er fand keine Zeit, sich nach einem auf den Fußboden gefallenen Gegenstand zu bücken.
Aber das alles trat in den Hintergrund, als wir erfuhren, daß nach langanhaltenden »Keine wesentlichen Vorfälle« Anfang Juli an zwei Abschnitten Kämpfe einsetzten: bei Orjol-Kursk und bei Belgorod.
Und plötzlich mitten im Feuer der Schlacht: die dritte Begegnung der Freunde ... Koka schrieb kurz darüber:
»Am 9. Juli 1943 war ich auf der Durchreise bei ihm. Wir verplauderten eine ganze Nacht, im Morgengrauen brach ich wieder heimwärts auf. Sanja hat sich in dieser Zeit gut erholt. (...) Er schreibt irgendein tolles Zeug und verschickt es an die Redaktionen.«
Sanja selbst schreibt darüber anders:
Über die großen Kämpfe, über die er nachdenkt, was sie wohl bedeuten? Werden sie noch eine weitere Seite der Geschichte umblättern, oder werden sie nicht einmal in den Heeresbericht des Informbüros eingehen? Leutnant Solschenizyns Stimmung ist entweder gehoben und stark, dann schreitet sie über sich selbst hinweg, oder sie ist teilnahmslos dumpf oder dann wieder scharf angespannt.
Mich schickt man zusammen mit meinen Studenten Anfang August zum Arbeiten in einen Kolchos, wo ich mit der örtlichen Obrigkeit bald auf Kriegsfuß stand. Es ging mir darum, meinen Studenten halbwegs anständige Lebensbedingungen und eine entsprechende Verpflegung zu gewährleisten. Ich war älter als die Studenten, aber da ich jetzt ganze Tage mit der Jugend verbrachte, fühlte ich mich selbst jung. »Die Nähe zu den Jungen«, schrieb ich meinem Mann, »hat aus mir wieder den früheren Wildfang gemacht. Alle unsere studentischen Spiele sind mir wieder eingefallen.«
Besonders steil ging es mit meiner Stimmung aufwärts, als uns im Kolchos die Nachricht von der Einnahme von Orjol erreichte. Ich schickte sofort einen Brief los:
»... unsere Truppen sind in den Straßen von Orjol. Und wo bist du?«
Gerade in diesen Tagen war Sanja in Orjol.
Am 15. August wurde meinem Mann der Orden des Vaterländischen Krieges zweiter Klasse überreicht.
Mit welchen Worten soll ich die unwiederholbare Stimmung jener

Wochen wiedergeben? Es war doch erst ein Jahr seit jener Zeit vergangen, da wir uns, beim Aufblättern der Zeitung, sehnlich wünschten, im Heeresbericht keine Namen von Städten zu finden. Weil die Städte damals immer nur aufgegeben wurden.

Jetzt aber fühlten wir uns unglücklich, wenn wir in der Zeitung keine Meldungen über immer neue und neue von unseren Armeen befreite Städte oder über das Überschreiten von Flüssen fanden. Die Vorwärtsbewegung war schon fast zur Gewohnheit geworden. Worüber beklagt sich jetzt Leutnant Solschenizyn in seinen Briefen?

Über erzwungene Unterbrechungen des Vormarsches ... Darüber, daß nicht schon von früh an geschossen wurde – während der Nacht haben sich die Deutschen auf eine neue Linie zurückgezogen.

Sanja und Koka haben sich noch nicht gesehen. Beide hoffen und warten. Vorerst gab es statt dieser ersehnten Begegnung eine andere: mit einem früheren Schüler. Zu Alexander führte man einen Obersergeanten, der seine Einheit verloren hatte. Heimatort? Rostow. Wo gewohnt? Auf der Puschkin-Straße. Bis wann? Bis August 1941. Und dann? Evakuiert nach Morosowsk (!). Wo dort gewohnt? Auf der Taglöhnerstraße, neben der Fabrik. Die Schule besucht, gearbeitet? Die Schule besucht. Welche? Die Lunatscharskijschule. Welche Klasse? Die neunte (seine Klasse). Familienname? Popow.

Jetzt endlich wurde Sanja klar, warum ihm das Gesicht des Burschen vom ersten Blick an so bekannt vorgekommen war. In *meiner* Klasse. Das Wort »meiner« schrieb Sanja im Brief gesperrt! Er saß in der zweiten Reihe, von der Tür aus gesehen, war ein seltener Faulenzer, kam zweimal in der Woche zum Unterricht. Der Bursche erinnerte sich weder an seinen Lehrer noch an mich, dessen Gattin. Dagegen erinnerte er sich aus irgendwelchen Gründen an das Ehepaar Amplijew, an Semotschkin und an Pjotr Iwanowitsch.

Sanja bekam eine große Wut auf diesen »seltenen Faulenzer«, welcher der Bursche auch im Krieg geblieben war. Im Benehmen und in den Manieren des Burschen »ist so viel Undiszipliniertheit, in seinen Worten so viel Geckenhaftigkeit, daß ich, so angenehm es auch wäre, in meiner Batterie einen Landsmann und ehemaligen Schüler zu haben, ihn, glaube ich ... bei der Abwehr unterbringen werde. Dann wird er mich vielleicht im Gedächtnis behalten«!

Ich spüre es schon: Wenn in den Briefen viel von Literatur und von Nachkriegsplänen die Rede ist, bedeutet das, daß es in diesen Tagen an der Front ruhiger war. Aus den Briefen erfahre ich auch, daß ein Buch über Pawlow* Sanja »mit Dynamit angefüllt« hat. Wie sehr hätte sich Bataillonskommandeur Solschenizyn verwundert gezeigt, hätte man ihm damals gesagt, daß er anderthalb Jahrzehnte später als Lehrer in jenem Gebäude arbeiten wird, durch dessen Korridore einst der junge Seminarist Wanja Pawlow rannte. Solschenizyn beeindruckt die Einheit des Ziels im Leben des großen Gelehrten, er zieht für sich selbst die Schlußfolgerungen, daß er aufhören muß, sich auf alles Interessante zu stürzen: auf die Mathematik, die Philosophie, die Psychologie und Pädagogik, die Fremdsprachen, die Volkswirtschaftslehre. Zunächst freilich interessierte ihn weiterhin alles.
Fast vollendet ist die Erzählung IN DER STADT M: teilweise nach Eindrücken aus Morosowsk (über Bronewizkij), teilweise aufgrund von Beobachtungen in befreiten Kleinstädten. Sanja ist bemüht, durch jede befreite Stadt zu kommen, selbst wenn sie abseits von seiner Hauptmarschroute liegt.
Einige ruhige Tage werden für die Arbeit an den Erzählungen aufgewendet. Einiges gelingt. Sanja trägt sich mit dem Gedanken, sie Fedin zu schicken: Erstens ist das ein treuer Schüler von Gorkij, zweitens gilt ihm seit jeher Sanjas Sympathie (der Krieg hat ihn daran gehindert, sich Fedins Meinung über die AUSLANDSREISE und die GLEISWÄRTER AM FLUSS einzuholen), drittens hat Lida unlängst sehr interessant über Fedins umfassende Bildung und seinen Kunstverstand geschrieben.
Große Mühe hatte Sanja mit der Erzählung IN DER STADT M. Vor dem Ende bricht sie irgendwie ab, Ton und Bildsprache wirken falsch und gekünstelt, die Worte unpassend.

Der Unterricht im Technikum begann Mitte Oktober. Mein Leben kam in Bewegung und wurde wider Erwarten interessanter als im vorigen Studienjahr.
Einen Tag vor Unterrichtsbeginn rief mich der stellvertretende Direktor zu sich. Erst sang er mir ein Loblied, dann halste er mir die Mathematik auf. Nachdem ich mich als Assistentin für Trigonometrie recht souverän gegeben hatte, beschlossen er und sein Chef, ich würde die Mathematik vorzüglich kennen.

* Russischer Psychologe (Anmerkung des Übersetzers).

Ich kam in meine Lieblingsgruppe (zweites Studienjahr) und erklärte: »Nach den organischen Säuren wollen wir jetzt – zu den Progressionen übergehen.«
Mir war, als hätte ich im Unterrichten meine Berufung gefunden. Die Arbeit war interessant und fiel mir leicht. Das merkten sogar die Studenten.
Unterdessen beginnt Sanja mir hartnäckig zu raten, zusammen mit Mutter nach Rostow zurückzukehren. Er schreibt: »Das Technikum bringt Groschen ein; den Ertrag des Gemüsegartens könnte man in Geld verwandeln, Sina Iwanowa arbeitet in einer Abteilung der Behörde für Volksbildung, manchmal hängt von den Sekretärinnen nicht weniger ab als vom Chef.«
Bald bekomme ich noch einen weiteren Brief von meinem Mann: »Wir stehen an den Grenzen des Jahres 1941«, schreibt er begeistert. *»An der Grenze des Vaterländischen und des revolutionären Kriegs.«*
Mich verwirrt es überhaupt nicht, daß weder in den Zeitungen noch in den Rundfunksendungen der Kriegsjahre jemals dazu aufgerufen wurde, den Vaterländischen in einen revolutionären Krieg umzuwandeln. Ich war in die Intention der von meinem Mann projektierten Romanserie LIEBT DIE REVOLUTION oder DIE RUSSEN IN DER VORHUT eingeweiht.
Die Serie sollte einen großen historischen Zeitraum umfassen: vom Beginn des Ersten Weltkriegs bis zum vollen Triumph der Revolution im globalen Maßstab. Im Lichte dieser Konzeption betrachtete mein Mann den Krieg gegen Hitlerdeutschland. Er sollte in letzter Instanz eine grandiose revolutionäre Feuersbrunst entfachen. Und was sollte aus der Anti-Hitler-Koalition werden? In einem anderen Brief schrieb er mir vom »Krieg nach Kriegsende«.
Ich wußte, daß er diese Gedanken nicht nur mit mir teilte, sondern, in seinem Briefwechsel, auch mit Nikolaj Witkewitsch.
Wie stark unterscheidet sich dies alles von dem, was Solschenizyn in unseren Tagen schreiben sollte. Von AUGUST 1914 und vom ARCHIPEL GULAG. Gerade in seinem letzten Werk wendet er sich erneut gegen die Anti-Hitler-Koalition, jedoch bereits von der anderen Seite der Barrikade aus. Heute tadelt er Roosevelt und Churchill, weil sie keinen »Krieg nach Kriegsende« gegen die UdSSR entfesselten.

Ich fühlte mich jetzt so sehr als »Mathematikerin«, daß ich sogar in eine Privatstunde einwilligte, die man mir anbot.
»Bei mir gibt es Neues: Ich habe eine Stunde bekommen, ich muß mit einem begabten Jungen den Mathematikstoff der VIII. Klasse durchnehmen. Die erste Stunde war für mich verblüffend, mich packte wildes Entsetzen, weil mein Schüler gar zu begabt war, er wollte immer interessantere und schwierigere Aufgaben bekommen. Mutter meint, ich hätte ein zu bescheidenes Entgelt festgelegt ... in der Stunde, aber selbst das habe ich kaum übers Herz gebracht.«
Und natürlich: wenn es mir an eigener mathematischer Weisheit gebrach, wandte ich mich um Hilfe – direkt an die Front. In seinen Briefen brachte mir Sanja den Umgang mit dem Rechenschieber bei. Ich hatte alles vorzüglich begriffen, aber – in Taldy-Kurgan gab es keine.
Eines Tages wanderte an die Front ein Brief mit einer in ihrer Art wahrscheinlich einzigartigen Bitte: »Lös eine Aufgabe, die ich selbst nicht lösen kann, die der Direktor, ein berufsmäßiger Mathematiklehrer, nicht lösen kann, die überhaupt niemand in Taldy-Kurgan zu lösen vermag.«
Sanja löste die Aufgabe natürlich. Allerdings: als ich am gleichen Tag, an dem ich den Brief abgeschickt hatte, durch Eis, Matsch und Schmutz nach Hause ging und immerzu über diese unglückselige Aufgabe nachdachte, kam ich selbst darauf, wie sie zu lösen sei.
Was eine weitere, weitaus wichtigere Bitte betraf, nämlich die Bitte um Übersendung der Erzählungen, so war deren Erfüllung schwieriger.
Sanja fragte, wer das alles abschreiben soll. Er hatte in seiner Batterie nur einen einzigen dafür in Frage kommenden Soldaten gefunden, aber der mußte seiner eigenen Tätigkeit nachgehen, außerdem müßte man dessen Abschrift hinterher korrigieren. Bezüglich der Zukunft (wenn Sanja ruhig und ausladend arbeiten wird) war eines klar: Sanja wird einen Sekretär benötigen, der nicht bloß Köpfchen und Fingerspitzengefühl hat, sondern der mit Sanjas Schreibweise, mit seiner Manier, Satzzeichen und logische Akzente zu setzen, Pausen zu machen, vertraut ist. Sanja machte mir das Kompliment, er würde mich, wenn ich nicht eine so ausgeprägte Individualität besäße, mit dieser Aufgabe betrauen. Er will jedoch »niemals und auf keinen Fall meine Entwick-

Jung behindern«. Wenn es soweit ist, wird er jemanden anderen suchen müssen.
Sanja ahnte nicht, daß er im Laufe der Zeit sowohl mich – »einen mit seiner Schreibweise vertrauten Menschen mit Köpfchen« – zur Arbeit heranziehen wird als auch einen zweiten und einen dritten und ... Aber darüber später.
Natürlich beschäftigten Sanja, wenn er von der Zukunft sprach, auch höhere Materien. Besonders wenn er sich mit Koka traf. Nach einer jeden solchen Begegnung erhielt ich eine ausführliche Rechenschaft.
In den letzten Tagen des Jahres 1943 war die Konferenz von Teheran in aller Munde. Unsere Presse verwendete die westliche Formulierung »Konferenz der drei«.
Es lag nahe, die »wunderbare« Begegnung von Sanja und Koka, die der Nachkriegszusammenarbeit und dem »Krieg nach Kriegsende« gewidmet war, »Konferenz der zwei« zu taufen. »Ausführlichere Beschlüsse werden vorerst nicht publiziert«, schrieb Sanja, teilte aber das Wichtigste dennoch mit: daß ihm Koka inzwischen unendlich nähersteht als Kirill. Mit Koka verband ihn die Gemeinsamkeit des Inhalts und die Gemeinsamkeit der zukünftigen praktischen Arbeit »auf parteilich-staatlicher Ebene«.
Es liegt nahe, daß auch Kokas literarische Ansichten jetzt mehr Gewicht haben. Sanja liest ihm alles vor, was gerade seiner Feder entsprungen ist: den LEUTNANT, IN DER STADT M, BRIEF NR. 254. Ich verspüre ein wenig Neid. Mir wird bei weitem nicht alles zugeschickt.
Dafür eröffnen sich mir glänzende Perspektiven.
In der grundlegenden Romanserie von Solschenizyn ist für mich ein Platz bereitgestellt. Ich werde eine altangestammte Bewohnerin von Petersburg sein, im August 1917 wird meine erste größere Liebesgeschichte unglücklich ausgehen; und noch einiges andere, was vor der Zeit zu wissen mir nicht ansteht.
Sanja beunruhigt das Schicksal des von ihm vor dem Krieg Geschriebenen, der vorbereitenden Ansätze zum künftigen Roman: »Jammotschka! Und wo sind meine Fahrradaufzeichnungen? Und wo der Plan der RUSSEN IN DER VORHUT und einige Anfangskapitel (auf großen weißen Blättern) – sie waren doch bei dir? Und die Etüde zum SCHWARZEN IM ROTEN – die Begegnung von Sewerskij und Olchowskij? Sollte das wirklich verloren sein?

Wenn in Kislowodsk, dann bei wem? (...) Und in Rostow sind bei Maria Denissowna meine Gedichte. Wie könnte man das alles an einem Ort versammeln?«

Als ich erwiderte, die Thesen zu den RUSSEN IN DER VORHUT seien bei mir, genauso ein Heft mit drei Erzählungen, einige Kapitel seien dagegen in Kislowodsk geblieben, schrieb Sanja: »Dir ein ganz großes Danke, daß Du mir meine drei grundlegenden Erzählungen bewahrt hast – das ist eine der stärksten Äußerungen der Liebe, die ich nie vergessen werde. Du bist zu Fuß marschiert und hast das mitgeschleppt!«

Je ruhiger es an der Front ist, desto mehr ist in seinen Briefen über Literatur zu lesen. Man spürt, wie erregt Alexander ist: wegen der Absendung seiner Werke nach Moskau. Er schreibt sogar an Koka (und teilt es mir mit), er würde, falls Fedin ihn vom Fehlen eines literarischen Talents überzeuge, schroff mit der Literatur brechen (»Ich werde mein Herz aus der Brust reißen, ich werde 15 Jahre meines Lebens zerstampfen«) und zur Historischen Fakultät überwechseln.

In einem anderen Brief schreibt Sanja von seinen Hoffnungen. Seine Aufgabe ist: Unterstützung durch Fedin, Lawrenjow, Timofejew und noch einigen anderen zu erhalten: Jawohl, Sie haben literarisches Talent. – Jawohl, das ist gut geschrieben. – Ja, das ist fest gefügt.

Um dann, sich vielleicht mit einigen von ihnen ideologisch vereinigend (»denn sie brauchen Unterstützung nicht weniger als wir die ihrige«) – zu schreiben, zu schreiben und zu schreiben!

Mutter und ich verließen Kasachstan viel später, als wir geplant hatten. Vor uns wuchs ein unerwartetes Hindernis auf: Mutters Krankheit.

Ich begebe mich zum Bahnhof Usch-Tobe, um mir dort einen Propusk zu holen, und erfahre, daß man drei oder vier Tage wird warten müssen. Doch endlich ist das kleine weiße Papier mit dem dünnen roten Streifen in meiner Hand. Wie viele Qualen mußte ich seinetwegen ausstehen! Ich stelle den Antrag auf eine Freifahrkarte. Auf dem Propusk steht: gültig bis zum 25. März. Bis dahin werde ich natürlich schon zu Hause sein.

Und plötzlich wird Mutter krank. Am Morgen war sie noch völlig gesund, gegen Abend hat sie eine Temperatur von 40,1. An eine Abreise ist nicht zu denken. Der einzige Trost: daß Mutter nicht unterwegs erkrankt ist. Aber dieser Trost hilft Mutter nicht weiter. Das Fieber will nicht fallen. Es besteht der Verdacht auf Malaria. Welch ein Glück, wenn es Malaria wäre. Oder habe ich vielleicht Flecktyphus aus Usch-Tobe eingeschleppt? So vergehen die Tage. Das Chinin hilft nicht. Das Herz schmerzt.

Endlich sinkt das Fieber. Wir rüsten uns wieder zur Abreise. Neue Plackereien: wir brauchen einen neuen Propusk und neue Fahrkarten – und abends hat Mutter wieder 40 Grad Fieber.

Mutter und ich leben auf dem Bahnhof von Usch-Tobe inmitten solcher Menschen wie wir und versuchen einige Tage lang vergeblich, einen der durchfahrenden überfüllten Züge zu besteigen, der uns bis Alma-Ata bringen soll. Endlich wurde für die in Usch-Tobe Steckengebliebenen ein Eisenbahnwaggon bereitgestellt. Alle versuchen, in den Waggon zu kommen, und stoßen die anderen beiseite.

Glücklicherweise waren es bis Alma-Ata nur einige Stunden Bahnfahrt. Wir kamen dort an jenem Tag an, als Sanja, der Urlaub bekommen hatte, in Rostow eintraf, wo ihn eine Enttäuschung erwartete.

Einen Monat später werde ich nur mehr einen langen Brief vorfinden, worin von meiner Reise zu ihm an die Front die Rede ist.

Zehn Tage lang fuhr der Zug Mutter und mich von Alma-Ata nach Moskau, von Kasachstan nach Rußland, von Asien nach Europa.

Mutter schlief wenig, nervös und unruhig, wachte immer wieder auf, um sich zu vergewissern, daß unser Gepäck noch beisammen ist.

Erst in der letzten Nacht, zermürbt durch die lange Reise und voller Freude, daß wir alles wohlbehalten bis ans Ziel gebracht hatten, fiel Mutter in einen tiefen Schlaf. Am Morgen fehlte das Bündel mit den wertvollsten Sachen. Es stellte sich heraus, daß irgendein Mann die ganze Nacht hindurch auf dem Bündel gesessen hatte und dann, als er sich überzeugt hatte, daß sich der Besitzer in Ruhe wiegt, in Rjasan mit dem Bündel ausgestiegen war.

Das war unsere erste Bekanntschaft mit dieser Stadt.

Mutter weinte, was sie nur sehr selten tat. Man mußte den Krieg und die Evakuierung erlebt haben, mußte zu Fuß vor den Deutschen geflohen sein, um zu verstehen, was dieser Verlust bedeutete! Im Bündel befanden sich Mutters sämtliche Kleider.

Mutter war seit 1913 nicht mehr in Moskau gewesen. In den Jahren 1908/09 hatte sie dort die Frauenuniversität besucht.
In Moskau lebte Mutters Bruder V.K. Turkin, Drehbuchautor und Professor an der Moskauer Filmhochschule. Mutter und er hatten sich seit etwa dreißig Jahren nicht gesehen. Und kaum Briefe gewechselt.
In Moskau lebte auch seine erste Frau Veronika Nikolajewna.
Wie sehnlich erwartete Mutter die Begegnung mit ihnen allen! Und jetzt hat sie nicht einmal etwas anzuziehen! Trotzdem fand sich ein Ausweg! Mutter war damals so abgemagert, daß ihr meine Bluse paßte.
Wir machten bei der wunderbaren Veronika Nikolajewna halt, die in der Kleinen Bronnaja lebte.
Ihre Tochter, die kleine Veronika, war damals sechzehn und noch Schülerin. Sie hatte dichte kastanienbraune Zöpfe und versprach sehr hübsch zu werden.
Ihr Vater hatte sich von der Mutter getrennt, als die Tochter vier Monate alt war. Und obwohl er auf dem Passionsboulevard wohnte, fünfzehn Minuten Fußweg von den Patriarchenteichen entfernt, hatte er seine Tochter seither nicht ein einziges Mal gesehen.
Man empfing uns mit großer Herzlichkeit und Freundlichkeit. Die Gespräche zwischen Mutter und Veronika Nikolajewna wollten kein Ende nehmen.
Dreißig Jahre lang hatte Mutter ihren Bruder Valentin nicht gesehen. Während dieser Zeit hatte sie ein einziges Mal ein Telegramm von ihm erhalten: die Nachricht von der Geburt der Tochter Veronika und – hundert Rubel. (Von diesem Geld wurden zwei wattierte Decken gekauft, die Mutter und mir viele Jahre dienten.)
Und nun klingelt Mutter an der Tür, und Valentin öffnet. Er umarmt Mutter und sagt: »Alle meine Gedanken waren immer bei dir und Shenja (der jüngeren Schwester).«
Man mußte den Onkel kennen, um zu begreifen: in diesem Augenblick glaubte er selbst aufrichtig an seine verblüffende Behauptung.
Es vergingen einige Sekunden – und alles war, als hätte es die dreißig Jahre Trennung nicht gegeben: so herzlich, schlicht und zärtlich sprachen Bruder und Schwester miteinander.
Als der Onkel über mich zu reden begann, fragte Mutter:

»Möchtest du nicht auch einmal deine eigene Tochter sehen?«
Onkels Gesicht nahm einen hilflosen und gekränkten Ausdruck an:
»Warum kommt sie denn nicht zu mir?«
Es wurde beschlossen, daß er der Tochter einen Brief schreiben und sie bitten sollte, zu ihm zu kommen.
Die Verwandten der kleinen Veronika, besonders die Tante und die Großmutter, waren gegen diese Begegnung, wegen einer möglichen nervlichen Belastung des Mädchens. Nicht ohne Mühe gelang es meiner Mutter, sie umzustimmen.
Tags darauf gingen meine Mutter und Veronika zum Professor.
Getrennt vom Vater lebend, hörte das Mädchen von der Mutter, die nicht aufhörte, ihn zu lieben, über diesen nur Gutes. Von jenem Platz, den sie ihm in ihrem Herzen einräumte, zeigt bereits der Umstand, daß DOMBY UND SOHN von Dickens das Lieblingsbuch ihrer Kindheit war.
Der Vater lief seiner Tochter entgegen. Sie umarmten sich. Der Professor begann mit der Tochter so zu reden, als hätten sie sich vorigen Abend zum letztenmal gesehen. Das war völlig aufrichtig. So ein Mensch war das: er lebte immer aus dem Gefühl der Minute heraus.
Veronika, als Tochter ihres Vaters, begann ihn sofort mit »Papa« anzureden und zu duzen.
Die Aureole der Ausschließlichkeit und einer gewissen Idealität, mit der das Mädchen den Vater in ihrer Vorstellung umgeben hatte, löste sich bald auf. Sie lernte ihn so kennen und lieben, wie er in Wirklichkeit war. Als einen schöpferischen, sehr gebildeten, scharf, originell und elegant denkenden, mit einem feinen, gütigen Humor begabten Mann. Die Jahre hatten ihm die Fähigkeit nicht zu rauben vermocht, sich zu entflammen; und auch nicht die Leidenschaft, alle Dinge eigenwillig, tiefgründig und oft paradox zu bewerten. Auch die gar nicht so wenigen menschlichen Schwächen des Professors vermochten Veronika nicht zu erschrecken.
Meine kleine Kusine hatte einen Vater bekommen. Aber die Jahre, während der sie ihn nicht kannte, während derer sie ihn entbehren mußte, hatten eine untilgbare Spur hinterlassen. Noch anderthalb Jahrzehnte später, als sie zwischen mir und meinem Mann wird wählen müssen, wird sie ihr Mitgefühl nicht der Kusine zuwenden, die an der Schwelle des Alters verlassen wird,

sondern einem ihr fremden, noch ungeborenen Menschen. »Ich bin selbst ohne Vater aufgewachsen«, wird mir Veronika sagen.
In Moskau hatte ich sofort den Wunsch, Lida anzurufen.
Sie hatte damals gerade eine erste mündliche Äußerung über Sanjas Erzählungen erhalten, allerdings nicht von Fedin, sondern von Lawrenjow.
Das waren seine Worte: »Die Erzählungen sind sympathisch, sie haben mir gefallen.« Er übergibt sie der Redaktion der Zeitschrift DAS BANNER.
Wie vermischen sich im Leben doch Freude und Leid! Am gleichen Tag, als Lawrenjow gegenüber Lida Sanjas Erzählungen lobte (er hatte so darauf gewartet, davon hing so viel ab!), erfuhr Sanja vom Tod seiner Mutter.
»Mutter ist tot. Mit mir geblieben ist all das Gute, das sie für mich getan hat, und all das Schlechte, das ich ihr angetan habe. Niemand schrieb mir von ihrem Tod. Eine Geldüberweisung kam zurück, mit einem Vermerk über den Tod des Empfängers. Offenbar im März.«
Die Worte über das »Schlechte« waren keine Koketterie. Sanja fühlte sich wirklich schuldig. In praxi hätte er seine Mutter schwerlich retten können. Aber seine Gereiztheit wegen der Klagen der Mutter, seine erbitterten Betrachtungen über »Mutters Ungewandtheit«, die an allem schuld sei, endlich dies, daß er von Rostow aus nicht in das nahe gelegene Georgijewsk gefahren war, um seine Mutter zu sehen, um bei den Ortsbehörden vielleicht Unterstützung für die Mutter des Frontoffiziers zu finden (und sei es auch nur zum Erhalt von Lebensmittelkarten) – dies alles mußte in der Seele freilich eine bittere Spur hinterlassen.

Nachdem er meine erste Moskauer Postkarte erhalten hatte, schrieb mir Sanja nach Rostow:
»Du bist so sehr von Moskau aufgewühlt, daß du mir das Wichtigste nicht schreibst: wann du in Rostow sein wirst.«
Zu Lawrenjow äußert er sich zurückhaltend:
»Lawrenjows Beurteilung hat mich gefreut, ich warte jetzt auf eine ausführlichere Darstellung durch Lida oder ihn selbst. Doch sein Versprechen, die Erzählung zum Druck weiterzugeben, hat mich verwundert. Ich habe das überhaupt nicht erwartet und nicht daran gedacht.« Diesen Brief erhielt ich schon in Rostow, wo ich voller Ungeduld auf einen Ruf aus Sanjas Einheit wartete.

Eines Nachts, gegen drei Uhr, weckte mich Mutters Stimme: »Natascha, der Sergeant ist da!«
Ich sprang auf, warf mir den Morgenrock übers Nachthemd, trat in das große erste Zimmer. Auf der Schwelle stand ein junger Soldat im Mantel, mit Pelzmütze und Rucksack ...
Wir machten uns bekannt ...
Wir gaben ihm zu essen und legten ihn schlafen.
Ich schlief nicht mehr ein. Als es zu tagen begann, rannte ich aus dem Haus und streunte lange und glückselig über unseren Puschkin-Boulevard ...
Der Sergeant hieß Ilja Solomin. Seine Eltern – Juden – lebten vor dem Krieg in Minsk. Solomin hatte kaum noch Hoffnung, daß sie am Leben waren. Aus Minsk hatte sich kaum jemand evakuieren können. Vielleicht war das der Grund, daß Solomins schwarze, leicht hervorquellende Augen auf seinem ernsten, meist finsteren Gesicht selbst dann noch traurig blieben, wenn er lächelte ...
Der Sergeant hatte mir eine Uniformbluse, einen dazu passenden breiten Ledergürtel, außerdem Achselstücke und einen Stern mitgebracht, den ich auf meine dunkelgraue Baskenmütze heftete. Er überreichte mir ein auf meinen Namen ausgestelltes Rotarmistenbuch. Das Datum der Ausstellung bezeugte, daß ich schon eine Zeitlang in der Einheit diente. Es gab auch einen »Urlaubsschein«.
Natürlich hatte ich eine Heidenangst. Ich beruhigte mich mit dem Gedanken, daß einem Frontoffizier so ein kleines »Theaterstück« nichts anhaben kann. Und was mich selbst betrifft: sogar noch das Gefängnis hatte ich für eine Begegnung mit meinem Mann in Kauf genommen. Darüber, was wohl die Soldaten dazu meinen würden, dachte ich nicht nach. Solschenizyn war für mich der klügste und anständigste Mensch auf der Welt; er wußte bestimmt, was er tat.
Am Abend jenes Tages fuhren Solomin und ich in Rostow ab. Der Sergeant war ein geschickter Bursche. Als am Schalter das Licht ausging, gelang es ihm, irgendwo Kerzen aufzutreiben. Als »Belohnung« bekam er Eisenbahnfahrkarten für einen Offizierswaggon.
Ich bin wieder mit meinem Mann zusammen. In seinem Unterstand. Ist das nicht ein Traum?
Das Telephon klingelt. Der Divisionskommandeur lädt uns zu

sich ein. In der Gesellschaft der Offiziere fühle ich mich etwas verlegen. Aber der zum erstenmal in meinem Leben getrunkene Wodka gibt mir Mut.

In jenem Jahr war der Mai kalt. Der Ofen im Unterstand mußte geheizt werden. Aber das machte den Unterstand nur noch gemütlicher.

Es ist Abend. Im Ofen knistern die Scheite.

»Erzähl mir ausführlich über deine Begegnung mit Koka«, bitte ich meinen Mann.

»Ich lese dir lieber etwas vor. Mit diesem Kapitel beginnt das ›Sechste Studienjahr‹.« Dann geht Sanja auf allgemeine Themen über. Er beginnt von seinen Plänen zu sprechen: von den literarischen und nicht nur literarischen Plänen ...

Er spricht davon, daß er den Sinn seines Lebens darin erblickt, mit der Feder den Interessen der Weltrevolution zu dienen. Nicht alles gefällt ihm heutzutage. Das Bündnis mit England und den USA. Die Auflösung der Kommunistischen Internationale. Die Hymne ist nicht mehr die alte. In der Armee hat man die Schulterstücke eingeführt. In allen diesen Dingen erblickt er ein Abrükken von den Idealen der Revolution. Er rät mir, die Werke von Marx, Engels und Lenin zu kaufen. Es kann durchaus passieren, meint er, daß sie nach dem Krieg aus dem Verkauf gezogen und von den Regalen der Buchhandlungen verschwinden werden. Um all dies wird man nach dem Krieg kämpfen müssen. Er ist dazu bereit.

Nachdem ich ein wenig gefaulenzt hatte, begann ich, mich mit der Arbeit vertraut zu machen. Es fiel mir leicht, sie zu verstehen. Es ging darum, das rasche Arbeiten zu lernen. Ich lernte, die vertrackten Sinusoide zu entziffern, die die Geräte auf Schallmeßband tippten. Interessant!

In unserer Freizeit spazierten, redeten, lasen wir. Mein Mann brachte mir das Pistolenschießen bei. Ich begann, Sanjas Werke abzuschreiben: den OBSTGARTEN, die FRAUENERZÄHLUNG.

Der größte Schriftsteller war für meinen Mann damals Gorkij. Manchmal las er mir aus dem MATWEJ KOSHEMJAKIN vor.

In der Batterie war Sanja ganz und gar ein Herr. Wenn er seinen Burschen Golowanow brauchte, dessen Unterstand sich neben seinem befand, dann telephonierte er: »Wachhabender! Schicken Sie Golowanow her.«

Bei einem seiner Besuche sagte Politstellvertreter Paschkin, es stünden große Veränderungen bevor. Ihre Artillerieabteilung werde künftig keine selbständige Einheit mehr sein. Sie wird in einer Brigade aufgehen. Kommandeur der Brigade wird ein gewisser Oberst Trawkin, von dem es heißt, er sei nicht geneigt, Frauen in der Einheit zu dulden.

Wir sprachen zum erstenmal über meine Abreise.

Ich sagte Sanja, ich hätte in der Zeitung die Ankündigung gesehen, daß die Moskauer Universität Aspiranten für physikalische Chemie einstellt. Forschungsrichtung: chemische Kynetik und Katalyse. Gerade das, was ich liebe. Vielleicht soll ich es dort versuchen? Nach dem Krieg würden wir dann zusammen in der Hauptstadt leben!

»Nun, warum nicht, das ist keine schlechte Variante!«

Wir versuchten, uns das gemeinsame Leben nach Kriegsende vorzustellen. Aber das ausgemalte Bild fiel nebulos aus. Und was wir durch den Nebel hindurch wahrnahmen, sahen wir nicht durchweg in gleicher Weise. In den Briefen, die auf meine Abreise folgen, wird sich unsere optische Differenz widerspiegeln. Ich werde mir große Mühe geben, die Zukunft mit Sanjas Augen zu sehen, mit seinen Gefühlen zu fühlen ...

Ich hatte bei meinem Mann drei Wochen verbracht.

Ich war noch unterwegs, als die mächtige Offensive in Belorußland begann.

Sanja wird mir später schreiben, er hätte während neun Vormarschtagen kaum Zeit gefunden, vermittels knapper Substantiva die auf ihn eindrängenden Eindrücke zu fixieren. Wie stark unterschieden sich doch die vier Kriegssommer voneinander: diese vier Etappen des Krieges! Der Sommer 1944 war überaus ungestüm und triumphal!

Am 9. Juli wurde ich an der Universität Rostow als Laborantin auf Zeit eingestellt.

In diese Zeit fällt der Beginn meines regelmäßigen Briefwechsels mit Koka und Lida.

»Lida und ich«, schreibe ich meinem Mann, »sind uns in Moskau sehr nahegekommen. Nadja (die Schwester von Kirill Simonjan) fährt nach Leningrad. Ich habe Lida geschrieben, ob Nadja nicht ein Privathaus für uns aussuchen soll.«

Das war ein Scherz. Seine Grundlage war ein von Sanja vorgeschlagenes Projekt: nach dem Krieg eine »Kommune« zu begründen. Alle Mitglieder unseres »Fünfers« sollten dazugehören.

Der Briefwechsel zwischen Sanja und Koka war regelmäßig geworden. Manche Briefe kamen nicht an oder erreichten den Empfänger mit großer Verspätung ...
Was Sanjas Schriftstellerei betrifft, so ist sie eine Sache der Zukunft. Jetzt hat er andere Sorgen. Aber dafür wird er später wissen, über was und wen er schreiben soll.
»Ich notiere immer neue und neue Details an Paschkin – wann werde ich mich wohl ans SECHSTE STUDIENJAHR machen können? Das werde ich bestens hinkriegen! Besonders jetzt, da man die Schlacht von Orjol-Kursk so reliefhaft im Prisma des Jahres 1944 erkennt.«
Sanja läßt auch die literarischen Neuerscheinungen nicht unbeachtet, unter denen er besonders den WASSILIJ TJORKIN von Twardowskij hervorhebt:
»Mir in die Hände kam das erste (in meiner Art) Wahrhaftige über den Krieg: der WASSILIJ TJORKIN von Twardowskij. Wenn man diese Verse aufmerksam liest, kann man darin Dinge finden, die noch keiner geschrieben hat. Überhaupt ist Twardowskij einer der besten (oder der beste?) sowjetischen Dichter. Irgendwann schreibe ich ihm einen anerkennenden Brief.«
Und hier die Reaktion meines Mannes auf das damalige neue Ehegesetz: »Die Reform auf dem Gebiet der Ehe wird vielleicht viele verwundern, die einen erfreuen, die anderen betrüben, doch sie ist durchaus folgerichtig, sie steht in der Reihe einiger anderer, genauso gearteter Reformen: mit dem Ziel eines allseitigen Anziehens der Schrauben.«
Seit der Zeit unserer Begegnung an der Front verließ mich nicht das unruhige Gefühl, daß Sanja und ich das Glück verschieden auffaßten. Ich versuchte auf jede mögliche Art, meine Auffassung an die seine anzunähern. Aber das war nicht so einfach ... Und Sanja, der ebenfalls die Differenz spürte, warf sie mir in seinen Briefen vor.
»Als du bei mir an der Front warst, sagtest Du einmal: ich stelle mir unser zukünftiges Leben nicht ohne ein Kind vor. Gebären und erziehen kann fast jeder. Eine künstlerische Darstellung der Nachoktoberjahre kann vielleicht nur ich allein schreiben, und auch das nur dann, wenn ich die Arbeit mit Koka teile und vielleicht mit noch irgend jemandem. So sehr übersteigt diese Arbeit das Gehirn, den Körper und das Leben eines einzelnen.«
Ein alter Brief aus jener Zeit hat mir in Erinnerung gerufen, wie

wir damals lebten. An meinem Namenstag, dem 8. September 1944, schrieb ich einen Brief an meinen Mann. In der rechten oberen Ecke des Briefes hat sich bis heute die Spur einer Feder erhalten – Tintenpünktchen am Umriß entlang und auf der Rückseite Zwirn:

»Ich feiere nicht wie sonst, und bekomme trotzdem Geschenke. Diesmal sind es ganz ungewöhnliche Gaben: Mutter hat meine alte Aktentasche repariert und mir ein amerikanisches(!) Wärmekissen geschenkt, die Tanten schenkten mir ein Glas Honig, Tante Schura zwei Federn. Die eine ist meine Lieblingsfeder, die andere bekommst Du. Deshalb schicke ich sie Dir jetzt. Damit sie nicht herausfällt, habe ich sie festgenäht und hoffe, daß der Zensor Mitgefühl mit dem Frontschriftsteller hat, der ohne Feder geblieben ist, und meine Feder passieren läßt.

Außer dem amerikanischen Wärmekissen bekam ich noch amerikanische Gummischuhe, ganz wunderbare (Mutter hat sie auf Abschnitt erhalten).

Ich schreibe Dir vom Labor aus in völliger Einsamkeit. Ich arbeite nervös und fieberhaft, weil ich bis zum 15. alle Data beisammen haben muß.«

Manchmal hat sogar eine kleine Schreibfeder ein seltsames Los. Schuld daran war die Veränderung der Feldpostnummer. Es kamen auf einen Schlag fünf Briefe zurück. So machte die kleine Feder eine große Reise und schlug dann wieder den Weg an die Front ein.

Koka und Sanja sind jetzt noch weiter voneinander entfernt. Mein Mann klagt, sie befänden sich sogar in verschiedenen Heeresgruppen.

Über Kokas Versetzung erfuhr Sanja offenbar durch jemand anderen, denn die Briefe blieben weiterhin aus:

»Gibt es von Koka eine Nachricht?« fragt er mich wieder. »Der Hundesohn schweigt seit Juni.«

Dort, wo Sanja war, am Narew, verbreiterte sich unterdessen der Brückenkopf.

»... in den ersten Tagen dieses Monats wehrten nicht wir, sondern unsere nächsten linken Nachbarn, die Batower, die Gegenangriffe ab.«

Jedoch das Kriegführen wird noch eine ganze Weile anhalten. Jedenfalls sorgt Sanja dafür, sein Auto wärmer zu machen, er schlägt es mit Beutedecken aus.

Oben: Die »Fünf« im Mai 1941. (v.l.n.r.) A. Solschenizyn, K. Simonjan, N. Reschetowskaja, N. Witkewitsch, L. Jescherez. – *Unten:* Nikolaj Witkewitsch und Alexander Solschenizyn 1943 an der Front.

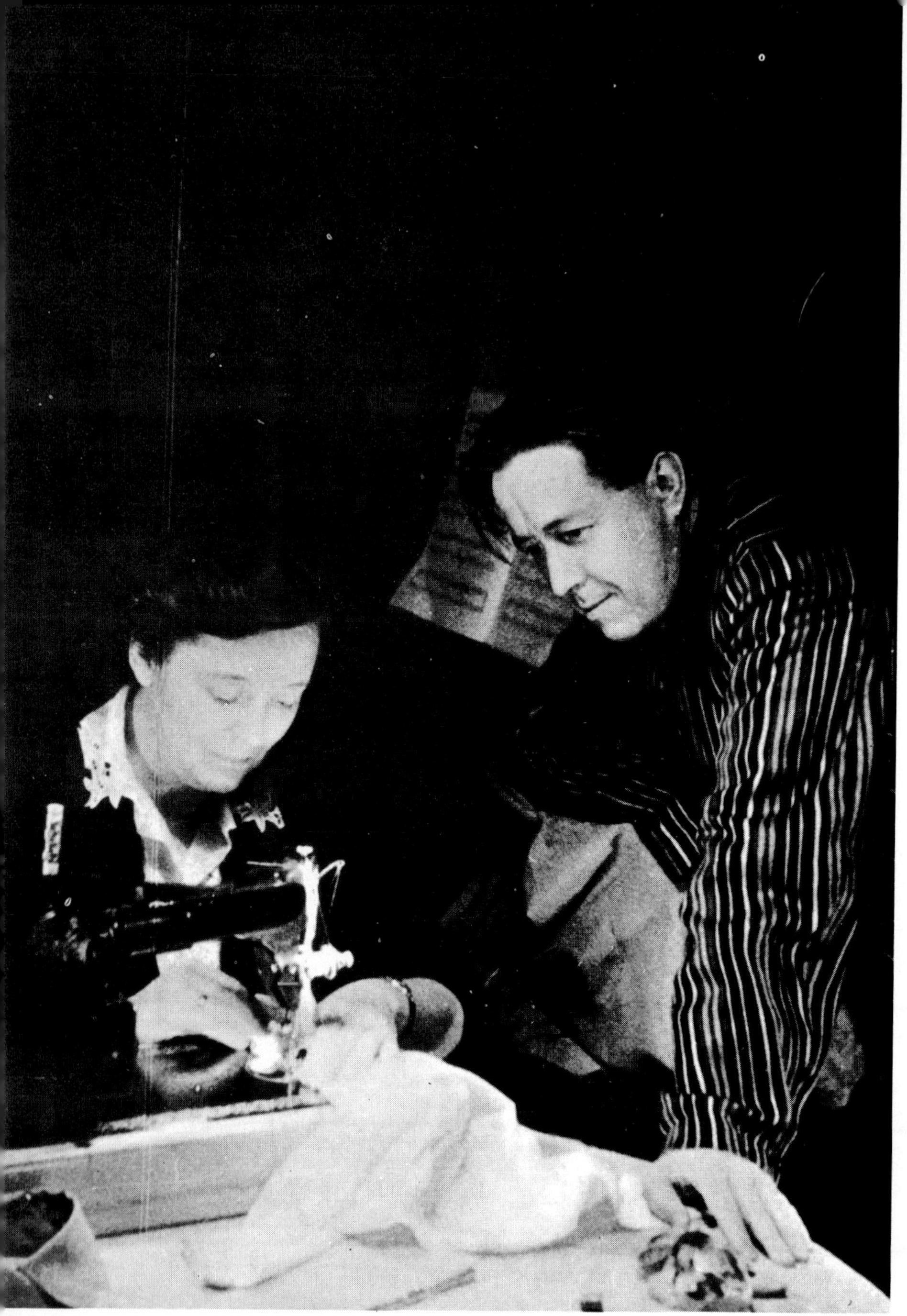

Alexander Solschenizyn und Natalja Reschetowskaja
1958 in ihrer Wohnung in Rjasan

Und trotzdem macht sich das Kriegsende bereits bemerkbar. Zum Beispiel darin, daß Sanja immer häufiger auf das Thema unseres Lebens nach dem Krieg zurückkommt.
Sanja schreibt, wir müßten für die ersten Jahre in Moskau eine Kommune gründen. Sogleich werden sichergestellt: einige Wohnstützpunkte, die Unterstützung durch Alexander Michailowitsch (Lidas Vater), vielleicht auch Verbindungen zu Leuten wie Anastassija Sergejewna in der Moskauer Volksbildungsbehörde.
Warum der Briefwechsel zwischen Sanja und Koka nicht klappt, ist ein absolutes Rätsel. Unablässig beschwert sich Sanja bei mir darüber, daß keine Briefe von Koka kommen.
Unterdessen erhielt ich noch einen weiteren Brief von Koka, dazu ein Photo. Er ist abgemagert. Und hat dieses frontspezifische Etwas an sich, das Solomin besitzt, während ich es in den Augen meines Mannes nicht entdecken konnte.
Sanja! Wo blieb deine mathematische Auffassungsgabe? Warum blitzte des Rätsels Lösung nicht ein einziges Mal in deinem Kopf auf? Und übrigens auch nicht in Kokas Kopf. Daß nämlich eure Briefe über eure Nachkriegspläne nicht nur für euch zwei von Interesse waren ...
Es kam schließlich soweit, daß ich einen Brief von Sanja an Koka weitersandte. Das rief eine entsprechende Reaktion hervor:
»Liebe Natascha, ich habe Sanjas Brief von Dir erhalten. Solcher Dinge ist nur *er* fähig. Er lebt 150 Kilometer entfernt von mir – und die Briefe schickt er über Rostow.«
Mein Mann fühlt sich bereits so sehr als Schriftsteller, daß er kühn über andere Schriftsteller, die gedruckt werden, urteilt:
»In der Zeitschrift NOWYJ MIR, Nr. 9, Jahrgang 1943, las ich das Theaterstück von Alexander Kron TIEFENAUFKLÄRUNG. Die drei ersten Akte hatten mich so mitgerissen, daß ich Kron einen Grußbrief schreiben wollte. Aber im vierten Akt läßt er stark nach und zeigt, daß er, trotz seines ungewöhnlichen Talents, ein recht gewöhnlicher Denker ist. Sehr gern hätte ich Deine Meinung über dieses Stück gewußt. Lida gefällt das Stück nicht.«
Währenddessen bedrängt Lida Lawrenjow wegen der schriftlichen Äußerung zu Sanjas Erzählungen! Endlich ist sie in Sanjas Händen. Ich bekomme einen Brief, worin mir mein Mann mitteilt, er würde nun schon zehn Stunden lang Lawrenjows Beur-

teilung in den Händen halten, ohne sich über seine Stimmung klarzuwerden. Es besteht aller Anlaß zur Unzufriedenheit – und dennoch empfindet Sanja eine angenehme Leichtigkeit, eine Befriedigung. Erstens erinnert sich Lawrenjow an alles, was ihm im Mai 1941 zugeschickt wurde (DIE AUSLANDSREISE, DIE WEICHENSTELLER, NIKOLAJEWSKIJ)! Er bezeichnet diese Werke als »Ansätze des Könnens, Gedanken und Beobachtungen literarisch zu gestalten«. Das ganze »Lob« ist in folgenden zwei Sätzen zusammengefaßt:

1. »Der Verfasser hat (seit dem Jahr 1941) einen weiten Weg hinter sich gebracht, er ist gereift, jetzt darf man bereits von Literaturereignissen sprechen.«

2. »Die Befähigung des Verfassers zu literarischer Arbeit erweckt in mir keinen Zweifel, und mir scheint, daß er in ruhigen Umständen nach dem Krieg, wenn er sich der offenbar geliebten Tätigkeit voll und ganz widmen wird, Erfolge erzielen kann.«

Nun denn! Möge der sehr zurückhaltende Charakter dieser Beurteilung als hohes Stimulans der Arbeit wirken, als Stimulans des schonungslosen Anspruchs an sich selbst und der vernichtenden Selbstkritik.

Lawrenjow nötigte Sanja, nachdenklich zu werden.

Er hörte sogar zu schreiben auf, denn Lawrenjows Urteil über die STADT M stellte Sanjas schöpferische Manier im »Sechsten Studienjahr« in Frage.

Die gleiche Postkarte, in der Sanja Lawrenjows Urteil wiedergab, enthielt eine völlig unerwartete Randnotiz:

»Nach dem 20. Dezember fahre ich vielleicht zu Koka!«

Im nächsten Brief wird dieser Einfall weitergesponnen:

»Bin entschlossen, zu Koka zu fahren, Trawkins Einwilligung habe ich schon erhalten, ich habe nur Hauptmann Stepanows Rückkehr aus dem Urlaub abzuwarten...«

Doch leider erwartete meinen Mann eine Enttäuschung.

Stepanow verspätete sich um drei Tage, und Trawkin ließ ihn nicht fahren. Wann würde sich wieder eine Gelegenheit ergeben? An welcher Frontlinie?

Zu Neujahr veranstalteten sie im Klub ein gemeinsames Essen mit den Soldaten, anschließend ein kollektives Singen und Tanzen Draußen war eine helle Mondnacht.

Sanja ging hin und her, schaute zu, rauchte und dachte über seine Pläne nach.

Sanja wird später scherzend schreiben, sein Leben würde ihm wie ein Ballen Tuch für die ganze Familie vorkommen: wie soll man daraus einen Männermantel schneidern und einen Frauenrock und ein Damenjackett und eine Jungenhose!

Also muß man das Nichtzuumfassende umfangen . . . Sanjas Briefe werden immer verwickelter, schwieriger, widersprüchlicher ... Er scheint gleichsam gegen mich vorzurücken, dann wieder zurückzuweichen, seine Härte abzuschwächen:

»Mit meinen vorausgegangenen Briefen habe ich sicher Trostlosigkeit über Dich gebracht. Leg diese Weisheiten irgendwohin weit weg oder verbrenne sie – damit Dich nichts verlegen macht.«

Aber dann kommt wieder ein Brief, der mich zusammenzucken läßt:

»Du beklagst Dich, ich würde Dir selten schreiben. Ich schreibe Dir nicht selten, meine Liebe, aber schlecht – das ist wahr.«

Damit man während einer jeden langen Trennung einander auch auf Entfernung versteht, muß man sich in ein und derselben Richtung entwickeln, auf der gleichen Straße, mit der gleichen Geschwindigkeit – so dachte mein Mann.

Er aber entwickelte sich sein Leben lang »krankhaft einseitig«, mal mit der rechten, mal mit der linken Seite, und wohin ihn das Leben zog: das »wußte er selbst nicht«. Mit jedem Monat mehr werden seine literarischen Pläne und Absichten »von der Politik ergriffen, aufgewirbelt, eingesogen, fortgetragen«.

Ich spürte, daß er in diesen Minuten des Nachdenkens nicht mich, sondern einen anderen Menschen brauchte. Und die Briefe bestätigten es. Koka ist »der einzige Mensch auf der Welt«, dem gegenüber Sanja, wenn er von ihm einen Brief selbst nach einer Pause von einem Jahr erhält, eine bloß geringe Distanz verspürt: »Wie zwei Züge, die mit der gleichen Geschwindigkeit nebeneinander herfahren, und man kann während der Fahrt aus dem einen in den anderen umsteigen.«

Unwillkürlich hörte ich aus diesen Worten nicht nur Sanjas Befriedigung wegen des vollkommenen Einverständnisses mit Koka heraus, sondern auch einen Vorwurf an mich...

Den Ton dieser Briefe beeinflußte vermutlich auch jene Nervenanspannung, in der die Generale, Offiziere und Soldaten in den endlosen Weiten zwischen der Ostsee und den Karpaten in jenen Wochen lebten. Jeder spürte: irgendwas muß beginnen! Vielleicht schon in der kommenden Nacht? Und jeder dachte, daß diese grandiose, unaufhaltsame Offensive die letzte sein wird! Die Raupenketten der Panzer und Sturmgeschütze, die Räder der Autos und Geschütze, die Füße der Soldaten in ihren Marschstiefeln werden erst in Berlin zum Stehen kommen! Und obwohl natürlich jeder diesen Gedanken von sich wies, schlich er sich dennoch in die Herzen der Menschen ein: Werde ich ans Ziel gelangen?

Die bekannte Adresse von Churchill beschleunigte die Ereignisse. Den in den Ardennen in die Flucht geschlagenen, in Verwirrung versetzten Alliierten zu Hilfe eilend, durchbrach die Erste Ukrainische Heeresgruppe die Verteidigungsstellungen des Gegners in Südpolen und stieß nach Westen vor, jeden Tag ein gutes hundert Kilometer hinter sich lassend. Tags darauf begann ihr Nachbar, die Erste Belorussische Heeresgruppe, ihren Marsch auf Berlin. Am dritten Tag schlugen die übrigen Heeresgruppen los.

Jetzt war keine Zeit mehr für sorgenvolle Meditationen über eine abstrakte Zukunft. Man kann sich kaum vorstellen, wie Hauptmann Solschenizyn ein paar Minuten für eine kurze Nachricht zu erübrigen vermochte:

»Heute haben wir *begonnen*, haben losgeschlagen, sind losmarschiert. Ich antworte wie im Flug, der vorgeschobene Posten ist schon zurückgezogen, jetzt warte ich jede Minute auf den Stellungswechsel. Mit der letzten Post sind, wie drei Händedrucke, wie drei Sieges- und Lebenswünsche, drei Briefe hereingeschneit: Deiner, Lidas Brief und der von Strauß. Während fünf (!) Stunden konnte ich nicht einen einzigen von ihnen öffnen, mal Dir daraufhin aus, was sich hier tut.«

Jeden Abend in den Nachrichtensendungen des Rundfunks erklangen neue, für das russische Ohr ungewohnte Ortsnamen. Ich konnte nur erraten, in welcher Richtung sich General Trawkins Brigade bewegte.

Es ist natürlich lachhaft, an irgendwelche persönlichen Wünsche zu denken, wenn solche Kämpfe im Gange sind, aber ich wünschte mir sehr, daß Sanjas Vorgefühl eintrifft: daß seine Artillerieabteilung nach Norden, auf die Grenze Ostpreußens zu, abschwenkte. Dorthin, wo Solschenizyn schon wiederholt in Gedanken geweilt hatte seit jener Zeit, als der Roman konzipiert wurde, der mit der Katastrophe Samsonows beginnen sollte.

So kam es auch! Noch ein weiteres jener unerklärlichen Vorgefühle erfüllte sich, die bei mir so häufig einzutreffen pflegen. Der phantastische Gedanke des Jahres 1939 – nach Neidenburg zu kommen – traf sechs Jahre später ein. Sanja war in Neidenburg. Er stand inmitten der brennenden Stadt. Am eigenartigsten: daß Neidenburg ebenfalls brannte, als Samsonow im Jahre 1914 in die Stadt einzog. So muß es auch sein, im entsprechenden Kapitel.
»Schon den zweiten Tag stapfen wir durch Ostpreußen. Es gibt höllisch viel Eindrücke!«
»Ich sitze unweit jenes Waldes, in dem Olchowskij und Sewerzew eingeschlossen waren...« (So hießen nach der ursprünglichen Konzeption zwei Helden des AUGUST 1914.)
Der allerletzte Brief von der Front, den mir mein Mann schrieb, lud mir wieder einen Berg von seelischen Erlebnissen auf. Darin scheint er mich mit der einen Hand von sich wegzustoßen, während er mich mit der anderen, nachdem er sich besonnen hat, noch fester an sich preßt.
Er gibt sich keinen Illusionen hin: unsere Zukunft ist nicht völlig klar, und die Entscheidung hängt von – mir ab.
»Im Frühjahr 1944 habe ich gesehen, wie egoistisch Deine Liebe noch ist, wie sehr du voller Vorurteile bezüglich des Familienlebens steckst.« Ich hatte die Unvorsichtigkeit gehabt, zu sagen, daß ich mir ein Leben ohne Kind nicht vorstellen kann. Und hatte eine aufgebrachte Abfuhr erhalten:
»Du stellst Dir unsere Zukunft als ein nichtabreißendes gemeinsames Leben vor, mit sich anhäufender Einrichtung, mit einer gemütlichen Wohnung, mit regelmäßigen Gäste- und Theaterbesuchen . . .«
»Es kann kommen, daß nichts dergleichen sein wird. Es wird ein unregelmäßiges Leben geben. Wohnungswechsel. Die Dinge werden kommen und genauso leicht wieder gehen.
Alles hängt von Dir ab. Ich liebe Dich, liebe niemanden sonst. Aber so wie die Lokomotive nicht einen Millimeter weit von den Gleisen abweichen kann, ohne daß ein Unglück geschieht, genauso kann ich nirgendwo von meinem Weg abweichen.«
»Vorerst liebst Du nur mich – liebst also letzten Endes für Dich selbst, für die Befriedigung Deiner eigenen Bedürfnisse.«
Ich erfuhr, daß sich unsere Interessen genauso verflechten müssen wie zum Beispiel jene von Sanja und Koka: worauf ihre Freundschaft unverbrüchlich beruhte.

Mir wurde nahegelegt, mich über meine »durchaus begreiflichen, durchaus menschlichen«, aber »egoistischen« Pläne fürs zukünftige Leben zu erheben, dann würde eine »wirkliche Harmonie« entstehen.

Und dann war noch dies hinzugeschrieben: »Von Koka kommen keine Briefe, aber ich sehe, daß Kolpaktschi direkt auf Berlin losstürmt.«

Welch eine bittere Nahrung für meine Gedanken.

Aber jene Wirrnis, in die mich dieser Brief hineinriß, wird bald verblassen und der Erregung, der Befürchtung, der Verzweiflung, endlich der Hoffnungslosigkeit weichen ...

»*Den Mann aus dem Krieg zu erwarten ist immer schwer, am schwersten aber in den letzten Monaten vor dem Ende; denn die Splitter und Kugeln wissen nicht, wieviel Krieg ein Mann hinter sich hat.*

Gerade hier versiegten die Briefe von Gleb.

Nadja lief hinaus, um nach dem Postboten zu schauen. Sie schrieb ihrem Mann, sie schrieb seinen Freunden, sie schrieb seinen Vorgesetzten – alle schwiegen wie verhext.

Im Frühling des Jahres fünfundvierzig verging kein Abend, an dem die Salutschüsse der Artillerie nicht den Himmel peitschten. Eine Stadt nach der anderen, eine Stadt nach der anderen wurde genommen: Königsberg, Frankfurt, Berlin, Prag.

Aber Briefe kamen nicht. Das Licht verlosch. Sie hatte zu nichts Lust, aber sie durfte sich nicht gehenlassen! Wenn er lebt und heimkommt, wird er ihr die vertane Zeit vorwerfen. Und sie verzehrte sich in ganztätiger Arbeit – und weinte nur nachts.«

Den letzten Brief meines Mannes erhielt ich in den ersten Märztagen. Es verging nicht mehr als eine Woche, als plötzlich, statt des erwarteten nächsten Briefes, meine eigene Postkarte zu mir zurückkehrte. Sie trug den Vermerk »Empfänger aus der Einheit ausgeschieden«.

Ich wurde von Panik ergriffen. Sofort schrieb ich an Sanja, schrieb an Paschkin, der seit der Bekanntschaft im Mai und Juni 1944 für mich einfach »Arsenij Alexejewitsch« war, schrieb an Ilja Solomin. Die werden mir natürlich antworten, falls es nicht Sanja selbst tut.

Auch Lida fragte bei Paschkin und Melnikow an. Falls keine Antwort kommt, tröstete sie mich, dann haben also alle die Feldpostnummer gewechselt, dann kann man sicher sein, daß alles gut ist!

Auch der Chirurg im Hauptmannsrang Kirill Simonjan, der irgendwo, nicht weit weg von Sanja, in Ostpreußen kämpfte, versuchte, mich zu beruhigen:
»Unsere Armee ist nicht so sanft erzogen, daß sie die Wahrheit über die Gefallenen vor der Familie verheimlichen würde. Wenn Sanja verwundet worden wäre, hätte der Briefträger auf den Brief draufgeschrieben: verwundet an demunddem Tag. Oder: gefallen.«
Es verging ein Monat seit der Rückkehr meiner Postkarte. Ein Monat, in dessen Verlauf mich niemand wiedererkannte. Ich lebte automatisch ... Ich tat das, was notwendig war, ich versuchte, alles gut und gewissenhaft zu verrichten, denn ich wußte und begriff, daß es mir Sanja nicht verzeihen würde, wenn ich mich anders verhalten hätte. Doch keiner hörte mich mehr lachen, keiner sah ein Lächeln auf meinem Gesicht. Die Assistentin Soja Braslawskaja, mit der mich eine große Anhänglichkeit verband, fragte immerzu:
»Natascha, wann werde ich dein klingendes Stimmchen hören?«
Tagsüber hielt ich mich einigermaßen, abends weinte ich, mit dem Gesicht im Kissen ...
Am 10. oder 11. April brachte der Postbote einen Brief von Solomin. Ilja schrieb nicht an mich, sondern an Mutter, was bereits seltsam war. Schon der Anfang des Briefes flößte Furcht ein:
»Die Umstände haben sich jetzt so ergeben, daß ich Ihnen schreiben muß. Sie interessiert natürlich das Schicksal von Sanja, warum er nicht schreibt, und was mit ihm ist ...«
Das Weitere klang indessen beruhigender:
»Er wurde aus unserer Einheit abberufen. Warum und wohin, kann ich jetzt nicht mitteilen. Ich weiß nur, daß er lebt und gesund ist, sonst weiß ich nichts, außer daß ihm nichts Schlimmes widerfahren wird.«
Was ist das: ein Sonderauftrag? Mir war zu Ohren gekommen, daß es solche Aufträge gab ...
Aber woher rührte dann die beunruhigende Note am Schluß?
»Ich bitte Sie sehr, regen Sie sich nicht auf, und helfen Sie Natascha.«
Doch wir konnten nicht umhin, uns aufzuregen. Selbst wenn es ein Sonderauftrag war. Solche Aufträge können manchmal sehr gefährlich sein ... Indessen versicherte Ilja, daß Sanja »lebt und gesund ist« und »daß ihm nichts Schlimmes widerfahren wird«.

»... *Das menschliche Herz, das sich niemals mit dem Nichtumkehrbaren abzufinden wünscht, begann, sich irgendwelche unvorstellbaren Geschichten auszudenken. Hat man ihn vielleicht auf eine Tiefenaufklärung geschickt? Führt er einen Sonderauftrag aus? Die Generation, der man Verdächtigung und Geheimnistuerei anerzogen hatte, glaubte auch dort Geheimnisse zu sehen, wo es keine gab!*«
Es brach der 9. Mai 1945 an.
»... *Die vor Freude wahnsinnigen Menschen liefen durch wahnsinnige Straßen. Und irgendwer schoß aus der Pistole in die Luft. Und alle Lautsprecher der Sowjetunion ließen über dem verwundeten, hungernden Land Siegesmärsche ertönen.*«
Wie unsagbar glücklich hätte dieser Tag für mich werden können! Wenn nicht ... Indessen tauchte die Hoffnung auf, daß Sanja von sich hören lassen würde ...
Aber es verging noch ein Monat, und die Briefe blieben weiterhin aus. Auch Antonina Wassiljewna erhielt verdächtig lange keine Briefe von Koka. Warum das ...?
Auch sie bekam auf ihre Anfragen keine Antwort. Sie befand sich in einer großen Erregung ... Einmal erwähnte sie mir gegenüber die Worte von Kokas Großmutter: »Warum beide?«
Warum beide?
Ich dachte auch an jenem Augenblick daran, als Solomins zweiter Brief eintraf. Er mußte des Rätsels Lösung bringen ...
»Die Abreise kam unerwartet ...«
»Wir konnten nicht einmal miteinander reden, deswegen müssen Sie sich nicht wundern, daß er Ihnen nichts ausrichten ließ ...«
»Konnten nicht?« Hätte Ilja »fanden keine Zeit« geschrieben, so wäre das einleuchtender gewesen. Was bedeutete »konnten nicht«? – Hat es irgend jemand nicht gestattet? Aber wer?
»Erwarten Sie keine Briefe von ihm, denn er ist außerstande, Ihnen zu schreiben. Machen Sie auch keine Anfragen, denn die wären bestenfalls fruchtlos ...«
Warum »bestenfalls«? Und schlimmstenfalls?
»Nun, jetzt ist alles vorbei, Gott sei Dank. (Gemeint war das Ende der Kampfhandlungen.) Übrigens hat das bei Sanjas Abreise keinerlei Rolle gespielt.«
Das bedeutete, daß Sanjas Verschwinden in keiner Beziehung zu seinem Dienst in der Armee, zu den Kampfhandlungen und zum Krieg stand. Das kann eigentlich nur bedeuten ...
Ich las die Briefe, die ich von der Front mitgebracht hatte.

Die in einem selbstgemachten Pappkuvert sorgfältig gesammelten »Briefe der Ehefrau«. Und hier ein Packen Briefe von Koka.
Gleich der erste Brief, den ich las, sprach das zu Ende, was Ilja noch offengelassen hatte …
Jetzt blieb nur das Warten darauf, was die nächste Nachricht brachte und von wo sie kam …

KAPITEL 3

Die Moskauer Anmeldung

Am 9. Februar kam Obersergeant Solomin mit einem Stück blauen Plüsch zu seinem Kommandeur.
»Ich sagte ihm«, erinnerte sich viele Jahre später der wohlbestallte Ingenieur Solomin, »ich hätte sowieso niemanden. Schikken wir das doch Natascha, die macht sich daraus eine Bluse …«
In diesem Augenblick betraten zwei Männer den Raum. Der eine sagte: »Solschenizyn, Alexander Issajewitsch? Wir brauchen Sie.«
Sie gingen hinaus.
Irgendeine unbekannte Kraft stieß mich an, hinter ihnen dreinzugehen. Er saß schon in einem schwarzen »Emka«-Personenwagen. Blickte mich, oder vielleicht erschien mir das nur so, mit einem langen Blick an … Man brachte ihn fort. Ich sollte ihn nicht mehr sehen. Mehr als zwanzig Jahre lang …
Ohne zu wissen warum, rannte ich auf sein Auto zu. Dort stand eine deutsche Munitionskiste. Ich öffnete sie. Es waren Bücher drin. Er sammelte russische Bücher der zwanziger Jahre. Hatte einiges komplett. Darunter lagen irgendwelche deutschen Bücher. Ich schlug eines davon auf und sah ein Hitlerbild.
Stellst du dir das vor? Für ihn war das natürlich bloß ein interessantes Beutestück, aber die Gesetze der Kriegszeit …
Ich nahm die Kiste an mich und verbrannte alles. Ich ließ nur deine Briefe übrig. Die brachte ich dir später mit. Erinnerst du dich?
Etwa eine Stunde später kamen jene zwei wieder. Verlangten die Sachen von Solschenizyn. Ich gab ihnen seinen Koffer und den Mantel.
»Sonst ist nichts da?« fragten sie.
»Nein, nichts.«
Als sie Solschenizyns Sachen abholen kamen, befand er sich schon in der Zelle, außerstande zu glauben, daß alles das, was im Arbeitszimmer von Brigadekommandeur General Trawkin vorgegangen war, Wirklichkeit war.
Der General bat den Hauptmann um seinen Revolver. Solschenizyn knöpfte bereitwillig die Revolvertasche auf und legte den

Revolver auf den Tisch. Aber der General prüfte nicht nach, ob die Waffe des Batteriekommandeurs in Ordnung war.
Das, was daraufhin geschah, war unwahrscheinlich! Eine harte Stimme sagte:
»Sie sind verhaftet.«
»Das kann nicht sein!« rief Solschenizyn. »Wofür denn?«
»Sie sind verhaftet!«
»Warten Sie!« Mit einer herrischen Geste gebot Trawkin den Abwehrleuten Einhalt und sagte, seinen ehemaligen Untergebenen anblickend, schlicht, als wäre nichts geschehen:
»Solschenizyn, haben Sie einen Bruder in der Ersten Ukrainischen Heeresgruppe?«
Mehr konnte er nicht sagen. Aber das war genug. Der Bruder: das war Witkewitsch. Er und Koka ... Sollte das wirklich der Grund sein? Ihr Briefwechsel ... Allenfalls vielleicht die »Resolution«?! Aber von der weiß doch keiner ...
Man führte ihn zur Tür.
»Bleiben Sie stehen!« ertönte die Stimme des Generals. »Solschenizyn, ich wünsche Ihnen ... Glück ...«
Ins Auto hinein. L-o-s-g-e-f-a-h-r-e-n!
Jetzt nicht mehr von Ost nach West, sondern von West nach Ost ...
Dem Zug entgegen eilten Eisenbahnwagen mit Panzern und Kanonen. Ein Strom von Menschen, von Waffen, von Verpflegung, von Munition ergoß sich unaufhaltsam zu den letzten Kriegsschauplätzen. Man wird sie ohne den Artilleriehauptmann erstürmen, der zwei Jahre lang mit seiner Armee aus dem Herzen Rußlands, aus der Gegend von Orjol, bis ins »Reich« hinein marschiert war, um dann so blödsinnig zu stolpern ...
Solschenizyn wird von einem Offizier und einem Soldaten begleitet und bewacht.
Die Mitreisenden im Zug erraten nichts. Das sind eben drei Militärpersonen nach irgendwohin unterwegs. Der eine hat keine Schulterstücke. Aber das kann viele Gründe haben! Mit den Bewachern ist er ein Gentlemen's Agreement eingegangen: sie werden ihn nicht wie einen Verhafteten behandeln, und er wird keine Dummheiten machen.
Einmal, als sie bereits die frühere Grenze überquert hatten, kam Alexander mit einem jungen Mädchen ins Gespräch. Er redete irgendeinen Unsinn. Die Bewacher störten ihn nicht dabei. Er

bat das Mädchen, nicht zu erschrecken und den Gesichtsausdruck nicht zu verändern. Dem Mädchen gelang das schlecht. Der Offizier schien Verdacht zu schöpfen und rückte näher. Aber Alexander war es bereits gelungen, das Wichtigste zu sagen. Er sei verhaftet. Man möge seiner Frau mitteilen, daß er lebe, daß man ihn gesehen habe. Rostow, Srednij 27, für Reschetowskaja.
Das Mädchen hat ein so gutes Gesicht. So gütige Augen. Nur sind die Augen jetzt erschreckt. Wird sie schreiben? – Wird sie Furcht bekommen? – Vielleicht hat sie es nicht behalten? Nicht richtig gehört? – Vor Angst nicht begriffen, worum es geht? – Oder vielleicht hat sie doch geschrieben, und der Brief ist nicht angekommen. Es war Kriegszeit. Es kam manches vor.
Die letzten Meter Freiheit ... Die schwere Tür, die ihn eingelassen hat, wird zugeschlagen.
Aufgrund einzelner Berichte meines Mannes und einiger weniger schriftlicher Unterlagen versuchte ich mir vorzustellen, wie die Voruntersuchung und speziell die Verhöre geführt wurden. Irgend etwas mußte ich erraten, irgendwas mutmaßen, ausgehend von der Psyche meines Mannes, welche ich, so erschien es mir wenigstens, zureichend kannte.
In mir bildete sich ein nicht sehr ergiebiges, aber zusammenhängendes und in sich geschlossenes Bild heraus. Viele Jahre lang blieb es unverändert.
Aber dann kam der Abend, als ich im Radio das ARCHIPEL-Kapitel über die Voruntersuchung hörte. Es enthielt für mich nichts Neues, überdies war mir der Text bekannt. Aber irgend etwas darin ließ mich aufhorchen und nötigte mich zum Nachdenken. Das gut gefügte, scheinbar unanfechtbare Bild kam ins Wanken ...
Später erfuhr ich, ebenfalls übers Radio, von Nikolaj Witkewitschs Interview für die amerikanische Zeitung CHRISTIAN SCIENCE MONITOR. Ich sah mich veranlaßt, jene weit zurückliegenden Ereignisse mit anderen Augen anzusehen und ihnen eine andere Deutung zu geben.
Aber wir wollen nicht vorauseilen. Vergegenwärtigen wir uns zunächst jenes relativ Wenige, das Solschenizyn im ARCHIPEL aufgedeckt hat und das sich fast vollständig mit seinen Erzählungen über die Voruntersuchung deckt.
Alexander gab alle seine Äußerungen zu und versuchte zu erklären, genau wie Nershin im ERSTEN KREIS DER HÖLLE, daß

das eine unendlich weit vom Leben entfernte »reine Theorie« sei, und genauso wie im Buch »glaubte der Untersuchungsrichter nicht, daß mein Artikel achtundfünfzig seinen Ausgang beim Studium des Diamat genommen hatte ...«
(Anmerkung des Redakteurs: Die Verfasserin verläßt sich an dieser Stelle blind auf den Bericht des Helden. Auf die »Suche anderer Wege« zum Herzen des Untersuchungsrichters war Solschenizyn von dem Moment an angewiesen, als man ihm ein bei der Durchsuchung abgenommenes Trotzkibild vorwies und der Angeklagte zugab, ein Verehrer und Anhänger des Trotzkismus zu sein. Darüber schreibt N. Witkewitsch in einem seiner Briefe an APN.)
Jetzt mußte er andere Wege zum Herzen des Untersuchungsrichters suchen. Sich selbst hatte Alexander, wie man sagt, bereits »abgeschrieben«, jetzt mußte er »mit getrübtem Gehirn etwas sehr Wahrheitsähnliches« über seine Begegnungen mit den Freunden zu »flechten« versuchen. Dieses »Geflecht« sollte seine »Schlichtheit, Einfalt und letzthinnige Offenheit« bezeugen.
Der Gedanke, Sanja könnte anderen Menschen etwas Schlechtes angetan haben, kam mir nicht in den Sinn. Daß nicht nur Sanja, sondern auch Nikolaj zu Schaden gekommen war, erschien mir ganz natürlich, denn die Ursache dafür, wie ich meinte und wie Sanja bestätigte, war ihr Briefwechsel gewesen. Daß Nikolaj strenger bestraft worden war (mit zehn Jahren statt mit acht), erschien mir als ein Zufall.
In späteren Jahren wurde dieses Thema kaum mehr berührt. Noch später, als ich mit den Kapiteln des ARCHIPEL vertraut wurde, verschmolzen einige neue Einzelheiten mit dem, was mir mein Mann während meiner Besuche im Lager am Kalugaer Platz, neben mir auf einer schmalen Bank sitzend, erzählt hatte.
Die Verhöre fanden im geräumigen Arbeitszimmer des Untersuchungsrichters Hauptmann Jesepow statt. Außer den beiden Hauptleuten überschaute auch der Oberkommandierende in stummer Anwesenheit die Szene. Sein großes, mannshohes Porträt in der Paradeuniform nahm fast die ganze Wand ein. Manchmal betrat ein Freund Jesepows den Raum, offenbar auch ein Untersuchungsrichter. Sie saßen auf dem Sofa und unterhielten sich, während Alexander über die nächste Antwort nachdachte.
Als sich Solschenizyn mit den Schlußfolgerungen der Anklage

vertraut machte, erfuhr er (aus dem Text, der auf der Akte mit seinem »Fall« aufgedruckt war), daß er das Recht hatte, schriftliche Beschwerden über eine unkorrekte Führung der Untersuchung einzureichen. Er war mit den harten, offiziellen Formulierungen unzufrieden, mit denen der Untersuchungsrichter seine Antworten wiedergab. Jesepow hatte keine Einwände: soll er Beschwerde führen. Aber er wies ihn darauf hin, daß dann alles wieder »von vorn« beginnt.
Von vorn?! Nein ... Irgendwo draußen ist Mai ... Auf die Bronzeuhr auf dem Kamin im Zimmer fällt der erste Strahl ... Immerhin wartete in der Zukunft irgendein Leben auf ihn ...
Und Solschenizyn unterschrieb das Papier, in dem vermerkt war, daß er, der Untersuchungshäftling, keine Forderungen und Klagen habe, daß er sich nach Punkt 10 und 11 von Artikel 58 des Strafkodex der RSFSR als schuldig erkenne. Der erste dieser Punkte sah eine Bestrafung wegen antisowjetischer Agitation vor, der zweite wegen der Bildung (oder des Versuchs der Bildung) einer antisowjetischen Gruppe.
Die Voruntersuchung ist also abgeschlossen. Solschenizyn wird in das Arbeitszimmer des Staatsanwalts Oberstleutnant Kotow gebracht, eines unauffälligen blonden Mannes, dessen Obliegenheit es ist, die Handlungsweise des Untersuchungsrichters auf deren Korrektheit zu prüfen. Träge und gähnend blättert Kotow in dem Akt mit den Protokollen und den Beweisstücken. Kotows Müdigkeit teilt sich Solschenizyn mit. Und er beschränkt sich, nach seinen Worten, auf eine einzige Bitte: Punkt 11 zu tilgen. Das soll eine Gruppe sein? In den Fall sind doch nur zwei Personen verwickelt! Und sie werden einzeln abgeurteilt! Kotow gibt die Erläuterung: »Sogar anderthalb ist mehr als eins. Und folglich eine Gruppe.«
Anfang 1957, das heißt: nach zwölf Jahren, entschloß ich mich dazu, genauer: sah ich mich genötigt, meinen Mann wieder auf die Voruntersuchung anzusprechen.
Von Lida Jescherez hatte ich erfahren, Kirill Simonjan hätte von irgendwelchen Aussagen Alexanders gegen ihn gehört und wäre darüber sehr aufgebracht. Ich fragte Sanja, was das wohl bedeuten mochte. Ich war mir sicher, daß ich zu hören bekommen würde, es handle sich um eine Fälschung.
Aber zu meiner Verwunderung stritt Alexander nicht ab, Simonjan in gewisser Weise belastet zu haben. Er befand sich in einer

schwierigen Lage, er mußte erklären, von wo seine antisowjetischen Stimmungen, wie der Untersuchungsrichter sie bezeichnete, ihren Ausgang genommen hatten. Die Version, er hätte zuviel gelesen, sein übermäßiges Buchwissen hätte ihn in die Irre geführt, ließ Jesepow nicht gelten. Um seine »Schlichtheit, Einfalt und schlechthinnige Offenheit« zu demonstrieren, beschloß Alexander, sich als einen unglückseligen Durchschnittsbürger darzustellen, der in kleinlicher Weise mit dem Regime unzufrieden war, als einen im Grunde harmlosen Nörgler und Meckerer. Die »große Politik« hätte er nie und nimmer im Sinn gehabt, er selbst sei jetzt darüber entsetzt, was er hätte anrichten können!

Alexander sagte dem Untersuchungsrichter sogar, er sei froh, »Anfang 1945 und nicht erst 1948 oder 1950 verhaftet worden zu sein, denn er wüßte nicht, wie tief er sich sonst in Artikel 58, Punkt 10 oder 11, verstrickt hätte: im hauptstädtischen Leben, im Kreis von Schriftstellern und Studenten«. Genauso schrieb es mir Solschenizyn und betonte überdies, er hätte das aufrichtig gemeint.

Aber kehren wir zu den Aussagen gegen Kirill zurück. Auch ihn versuchte Solschenizyn als einen über irgendwelche Lebensdetails unzufriedenen Nörgler darzustellen.

Als mein Mann davon erzählte, fügte er hinzu:

»Vielleicht habe ich es schlecht ausgedacht. Aber ich wollte, daß es klappt. Es ist dann auch nicht weiter schlimm gekommen. Kirill wurde nicht verhaftet . . .«

Viele Jahre später nahmen Kirill und ich unsere Bekanntschaft wieder auf. Im ersten Kapitel erzählte ich von unserer Begegnung. Als meine Arbeit an diesem Buch die Monate der Voruntersuchung erreicht hatte, beschloß ich, mit Kirill über diese alte und unangenehme Geschichte zu reden. Ich fuhr zu ihm.

»So harmlos war das nicht«, erwiderte Kirill. »Man zitierte mich mehrmals hin und fragte mich über meine Beziehungen zu Sanja aus . . . Und dann zeigte man mir ein Schulheft, das in seiner Handschrift vollgeschrieben war. Du weißt doch, wie unverkennbar seine Handschrift ist. Auch einige Details des Beschriebenen konnten nur Sanja und ich wissen. Zum Beispiel: Wir saßen auf dem Fensterbrett und ließen die Beine zum Fenster hinausbaumeln. Jedoch der Inhalt der Gespräche war frei erfunden. Der Sinn dieses Heftes lief darauf hinaus: Ich, Kirill

Simonjan, bin ein Volksfeind, der sich aus unerfindlichen Gründen in Freiheit befindet.«
Man fragte Kirill, wie er sich derlei Aussagen erkläre. Er erwiderte, er würde sich die Sache als Arzt folgendermaßen vorstellen. Dieser Mensch hat eine sogenannte »Bewußtseinsveränderung« durchgemacht. Er sitzt im Gefängnis, ich befinde mich in Freiheit, deswegen wird in seiner Wahrnehmung und in seinen Urteilen vieles hypertrophiert...
»Aber vielleicht gehst du selbst in die Irre. Diese Aussagen haben dich in jenem Augenblick erschüttert, und du hast ihnen eine allzu große Bedeutung beigemessen. Während es in Wirklichkeit um irgendwelchen Kohl ging, den man nicht einmal der Beachtung für wert befand. Alles ist doch gut ausgegangen«, fragte ich.
Kirill zuckte mit den Achseln und erwiderte nichts.
An einem Februarabend des Jahres 1974 stellte ich auf meinem Rundfunkempfänger die Stimme Amerikas ein. Durch Lärm und Geknister drang ein bekannter Familienname an mein Ohr. Im ersten Augenblick glaubte ich, mich verhört zu haben.
»... Nikolaj Witkewitsch ... beschuldigt Solschenizyn der Falschaussage gegen ihn während der Voruntersuchung...«
Es handelte sich um Kurznachrichten, Ausführlicheres wurde nicht gesagt. Ich müßte mir die Hauptnachrichten anhören.
Ich hatte Witkewitsch fast zehn Jahre nicht gesehen. »Falschaussage während der Voruntersuchung!« Ich konnte nicht umhin, Witkewitsch zu glauben. Aber ich sträubte mich.
Wieder die amerikanischen Nachrichten. Die ferne Stimme wiederholt die bereits gehörte Meldung und fügte Witkewitschs Behauptung hinzu, Solschenizyn hätte während der Voruntersuchung auch seine eigene Frau verleumdet! Einzelheiten wurden nicht mitgeteilt. Vielleicht hat Nikolaj auch keine erwähnt?
Im Radio wurden wieder Ausschnitte aus dem »Archipel« verlesen, in denen über die Voruntersuchung berichtet wird. Alles genauso, wie ich es mir viele Jahre hindurch vorgestellt habe. Die Gespräche mit Jesepow. Das geräumige Zimmer mit dem Riesenporträt an der Wand, mein Mann mit dem kahlgeschorenen Kopf vor dem Tisch des Untersuchungsrichters...
»Werfen Sie keinen Stein auf jene, die während der Voruntersuchung schwach wurden...«, tönt der von mir schon einst gehörte und gelesene und abgetippte Satz an mein Ohr...

Plötzlich ertappe ich mich bei der Feststellung, daß dieser Satz sich überhaupt nicht mit dem Charakter von Alexander Issajewitsch verträgt.
Erst unlängst hat er sich auf Jakir und Krassin gestürzt, die sich während der Voruntersuchung »gespalten« haben. Und wie soll man überhaupt diese Bitte mit Solschenizyns Unduldsamkeit gegenüber menschlichen Schwächen zusammenreimen, mit seinem an jedermann gerichteten Anspruch auf Aufopferung, mit seiner Unduldsamkeit, die es nicht vertrug, den Menschen kleinste und sogar unbewußte Fehler zu verzeihen...
»Gott sei Dank blieb es mir erspart, irgend jemanden einsitzen zu lassen. Dabei war ich nicht weit davon entfernt.« Früher schien alles ganz klar. Und jetzt?
Da tauchte aus den Tiefen des Gedächtnisses ein längstvergangener Tag empor, als ich vor Schmerz und vor Freude schreien wollte. Der Tag in Rostow, als nach langen Monaten der erste, mit einem schlecht gespitzten Bleistift gekritzelte, zu einem kleinen Dreieck gefaltete Brief kam.
Natürlich siegte nicht die Trauer, sondern die Freude: er lebt, er wird leben, er kann schreiben, wir werden uns sehen, es wird eine Wiederkehr geben!
Mutter freute sich mit mir. Dann erschrak sie. Erschreckt hatten sie die Zeilen: »Welche unaussprechliche Freude bereiteten mir die von Deiner Hand beschriebenen Blätter... So erfuhr ich, daß Du lebst, gesund und in Freiheit bist...«
»Wie kann er nur so schreiben!« rief Mutter aus. »Heißt das, daß man auch dich hätte verhaften können? Wieso hättest du dich plötzlich ›in Unfreiheit‹ befinden sollen?«
Mich haben diese Worte damals nicht verwirrt. Es war ganz natürlich, daß mein Mann nervös war. Es war die Angst um mich. Jetzt hatte er sich beruhigt.
Ich sichte den Packen Briefe des Jahres 1945. Da ist es: das Dreieck. Ich lese es zum soundso vielten Male. In jenem Brief steht auch dies: »Ich weiß noch immer nicht, ob der Sir mein Schicksal geteilt hat.« »Der Sir«: das ist Witkewitsch. Wie kommt das: Mitte August weiß Solschenizyn nicht, ob Witkewitsch verhaftet oder nicht verhaftet wurde ... Während er nach der »Archipel«-Version zu Staatsanwalt Kotow sagte, in seinen Fall seien zwei Personen verwickelt. Und noch dies: daß sie nicht gemeinsam abgeurteilt werden ... Nicht wissend, ob er verhaftet

ist, wußte er schon, daß man ihn vor Gericht stellen wird, und zwar einzeln...

Und noch ein Brief. Und noch einer...

Sanja bestürmt Tante Veronika, zu der er die Verbindung früher als zu mir herstellte, mit Fragen: Wo ist Kirill? Wo ist Lida? Was hört man von Nikolaj? »Antworten Sie wenigstens kurz, schreiben Sie das Notwendigste...« – »Zehn Tage lang warte ich voller Ungeduld auf Nachrichten.« Warum sollten wir verschwunden sein? Woher diese Sorge um uns im Juli und August? Er wußte doch schon im Mai, daß »zwei in den Fall verwickelt sind«: bloß zwei.

Noch eine »Eröffnung«. Die erstaunlichste und bitterste. »Wenn von ihm (von Nikolaj – N. R.) seit Anfang bis Mitte Juni keine Briefe mehr gekommen sind, dann bedeutet das, daß er alle meine Fährnisse wiederholt hat...« Früher gab es für mich keinen Unterschied zwischen »geteilt« und »wiederholt«. Jetzt denke ich darüber nach: weshalb »wiederholt«? Und warum erst nach Abschluß der Voruntersuchung gegen Solschenizyn? Soll das heißen, daß Nikolaj, hätte diese Voruntersuchung einen anderen Verlauf genommen, gar nicht verhaftet worden wäre?! Welchen Verlauf konnte die Voruntersuchung nehmen?

Ich versuche, mich an die Stelle der mir unbekannten Menschen in Moskau zu versetzen, die im Winter und Frühjahr 1945 die Briefe der beiden Freunde lesen.

Was konnte in diesen Briefen drinstehen? Ich besitze sie nicht. Aber irgendeine Spiegelung ihres Briefwechsels, ihrer Streitgespräche, ihrer Ansichten muß sich in diesen zwei Briefpacken finden: in Nikolajs und in Sanjas Briefen an mich!

In Kokas Briefen steht, so scheint mir, nichts Besonderes. »Sanja schreibt irgendein irres Zeug und verschickt es an die Redaktionen.« – »... jetzt bewegen mich nur die unmittelbar hier bei uns vorgehenden Ereignisse.«

Die Briefe meines Mannes. Sätze, über die ich mir einst keinerlei Gedanken machte, bekommen jetzt einen ganz neuen Klang: »... der Beginn eines riesengroßen parteilich-literarischen Kampfes«, »die Grenze des Vaterländischen und des revolutionären Krieges«, »der Krieg nach Kriegsende« ... Die Monologe meines Mannes an der Front fallen mir ein.

Endlich der Brief, worin von dem »ersten marxistischen Dokument« die Rede ist: von der »Resolution Nummer eins«. Solschenizyn trug diese Resolution stets in der Kartentasche mit sich herum, man nahm sie ihm bei der Verhaftung ab. Ich las dieses »marxistische Dokument«, als ich bei meinem Mann an der Front war. Dort heißt es unter anderem, um der Erreichung seiner Ziele willen müsse man nach dem Krieg Verständnis und Unterstützung in studentischen und literarischen Kreisen suchen und einflußreiche Leute auf seine Seite ziehen. Eine Organisation sei vonnöten.

Damals im Jahre 1945 mußten solche Gedanken nicht gerade harmlos erscheinen.

Ich stelle mir den Untersuchungsrichter vor, auf dessen Tisch das Schriftstück lag. Deshalb also Artikel 58, Punkt 11: Vorsatz zur Organisierung einer Gruppe. Und nicht etwa deshalb, weil »anderthalb Personen mehr als eine Person sind« und folglich eine Gruppe bilden. Es ist auch nicht sehr wahrscheinlich, daß Oberstleutnant Kotow so geantwortet hätte. Außerdem konnte Solschenizyn so gar nicht argumentieren: daß es nur zwei Personen sind. Denn just in diesem Augenblick blätterte Kotow in dem Akt, in welchem »Resolution Nummer eins« und ähnlich gestimmte Briefe eingeheftet waren. Sowie die Aussagen meines Mannes gegen uns alle.

Warum wurde denn niemals vom Hauptargument der Anklage gesprochen? Deshalb vielleicht, weil die Rolle eines wegen Kritik an Stalin zu Unrecht Repressierten Solschenizyn passender erschien. Oder gibt es noch andere Ursachen?

Und warum wurde Nikolaj nicht wegen Punkt 11 belangt? Lag das an den Wirrnissen der Kriegszeit? Oder gab es vielleicht gar keine mit Solschenizyn gemeinsame Anklage? Doch, es mußte sie geben. Sie waren doch »Ein-Fäller« ... Woher ist übrigens dieser Ausdruck aufgetaucht? ... So nannte man die zwei im Gefängnis von Marfino. Vier Jahre nach dem Gericht. Offensichtlich aufgrund der Worte meines Mannes ... Daraus folgt, daß er an einer einfachen, irgendwelchen Betrachtungen keine Nahrung gebenden Version interessiert war. Zusammen gesündigt, zusammen gerichtet. Wegen was? Wegen des Briefwechsels ... Eine Gruppe? Es ist ein Fehler der untersuchungsbehördlichen Maschine, daß Witkewitsch nicht wegen Punkt 11 belangt wurde ... Warum bekam Solschenizyn acht Jahre und Witkewitsch zehn? In jener Zeit gab es so viele Ungerechtigkeiten und Zufälligkeiten...

Einige Tage später las ich den Text des offiziellen Briefes von Witkewitsch.
Nikolaj schrieb, daß der Tag, an dem er – anläßlich seiner Rehabilitation – die Untersuchungsprotokolle las, der »furchtbarste Tag« seines Lebens war. Nikolaj traute seinen Augen nicht, als er lesen mußte, unser ganzer »Fünfer« bestünde aus Antisowjetisten, die dieser Tätigkeit schon seit ihrer Studentenzeit obliegen würden. Und nicht nur wir, sondern auch – ein gewisser Wlassow. Ich weiß, wer Wlassow ist. Ein Marineoffizier, der zu jener Zeit nicht einmal richtig mit Alexander bekannt war. Ein gemeinsam verbrachter Tag in einem Abteil des Zuges Rostow–Moskau im Frühling 1944: sonst nichts. Später wechselten sie ab und zu Briefe ... Von Wlassow war während der Voruntersuchung wirklich die Rede gewesen. Das wußte ich durch meinen Mann. Witkewitsch jedoch konnte das erst aus den Protokollen erfahren.
Mein Mann erzählte mir, Wlassow hätte sich durch einen Brief »gerettet«, der an die Adresse von Solschenizyn gerichtet, bereits nach dessen Verhaftung in der Einheit eintraf und an die Untersuchungsbehörde weitergeleitet wurde. Diesen Brief las Hauptmann Jesepow meinem Mann vor. »... ich bin nicht der Meinung«, schrieb Wlassow, »daß irgendein anderer Lenins Werk besser fortsetzen könnte, als es Jossif Wissarionowitsch tut.« Das ist der Grund, weshalb Wlassow nicht einmal einem Verhör unterzogen wurde! Damals kam es mir vor, daß diese Handlungsweise des Untersuchungsrichters eine Art von neuem Belastungspunkt gegen Solschenizyn darstellte. Sie sehen, was der Standpunkt Wlassows ist! Folglich hatten Sie den entgegengesetzten.
Jetzt fuhr mir ein ganz anderer Gedanke durch den Kopf... War das nicht vielleicht ein Einwand Jesepows gegen Beschuldigungen meines Mannes an die Adresse von Wlassow? War das nicht eine Inschutznahme des Angeschuldigten vor Solschenizyn?
Wenn man die Schale der Bitternis trinkt, muß man sie zu Ende trinken! Ich treffe mich also mit Wlassow. Zeige ihm die Erklärung von Witkewitsch.
»... Solschenizyn teilte dem Untersuchungsrichter mit, er hätte einen zufälligen Reisegefährten für seine Organisation angeworben, einen Seemann mit dem Familiennamen Wlassow, und

jener hätte nicht nur nicht abgelehnt, sondern hätte sogar den Namen eines Freundes genannt, der genau solchen antisowjetischen Stimmungen anhängt...«

Ich traue meinen Ohren nicht. Wlassow sagt:

»Dieser Mann heißt Kassowskij.«

Woher weiß Leonid das? Er hat es mühelos erraten. Damals im Zug erzählte er Solschenizyn von seinem Freunde und nannte dessen Familiennamen (über antisowjetische Stimmungen hätte in einem Offizierswaggon des Jahres 1944 natürlich nur ein Wahnsinniger oder ein Selbstmörder sprechen können). Als Wlassow viele Jahre später die Bekanntschaft mit Solschenizyn wiederaufnahm, konnte er nicht begreifen, wieso dieser den Namen des ihm unbekannten Kassowskij behalten hatte. (Dessen Erwähnung findet sich gleich im ersten Brief Solschenizyns an Wlassow, nachdem uns Leonid im Jahre 1959 »gefunden« hatte.)

Jetzt versteht Leonid das.

Durch einige Zeilen des Briefes von Nikolaj erhellt, ist das ganze Bild klargeworden.

»... das Ende des Protokolls des ersten Verhörs. Der Untersuchungsrichter wirft Solschenizyn vor, er sei unaufrichtig und wolle nicht alles erzählen. Alexander erwidert, er wolle alles erzählen, er würde nichts verschweigen, aber möglicherweise hätte er irgendwas vergessen. Er wird versuchen, es sich bis zum nächstenmal in Erinnerung zu rufen.«

Und er erinnerte sich.

Er erinnerte sich an »alles« ... Bis hin zu einem zufällig gehörten Familiennamen.

Wie das geschah, kann man jetzt leicht erraten. Nachdem er einmal gestanden hatte, er hätte die Absicht gehabt, eine Organisation zu schaffen, nötigte Solschenizyn den Untersuchungsrichter gewissermaßen, sich dafür zu interessieren, wen er hineinzunehmen gedachte. Als Familiennamen fielen, ergab sich naturgemäß die Frage, warum er gerade diese Leute als besonders geeignet erachtete. Das mußte motiviert werden. Und zwar ohne den Untersuchungsrichter zu erzürnen. Es mußte ihm bewiesen werden, daß der Untersuchungshäftling »schlicht, einfältig und schlechthin offen« ist. So wurde der bei dem Untersuchungsrichter hervorzurufende gute Eindruck auf die eine Waagschale geworfen. Und auf die andere: fünf oder sechs Menschenschicksale.

Als Wlassow davon las, daß Solschenizyn mehrere Personen, darunter auch ihn, falsch bezichtigt hatte, entfuhr ihm unwillkürlich der Ruf: »Das ist vielleicht einer!« Wir gingen daran, Solschenizyns Briefe an ihn aus den Jahren 1962/63 durchzublättern. Dabei fiel uns der Satz auf: »Die Umstände des Kultes waren so geartet, daß selbst der beste Mensch aus dem besten Antrieb heraus einen Unschuldigen ins Verderben bringen konnte.« Darin erblickte Solschenizyn die Idee seiner Erzählung ZWISCHENFALL AUF DER BAHNSTATION KRETSCHETOWKA.

Im daran anschließenden Gespräch machte Wlassow die logische Folgerung: Aus dem Wunsch heraus, sich als den künftigen »großen Schriftsteller« abzuschirmen, setzte Solschenizyn alles darein, eine möglichst kleine Freiheitsstrafe zu bekommen. Weil nämlich jene, die er falsch bezichtigte, keine so hohe Bestimmung im Leben haben!

Das wäre alles. Möglicherweise habe ich dennoch kein zusammenhängendes Bild von der Untersuchung erhalten. Aber eines wurde mir klar. Sie lief nicht so ab, wie sie bei Solschenizyn beschrieben wird.

Was weiter mit Witkewitsch geschah, geht aus seinem Brief hervor. Er wurde ungefähr einen Monat später verhaftet, nachdem Solschenizyn mitgeteilt hatte, Witkewitsch hätte »versucht, eine illegale Organisation zu schaffen ... Seit 1940 systematisch antisowjetische Agitation betrieben ... Pläne für eine gewaltsame Veränderung der Politik der Partei und des Staates ausgearbeitet, Stalin verleumdet« (und zwar »bösartig«!) usw. Er bekam zehn Jahre. Zwei Jahre mehr als Solschenizyn.

Die anderen hatten Glück.

Es klingt paradox, aber es ist eine Tatsache, daß der Untersuchungsrichter einige Menschen vor den Bezichtigungen meines Mannes in Schutz nehmen mußte. Zwar reimt sich das nicht mit Solschenizyns »Theorie« zusammen, es hätte schon genügt, den Namen eines Menschen zu nennen und gleichzeitig an seine Adresse eine beliebige, selbst noch die absurdeste Anschuldigung zu richten, damit der Unglückliche sich im Lager wiederfand. Ich hoffe indessen, daß es ihm nicht leid tut, sich in der Unverbrüchlichkeit seiner Theorie geirrt zu haben, indem wir nämlich in Freiheit blieben.

Alles ging verhältnismäßig harmlos aus. Höchstwahrscheinlich hätten weder Witkewitsch noch ich uns jemals wieder diesen

längst vergangenen Dingen zugewandt, wären nicht die von Halbheiten strotzenden und unaufrichtigen Auslassungen im ARCHIPEL gekommen, in jenem ARCHIPEL, der einen solchen Anspruch erhebt, »Stimme der Wahrheit«, »echte Wahrheit« zu sein.
Dabei fallen mir die Worte einer handelnden Person aus dem ERSTEN KREIS DER HÖLLE ein, die Worte von Adam Roitman: »Wo soll man mit der Verbesserung der Welt beginnen? Bei sich selbst oder bei den anderen?«

In der Gemeinschaftszelle an der Lubjanka geht es anders zu als in den Boxen. Hier gibt es Fenster, obwohl sie freilich mit Holz verschalt sind. Aber ein Fetzen Himmel ist trotzdem zu sehen. An den Abenden wird dieses Stück Himmel immer häufiger von roten, goldenen, smaragdfarbenen Pfeilen und Sternen, von hell aufglänzenden Fontänen erleuchtet. In die Zelle dringt dumpf das Schießen der Kanonen. Das sind Salutschüsse! Noch ein weiterer Schritt nach Westen ist getan! Was bedeutet für eine große Armee schon irgendein Artilleriehauptmann! Auch ohne ihn werden sie bis Berlin marschieren.
Endlich der Tag, der sich durch etwas Ungreifbares von allen vorhergegangenen Tagen unterscheidet. Die Gefängnisordnung kommt durcheinander: die Zeit des Frühstücks und des Mittagessens ... Das Mittagessen wird mit Verspätung gebracht. Und gleich darauf das Abendessen. Die Vermutung geht am Abend in Gewißheit über: als die Salven der Salutschüsse lange nicht verstummen wollen und der Himmel vor lauter aufflammenden Lichter nicht zu sehen ist. Das ist der SIEG!!!
Jemand in der Zelle läßt die Bemerkung fallen: »Und also die Amnestie...«
Nicht so gedachte mein Mann diesen Tag zu erleben, als er mir im August 1944 schrieb:
»... der erste Augenblick – die Kunde vom Ende des Krieges – wird der hellste, seligste Tag im Leben eines jeden sein.«
Und am ersten Jahrestag des Sieges erinnerte er sich in einem Brief aus dem Lager, wie die sechs in der Lubjankazelle, bereits in ihren Betten liegend, das kleine Stück Himmel oberhalb des Fensters anstarrten, das von den violetten Strahlen der Scheinwerfer zerschnitten und von den Detonationen erleuchtet war,

sich darüber freuten, daß sie am Leben geblieben waren, und mit großer Achtung jener gedachten, die ihr Leben auf dem Schlachtfeld gelassen hatten und diesen Tag nicht mehr miterleben konnten.
Aus der Lubjanka wird Sanja ins Butyrkigefängnis übergeführt. Man brachte ihn im »Schwarzen Raben« dorthin, deshalb konnte er die entsetzliche Ziegelmauer nicht sehen, die die Passanten erschreckte. Drinnen ist es nicht einmal so schlimm. Die Stunden vergehen in Gesprächen. Lebensläufe, Lebensläufe ... Menschen, die jetzt mit Begeisterung an die Arbeit hätten gehen können, um ihr vom Krieg gezeichnetes Land möglichst rasch wiederaufzubauen, spielen statt dessen Schach, lesen Romane, geben sich Erinnerungen hin, reißen Witze...
Zur Arbeit wird niemand genötigt. Und die Verpflegung ist durchaus erträglich. »Sanatorium ›Bu-Gef‹!« (So ist die an sie ausgegebene Wäsche gezeichnet.)
Hier wurde meinem Mann am 27. Juli auch das Urteil verlesen: »Acht Jahre Besserungs- und Arbeitslager nach Artikel 58,10 und 58,11...«
Im Butyrkigefängnis erlaubte man ihm, den Verwandten in Moskau zu schreiben, daß Pakete für ihn abgegeben werden dürfen. Eine besondere Notwendigkeit dafür besteht nicht. Aber es ist ein Mittel, von sich hören zu lassen! Das Gedächtnis rekonstruiert mit Leichtigkeit die Anschrift von Veronika Nikolajewna Turkina – von Tante Veronika: Kleine Bronnaja 42/14, Wohnung 10...

Sie sind *verhaftet*. Sie sind *beide* verhaftet. Sie wurden wegen der Briefe verhaftet, die sie einander schrieben. So dachte ich, einen Packen Briefumschläge in der Hand haltend. Die Sirs haben sich in den Knast gewitzelt! Das also sind die Weiterungen jener Begegnung an der Front, über die wir uns so gefreut hatten...
Keiner der Kommandeure antwortete mir. Es schwieg Paschkin. Melnikow gab Lida keine Antwort. Nur Sergeant Solomin hatte den Mut dazu gefunden.
Ich bereitete mich konzentriert auf das Kandidatsminimum vor, den Schmerz niederkämpfend, den ich nicht verbergen konnte. Daß mein Mann verschwunden war, wußten die Aspiranten, wußten die Lehrstuhlkollegen, wußten meine Lehrer. Ich hatte

ihnen früher oft Briefe von Sanja wiedererzählt, manchmal sogar Stücke daraus vorgelesen. Alle empfanden mit mir.
Die Prüfungen drängten sich zusammen. Ich mußte alle drei Prüfungen Ende Juni, Anfang Juli ablegen. Aber da drangen die Ereignisse in mein Leben ein...
Am 25. Juni kam ein Eiltelegramm:
»Sanja lebt gesund mitteile Einzelheiten – Veronika.«
Vielleicht waren alle unsere Befürchtungen gegenstandslos. Das Telegramm klang so optimistisch...
Ich malte mir aus: Sanja fuhr mit einem besonderen Truppentransportzug durch Moskau. Entweder fand er, weil er nicht schreiben durfte, selbst Zeit, bei Turkins in der Kleinen Bronnaja vorbeizuschauen, oder er bat irgendwen, Turkins zu benachrichtigen.
Ich lebte auf. Das Leben hatte für mich wieder einen Sinn bekommen...
Einige Tage später kam ein zweites Telegramm:
»Sanja Moskau unfrei herkomme oder bestelle telegraphisch Anruf meine Adresse – Veronika.«
Soll ich mich freuen? Soll ich verzweifelt sein? Die weibliche Wortform ist natürlich kein Zufall. Das ist ein Chiffre. Aber vielleicht nur, weil er Geheimnisträger ist?
Ich erinnere mich an das quälende Warten im Fernsprechamt, an die jede Illusion zerstörenden Worte der Tante.
»Ich habe für ihn heute ein Paket abgegeben.«
Das also bedeutet die Stelle »Sanja unfrei«...
Das Herz war nahe dran, in Stücke zu zerspringen. Aber das Gehirn arbeitete bereits. Jene, die vom ersten Telegramm wußten, mußten schweigen. Man mußte sie *warnen*... Man mußte es allen sagen und selbst daran glauben, daß Sanja vermißt war! So trat die Geheimhaltung in mein Leben ein...
Ich schritt mitten auf der Straße einher und weinte laut. Das Mitleid und Mitgefühl mit meinem Mann füllten mich bis zum Rand. Ich stellte ihn mir vor: diesen unlängst noch so erfolgreichen, selbstsicheren, schneidigen Offizier mit dem Orden auf der Brust, der nun, dieses allen beraubt, in einer einsamen Zelle mit einem vergitterten Fenster saß.
Und trotzdem wachte ich am nächsten Morgen davon auf, daß mir mein Herz einen freudigen Stoß versetzte: er lebt! Alles andere hat keine Bedeutung.

Jene Leute, die nicht wußten, daß sich die Spur meines Mannes gefunden hatte, waren verblüfft. Einmal, als ich ziemlich aufgekratzt war, traf mich der Deutschlehrer Schparlinskij auf der Straße.
»Nachrichten von Ihrem Mann?« fragte er.
»Nein«, erwiderte ich und versuchte, die Maske der Traurigkeit anzulegen.
»Das ist sie, die weibliche Beständigkeit!« sagte Schparlinskij, bereits nicht mehr an mich gewandt...
Gerade in jenen Tagen wurde bekannt, daß Professor Trifonow, mein Betreuungsdozent bei der Aspirantur, als Lehrstuhlinhaber nach Kasan überwechselte. Da er sich für mich verantwortlich fühlte, schlug er mir drei Varianten vor...
1. Ebenfalls Kasan. Aber dort hatte er sich noch nicht so richtig etabliert, deshalb konnte er sich nicht dafür verbürgen, daß er anständige Arbeitsbedingungen für mich würde durchsetzen können.
2. Eine Aspirantur am Polytechnischen Institut in Nowotscherkassk. Dort gab es einen passenden wissenschaftlichen Leiter.
3. Endlich könnte ich versuchen, in die Aspirantur der Universität Moskau überzuwechseln, wo Professor Frost dem Lehrstuhl für Physikalische Chemie vorstand.
»Sie sind eine Schülerin von Stepuchowitsch, Stepuchowitsch ist ein Schüler von Frost. Sie sind also gewissermaßen die wissenschaftliche Enkelin von Frost...«
Es brauchte nicht wunderzunehmen, daß ich mich ohne Zögern sogleich an die dritte Variante klammerte: die am wenigsten reelle, die am ehesten phantastische. Nach Moskau? Natürlich nach Moskau!
Alles verschränkte sich ineinander. Alles zog mich nach Moskau hin. Ich mußte unverzüglich hinfahren. Das Kandidatsminimum ist noch nicht abgelegt. Macht nichts! Ich nehme die Lehrbücher mit. Die Züge verkehren schlecht? Dann fliege ich.
Damit Sanja spürt, daß ich ihn immer noch genauso liebe und für ihn zu allem bereit bin, nahm ich jenes »goldene« Kleid nach Moskau mit, das ich anhatte, als wir unsere Unterschrift unters Ehedokument setzten.
Mit der Metro bis zum Belorussischen Bahnhof. Dann mit der Trambahn Nummer 5 zur Nowoslobodskaja.
Butyrki, dieses im Grunde genommen weiche, fröhliche Gefängnis, erschien

den Ehefrauen eisig. Sie sahen die viermannshohe Festungsmauer, die sich an der Nowoslobodskaja ein Quartal weit hinzog. Sie sahen das eiserne Tor zwischen mächtigen Betonsäulen, überdies ein ungewöhnliches Tor: ein Schiebetor, das seinen Schlund langsam und mechanisch öffnete und schloß, um die Gefängniswagen durchzulassen.

Gegen innere Erschütterungen hilft rastlose Tätigkeit.

Das Überbringen der Pakete. Das Aufsuchen der Auskunftei des MGB auf dem Kusnezkij Most.

Der Lehrstuhl für Physikalische Chemie der Universität Moskau befand sich damals in einem Haus, das tief im Hof des alten Universitätsgebäudes versteckt lag. Der noch junge und gutaussehende Professor Frost. Er selbst hat keine Aspirantenstelle frei. Aber er würde keine Einwände machen, wenn Professor Kobosew, Leiter des Labors für Katalyse, mich zu sich nähme. Aus Gesundheitsgründen pflegte sich Kobosew nicht in der Universität aufzuhalten. Man konnte ihn aber anrufen und ihn zu Hause aufsuchen.

Ich bin im Arbeitszimmer von Professor Kobosew, sitze an seinem antiken Schreibtisch. Nachdem sich Kobosew meinen kurzen wissenschaftlichen Lebenslauf angehört hat, qualifiziert er mich als Tabula rasa und legt mir nahe, mich mit seinen wissenschaftlichen Arbeiten vertraut zu machen.

Das Lesen der Aufsätze von Kobosew in der »Zeitschrift für Physikalische Chemie« im Lesesaal der Leninbibliothek. Seine hochoriginelle und kühne »Ensembletheorie«.

Besuch im Hochschulministerium. Ein Übergang von einer Universität zur anderen bedarf der Genehmigung beider Rektoren.

Ich bin beim stellvertretenden Dekan der Chemischen Fakultät, Professor Prschewalskij.

Die erste Niederlage! »Erstens haben Sie die Prüfungen noch nicht abgelegt. Zweitens müssen Sie das Thema wechseln. Drittens werden Sie zeitlich nicht hinkommen.«

Wieder eine Paketübergabe auf der Nowoslobodskaja. Aus jener Zeit hat sich nur ein kleines Brieflein von mir erhalten, das ich meiner Mutter schickte. Hier ist sein Wortlaut:

»Liebe Mammi!

Es gibt nichts Neues. Es kann passieren, daß ich auch bei der Ankunft in Rostow nicht mehr weiß. Gestern schickte ich das zweite Paket. Außer Lebensmitteln war Wäsche drin, ein Handtuch, ein Paar Socken und Taschentücher. Vergiß nicht, mich bei der Kantine anzumelden und meine Arbeitskarte bei der Universität Rostow abzugeben.«

Die »Ensembletheorie« hat es mir angetan. Ich sage das Professor Kobosew. Stelle die Fragen, die mir gekommen sind.

»Ich werde Ihnen nahelegen, diese Fragen selbst zu beantworten!« sagte Nikolaj Iwanowitsch Kobosew, nahm ein Blatt Papier und schrieb darauf, er sei dazu bereit, die wissenschaftliche Betreuung meiner Aspirantenarbeit zu übernehmen. Datum: 18. Juli 1945.

Der erste Sieg!

Professor Frost ist seinerseits einverstanden.

Nachdem ich die »Ensembletheorie« bewältigt hatte, bereitete ich mich, wo immer ich konnte – in der U-Bahn, im Obus, in Wartezimmern –, auf die Prüfungen vor, die mir in Rostow bevorstanden.

Kurz vor meiner Abreise aus Moskau, Anfang August, wurde mir in der Auskunftei des MGB auf dem Kusnezkij Most gesagt: »Acht Jahre Besserungs- und Arbeitslager.«

»Werden wir denn schreiben können?« fragte ich sofort. Bereits dies erschien mir als Trost.

»Jawohl. Mit Briefwechselberechtigung.«

Ich verließ jenen Ort mit einem gemischten Gefühl der Bitternis wegen der langjährigen Freiheitsstrafe und der Freude wegen der Erwartung der Briefe. Sofort rief ich Lida an, die alle meine Erlebnisse mit mir teilte. Einmal war sie mit mir an der »Festungsmauer« vom Butyrki gestanden, als ich Sanja ein Paket brachte.

»Und wir wollten dich für heute ins Theater einladen, es wird DER INSPEKTOR von Priestley gegeben«, sagte sie mit tonlos gewordener Stimme.

»Ich gehe mit!« erwiderte ich fest entschlossen.

Ich mußte jetzt großen Atem schöpfen! *Acht* Jahre Erwartung lagen vor mir! Ich mußte mich daran gewöhnen, damit zu leben!

In Rostow legte ich meine drei Prüfungen, eine nach der anderen, ab. Ich lernte voller Schwung. Am stärksten faszinierte mich die Philosophie.

Wir wählten eine neue Prüfungsmethode. Statt Prüfungsfragen: ein Referat, dessen Thema uns Resnikow eine Woche im voraus gab. »Die Physik und Philosophie von Kant, Descartes und

Newton!« Erst einzeln über jeden der drei, dann der Vergleich. Der war besonders interessant ...
Von Lida der Satz: »Schreibe an die Adresse: Moskau 22, Transportpunkt Krassnaja Pressnja. Was soll ich Dir noch berichten? Alles in Ordnung.«
Alles in Ordnung?! Auf dem Transportpunkt ... Dort gibt es nicht mehr diese furchtbare Mauer ... Und wohin geht es jetzt?
Auch von Tante Veronika kam ein Brief:
»... Schurotschka habe ich nur einmal gesehen. Sie kehrte mit ihren Freundinnen vom Holzabladen am Moskaufluß zurück. Sieht blendend aus, braungebrannt, munter, fröhlich, sie lacht, der Mund reicht bis zu den Ohren, die Zähne blitzen. Ich bin so froh, daß sie guter Dinge ist.«
Vor einem halben Jahr las ich den letzten Brief meines Offiziersgatten. Jetzt halte ich den ersten Brief meines Häftlingsgatten in den Händen.
Ich mache das Dreieck auf. Vier mit einem blassen Bleistift in ganz kleiner Schrift engbeschriebene Seiten.
Er schreibt von seiner Gewißheit, daß er die acht Jahre nicht bis zum Ende wird absitzen müssen, er hofft sehr auf die nahe bevorstehende Amnestie, über die so viele Gerüchte kursieren. Für den Fall, daß es sie nicht geben würde, hielt es Alexander für seine Pflicht, mir für die Zeit seines Einsitzens die »volle persönliche Freiheit« zu überlassen. Er schrieb, daß er seine »schöne Frau« zu sehr liebe, deren Jugend seit dem Alter von dreiundzwanzig Jahren in lauter Erwartungen vergeht. Und jetzt? Soll sie bis vierunddreißig warten? Auch über Nikolaj, von dessen Los er immer noch nichts wußte, äußerte er sich besorgt.
Es ist schwer. Das Kommende ist vom Nebel verhüllt, aber Solschenizyn kann es nicht lassen, Pläne zu schmieden. Früher träumte er davon, daß wir nach dem Krieg in Moskau oder Leningrad leben würden. Im Gefängnis formierte sich in ihm ein ganz anderer Traum: nach der Entlassung in die Freiheit mit mir »in ein weitabgelegenes, sattes und malerisches Dorf« zu ziehen, möglichst weit weg von der Eisenbahn, in Sibirien oder im Kubangebiet, an der Wolga oder sogar am Don, dort zusammen an einer Oberschule zu arbeiten und sich während der zwei Monate Sommerferien in Moskau, Leningrad oder Rostow zu vergnügen.

Ein glückliches, geruhsames, naturverbundenes Leben, das einen vor solchen »Zufälligkeiten«, wie der vom 9. Februar 1945, abschirmt. Wie ich das mit meiner zukünftigen Dozentenschaft vereinbaren soll, wird von Alexander nicht näher bedacht, aber er gibt mir auf jeden Fall den Rat, mich »voll und ganz an die Aspirantur zu halten«.

Was das Alter betrifft, so hat mein Mann während dieses halben Jahres seine Einstellung dazu geändert. Er hat Leute gesehen, die ein neues und glückliches Leben mit 55 und sogar mit 65 Jahren beginnen wollen.

Was hat der Verfasser dieses Briefes mit dem Verfasser der 248 Kriegsbriefe gemein? Und was mit dem heutigen Solschenizyn? Welch scharfe Wendungen mußte ich nicht an meinem Mann beobachten! Ich wurde nicht müde, ihm dabei zu folgen, ohne von diesem Zickzackweg abzukommen, selbst wenn sich die Wendungen vorerst nur in seiner Einbildungskraft abspielten.

Unterdessen fuhr Tante Veronika am nächsten Freitag wieder nach Krassnaja Pressnja, um ein Paket abzugeben. Man nahm es nicht an. Er war fort ... Wohin – sagten sie nicht. Sie soll am Dienstag wiederkommen, wurde gesagt – dann am Donnerstag ... Und erst am Freitag, dem 24. August, schrieb mir Veronika Nikolajewna:

»Euch leuchtet in der Tat ein glücklicher Stern. Goldene Natascha, wie viele neiderfüllte Augen waren gestern auf mich gerichtet! Du kannst ruhig sein, du wirst aus Moskau jeden Sonntag nach Neujerusalem fahren, das ist ein Datschenvorort, eine herrliche Natur, früher nannte man die Gegend ›Russische Schweiz‹, Du wirst Dich dort mit ihm treffen.«

Die »Russische Schweiz« ... Wenn man von der Bahnstation auf der Straße nach Wolokolamsk etwas über einen Kilometer zurückgelegt hat, sieht man rechter Hand eine kleine Ziegelfabrik und einige weißgestrichene zweistöckige Häuser. Das war das Lager, in das man meinen Mann gebracht hatte. Er ist froh, daß er nicht irgendwohin in den hohen Norden gekommen ist, nach Petschora oder Kolyma, sondern in die Nähe von Moskau, wo die klimatischen Bedingungen weitaus günstiger sind. Aber die Arbeit ist schwer.

»Die Norm eines ungelernten Arbeiters übersteigt meine Kräfte. Ich verfluche meine unzureichende körperliche Übung«, klagte mein Mann.

Aber noch bevor ich aus Rostow angereist kam, hatte sich Sanjas Anschrift schon wieder verändert. Jetzt befand er sich direkt in Moskau! »Moskau 71, Große Kalugaer Straße 30, Baustelle Nr. 121.«

Ich hege nicht die leiseste Vermutung. Deswegen machen mich Tante Veronikas Worte auf dem Bahnhof perplex: »Sanja ist jetzt mitten in Moskau. Morgen wirst du ihn sehen, er wartet.«

Nicht alle Moskauer, die an dieser Baustelle vorbeigingen, bemerkten, daß über dem Bretterzaun ein mehrfacher Stacheldraht aufgezogen war.

... Hoch auf dem Gemäuer hantierten irgendwelche Leute in verschlissener Kleidung – aber Bauarbeiter sehen alle so aus, und keiner der Vorbeigehenden und Vorüberfahrenden erriet, daß es Strafgefangene waren. Und wer es erriet – der schwieg.

... Die Omnibusse und Trolleybusse hielten dort, wo das Gitter des Nesskutschnyj-Gartens aufhörte. Dort befand sich auch die Lagerwache, die einer gewöhnlichen Baustellen-Kontrollbude ähnelte.

Auf diese Wache ging ich zu. Und wandte mich an den diensthabenden Bewacher.

Einige Minuten lang blieb ich allein in dem niedrigen leeren Zimmer mit den an den Wänden entlanglaufenden Holzbänken.

Ich hörte Schritte. Sah in der Tür das lächelnde Gesicht meines Mannes. Die Mütze hielt er in der Hand, der Kopf war kahlgeschoren.

Es war unser erstes Rendezvous zu dritt. Wir zwei – und der Aufseher.

»Meine letzten Briefe an dich waren doch gut, nicht wahr«, fragte Sanja bei jener ersten Begegnung.

Er hätte jetzt gern gewollt, daß dem so war ...

Der frühere Sanja war außerstande, sich Gedanken über den Schmerz zu machen, den er mir zufügen konnte.

Der in irgendeiner Hinsicht bereits neue Sanja war dem Pochen eines anderen Herzens gegenüber weitaus sensibler. Jetzt wollte er die für mich kränkenden Zeilen seiner Briefe ausstreichen.

Die Arbeit an der großen Romanerzählung über den Krieg, am SECHSTEN STUDIENJAHR, hatte die Verhaftung unterbrochen, durch welche Solschenizyn ohne Vorbereitung und ohne Examen ins *siebente* Studienjahr versetzt wurde. Er wird niemals mehr das Kapitel des SECHSTEN STUDIENJAHRS wiederauferstehen lassen wollen, über die gebeugt er einst ganze Nächte hindurch saß.

Dafür wird alles, was er im Verlauf dieser neuen Lebensperiode erleben und erfahren wird, die Grundlage praktisch seiner sämtlichen Werke bilden. Das gilt für die Erzählung, den Roman, das Theaterstück, das Drehbuch ...

Jenes erste Lager neben der Ziegelfabrik in Neujerusalem bei Moskau war schnell vorbeigehuscht (dort war er nur drei Wochen). Dort versuchte Solschenizyn, die an der Front erworbene Kunst der Menschenführung in Anwendung zu bringen. Wir versuchen alle, unser gewohntes Leben irgendwo fortzusetzen, sich nicht davon abbringen zu lassen. Und wenn das schon geschehen ist, versuchen wir, die gewohnte Wegspur wiederzufinden!

Solschenizyn hatte noch nicht begriffen, daß ihm diese Wegspur auf dem neuen unbekannten Erdboden unweigerlich unter den Füßen wegrutschen mußte. Die Gesetze und Begriffe der ihm bekannten Welt versuchte er in eine unbekannte Welt zu transponieren, die all dem entgegengesetzt war, was er früher gekannt hatte.

Sein erster Versuch, sich in die neue Welt in Gestalt jenes Menschen einzufügen, welcher er an der Front gewesen war, endete rasch mit einem Mißerfolg.

Ende August 1945 schrieb mein Mann, von seinem Kommandoposten sei er bereits entfernt worden. Er verrichtete ungelernte Arbeiten, malte sich indessen die Perspektive aus, »irgendein Kanzleiplätzchen zu bekommen. Es wäre wunderbar, wenn das gelänge ...«

Man muß es durchstehen! Man muß in dieser neuen, schwer verständlichen Welt seinen Platz finden! Und es ist gewiß keine Sünde, dieses Leben als »Einfaltspinsel« zu beginnen!

In seinen Briefen an mich beschwert sich mein Mann darüber, daß er zwar nicht mehr als acht Stunden am Tag arbeitet, daß aber dennoch nur drei Stunden bleiben, die man zum Lesen oder für irgendeine nutzbringende Beschäftigung verwenden kann. Dawider ist die seelische Erschöpfung, der zähe Brei der Dumpfheit im Kopf, der Lärm im Zimmer, das Fehlen von Büchern und von Papier.

Und trotzdem siegt in Solschenizyn der Optimist. Und er hegt Pläne, Pläne und nochmals Pläne.

Er trägt sich mit dem Gedanken, die englische Sprache systematisch zu erlernen, er bittet darum, ihm möglichst viel Schreibpapier, Bleistifte, Federn, Tinte sowie Lehrbücher der englischen Sprache und Wörterbücher mitzubringen.

Aber bevor diese Bitte erfüllt wurde, befand sich Sanja bereits auf der Baustelle in Moskau.

Im Moskauer Lager in der großen Kalugaer Straße blieb Solschenizyn etwas mehr als zehn Monate. Vieles von diesem Lager ist in das Theaterstück eingegangen, dessen endgültiger Titel DER HIRSCH UND DAS FLITTCHEN ist.

Sein Leben in diesem Lager, wo »Politische« wie »Kriminelle« arbeiteten, Häftlinge wie freie Arbeiter, Männer wie Frauen, begann Alexander Solschenizyn Seite an Seite mit seinem literarischen Helden Rodion Nemow. Beide waren sie noch unlängst Frontsoldaten und vorher Studenten des MIFLI. Beide trugen Offiziersblusen mit den Spuren der ehemaligen Orden sowie langschößige Uniformmäntel. In der Lagersprache waren das »Hirsche«.

Solschenizyns literarischer Doppelgänger sagt:

»Bürger Natschalnik! Ich bin Frontoffizier, ich verstehe was von Menschenführung, in die Details der Produktion will ich mich einarbeiten.«

Man ernennt ihn zum Produktionsleiter.

In dem kleinen kahlen Zimmer mit der Tür aus frischem nichtgestrichenem Sperrholz stehen zwei Tische. Neben jedem der zwei Tische sind an der Wand Täfelchen angebracht. Auf dem einen steht »Produktionsleiter«, auf dem anderen »Auftraggeber«. Am ersten Tisch sitzt in seiner wollenen Offiziersbluse der Produktionsleiter. Der Chef des Lagers ist weggefahren, er hat ihn als seinen Stellvertreter dagelassen und ihm aufgetragen, die Produktivität der Arbeit im Lager, koste es, was es wolle, zu heben.

Er findet schnell die nötigen Reserven. Die Dienstleistungsfunktionen werden um die Hälfte gekürzt. Aus Buchhaltung, Küche, Sauna und Krankenrevier werden alle dort Entbehrlichen zur Arbeit beordert.

In wenigen Tagen steigt die Produktivität um acht Prozent. »Den Nichtstuer von Zahntechniker zur allgemeinen Arbeit heranziehen! Ebenso die Dienstleistungsleute! Die zusätzlichen Rationen neu verteilen!«

Jedoch dank der vereinten Intrigen von Buchhalter, Arzt und Vorarbeiter wird Nemow von seinem Posten als Produktionsleiter entfernt. Den gleichen Posten verlor auch Solschenizyn! Er hörte auf, Chef zu sein, blieb aber zunächst am Schreibtisch sitzen...

Im Lager an der Kalugaer Straße blieb Häftling Solschenizyn weniger als ein Jahr, ihm selbst erschien die Zeit jedoch viel länger.

Solschenizyn war aus seiner Bestimmtheit, aus seinen Projekten herausgerissen worden. Daher rührte sein völliges Nichtakzeptieren des ihm Vorgegangenen. Das Gefängnis und dann das Lager wurden von Solschenizyn als sinnloseste Zufälligkeit in seinem Leben aufgenommen, als ein absoluter Fremdkörper, der in sein Leben eingedrungen war und ihm einen unaufhörlichen Schmerz bereitete. Wie jeder Fremdkörper mußte das Gefängnis aus seinem Leben entfernt werden! Damit es nur mehr eine bedauerliche Erinnerung blieb! Von diesem Gedanken konnte er sich nicht befreien. Selbst jedoch ist er dazu nicht imstande, er kann den ihn zersprengenden Fremdkörper nicht aus sich herausreißen. Deshalb gibt er sich gern Illusionen hin, läßt sich von »Latrinenparolen« anstecken, woran im Gefängnis und Lager kein Mangel ist.

Sie wecken Hoffnungen, heben die Stimmung, impfen Glauben ein...

Die Menschen, die gegenüber dem in ihr Leben eingedrungenen Gesetz hilflos sind, können nicht umhin, sich Illusionen hinzugeben.

In einer Zelle des Lubjankagefängnisses betete am Siegestag, am 9. Mai 1945, ein alter Armenier aus Rumänien: »O Amnestie, Amnestie!« Die übrigen fünf Personen in der Zelle verstanden nicht zu beten, aber auch ihre Herzen erfüllte der gleiche Durst nach einer Amnestie. Darunter war mein Mann.

Am 7. Juli 1945 wurde tatsächlich eine Amnestie erlassen. Aber sie betraf nicht den Artikel 58.

Und trotzdem blieb die Hoffnung und sogar Zuversicht auf eine nahe bevorstehende Amnestie in den meisten lebendig. So auch in Solschenizyn.

Von seinen ersten Briefen an zog sich diese Hoffnung als ein langer Faden hin.

»... meine ganze Hoffnung setze ich auf eine baldige breite Amnestie, über die so viele Gerüchte kursieren«, schreibt er im August 1945.

»Die Haupthoffnung gilt einer Amnestie für Artikel 58. Ich denke, es wird sie dennoch geben« (aus Neujerusalem).
Aber es vergingen auch die Novemberfeiertage des Jahres 1945, ohne daß eine Amnestie kam. Der Glaube daran erlosch.
Im Frühling 1946 lebte er wieder auf.
»Ich habe mich mit hundertprozentiger Verbürgtheit dennoch davon überzeugt, daß eine Amnestie für Strafen bis zu zehn Jahren im Herbst 1945 vorbereitet und von unserer Regierung grundsätzlich gebilligt worden war«, schreibt er mir im März 1946.« Dann wurde sie aus irgendeinem Grund verschoben.«
(Auffällig ist hier das für Solschenizyn charakteristische »Ich habe mich mit voller Verbürgtheit davon überzeugt«.) Es bedurfte eines wenigen damals und auch in anderen Fällen, um ihn mit voller Verbürgtheit zu überzeugen. Stets ging es darum, daß er irgend etwas entweder »akzeptierte« oder »zurückwies«. Genau das war das Kriterium der Verbürgtheit.
Die Monate vergehen. Fast in jedem Brief leben neue Hoffnungen auf.
»Heute haben wir sehr gewartet«, schreibt er mir am Jahrestag des Sieges. »Obwohl sich die Gerüchte nicht alle auf den 9. fixierten, bleibt dennoch vom 9. ab noch ein, zwei Wochen Zeit, in die sie fallen könnte. Alle sind von einer solchen Müdigkeit gezeichnet, als hätte man sie in den Zeitungen für heute versprochen.«
Und erst nach dem Verstreichen von anderthalb Jahren Gefangenschaft äußert sich Sanja mir gegenüber so:
»Wenn irgendwer von Amnestie zu reden beginnt, lache ich schief und gehe ein Stück weit weg.«

KAPITEL 4

Marfino und Mawrino

Aufgrund der Briefe und der Gespräche während unserer Begegnungen zeichnete sich für mich allmählich ein ziemlich vollständiges Bild seines Lebens im Sondergefängnis von Marfino ab, das im Roman IM ERSTEN KREIS DER HÖLLE Mawrino genannt wird.

Das Zimmer, in dem er arbeitet, ist hoch gewölbt, und luftig. Der Schreibtisch besitzt eine Unzahl von Fächern, die durch ein Schiebeholz verschließbar sind, es ist ein richtiger »Kanzleitisch«. Direkt neben dem Tisch ist ein Fenster, das Tag und Nacht geöffnet ist. Neben dem Tisch befindet sich auch ein Block mit vier Steckdosen. Der eine Stecker gehört zu einer Tischlampe, der zweite zu einer »persönlichen« elektrischen Platte, die unbegrenzt benutzt werden darf, der dritte Stecker gehört zu einem scharfsinnig ersonnenen elektrischen »Anrauchgerät«, das es seinem Besitzer erspart, das von mir geschenkte Feuerzeug zu verschleißen. Außerdem gibt es noch, ad vier, eine tragbare Lampe, die der Beleuchtung der Bücherregale dient. Bald wird Sanjas Arbeitsplatz am Tisch auch einen direkten Rundfunkanschluß bekommen.

Hier verbringt Sanja einen großen Teil des Tages: von neun Uhr morgens bis Arbeitsschluß. In der Mittagspause liegt er im Hof im Gras oder schläft im Wohnheim. Abends und morgens macht er Spaziergänge, meistens unter den ihm schon ans Herz gewachsenen Linden. An den freien Tagen verbringt er drei bis vier Stunden an der frischen Luft und spielt Volleyball.

Das Wohnheim: ein halbrundes Zimmer mit einer hohen gewölbten Decke; das hier war einst ein Altar. Fächerförmig stehen zweistöckige Betten. Neben Sanjas Bett steht auf dem Nachttisch eine Lampe, die er so konstruiert hat, daß das Licht seine Kameraden nicht stört, sondern nur auf sein Kissen fällt. Bis zwölf Uhr nachts pflegt Sanja zu lesen. Um fünf nach zwölf streift er die Kopfhörer über, macht das Licht aus und hört sich das Mitternachtskonzert an.

In der »Scharaschka« beschaffte sich Sanja neue Kopfhörer. Den alten gab er mir. Ich nannte ihn zum Scherz meinen »Liebhaber«, denn er lag stets neben meinem Kopfkissen.

Morgens um Viertel vor acht ertönte aus den lauten Kopfhörern der Nachbarn ein Ton, der meinen Mann weckte. Es war das von Kindheit an vertraute Hornsignal zum Wecken, der Beginn der Sendung »Die Morgenröte des Jungpioniers«.

»Hinsichtlich der Details des Alltags lebte ich sicherlich noch nie so geregelt wie jetzt«, schrieb mir Sanja im September 1947. Und so seltsam das klingen mag – von diesem Brief ging so etwas wie Gemütlichkeit, Wohlgeordnetheit und Ruhe aus. Ich hätte es Sanja sehr gewünscht, daß er noch lange, am besten bis zum Ablauf seiner Frist, in jener Institution am Stadtrand von Moskau, unweit des Parks von Ostankino, hätte bleiben können.

Das Sondergefängnis Marfino war in einem alten Gebäude untergebracht, das früher ein Priesterseminar beherbergt hatte. Später diente das Haus längere Zeit als Kindergarten. Kurz nach Kriegsende fiel das Gebäude an das Forschungsinstitut für Fernmeldewesen. Zur Arbeit in diesem Institut wurden auch Häftlinge herangezogen. Darunter waren Physiker, Mathematiker, Chemiker und überhaupt Vertreter fast sämtlicher wissenschaftlicher Fachrichtungen.

Die Idee, die Arbeitskraft zu Haftstrafen verurteilter Fachgelehrter für wissenschaftliche Forschungaufgaben nutzbar zu machen, war bereits Anfang der dreißiger Jahre entstanden.

Der bekannte Wärmetechniker L. Ramsin wurde als Haupt der konterrevolutionären »Prompartija« zum Tod durch Erschießen verurteilt. Die Todesstrafe wurde durch zehn Jahre Gefängnis ersetzt. Ramsin übernahm die Leitung des wärmetechnischen Labors in einem solchen Sondergefängnis. Irgendwessen lose Zunge gab dem Gefängnis den Namen »Scharaschka«. Später wurden alle Sondergefängnisse so genannt. Die Lebensbedingungen in solchen Gefängnissen und die Behandlung der Häftlinge waren zweifellos ungewöhnlich.

Das Institut in Marfino war auf Forschungsaufgaben im Bereich der Rundfunk- und Fernsprechtechnik spezialisiert. Sanja arbeitete hier hauptsächlich als Mathematiker. Indessen war seine Zeit nicht nur der Mathematik allein gewidmet. Alle, die den Roman IM ERSTEN KREIS DER HÖLLE gelesen haben, wissen das. Solschenizyn ließ sich Zeit genug für Lektüre und andere persönliche Dinge.

Sanjas Arbeit erforderte keine besondere Anspannung, prägte indessen einen bestimmten Lebensrhythmus und ließ ihm die

Haftzeit kürzer erscheinen. Seine Stimmung war meistens gleichmäßig munter. Der Tagesablauf war streng eingeteilt, und so vergingen die von Arbeit erfüllten Tage sehr schnell. In einem seiner Briefe schrieb mir Sanja: »Die Arbeit füllt dermaßen die Zeit und die Gedanken aus, daß die Wochen wie Telegraphenpfähle durchs Zugfenster an mir vorbeiflimmern.«
Aus dem ERSTEN KREIS wissen wir, daß sich die Bewohner der »Scharaschka« sattessen konnten. Man kann hinzufügen, daß die Häftlinge Lebensmittel kaufen durften. Sanja zum Beispiel kaufte sich Kartoffeln. Manchmal kochte oder briet er sie selbst, manchmal gab er sie in die Küche, damit man sie im Backrohr zubereitete ...
Die Lebensmittelpakete von draußen besaßen damals eine eher symbolische Bedeutung, sie konzentrierten sich auf unsere Familienfesttage.
Was Gebrauchsgegenstände betraf, so benötigte er dort keine Filzstiefel und keine warme Kleidung, sondern eine Uhr.
Bei der Verhaftung werden den Deliquenten die Uhren abgenommen. Sanjas Uhr ging den umgekehrten Weg.
Die in Marfino verbrachten Jahre versuchte Sanja nutzbringend zur Erweiterung seines Wissens zu verwenden. In gewisser Weise setzte sich dort die MIFLI-Linie seiner Ausbildung fort. Zu seinem Nachbarn im Labor und seinem besten Freund wurde bald Lew Kopelew, ehemals Dozent am MIFLI, der im »Ersten Kreis« später als Lew Rubin auftreten wird. Die Gespräche mit Kopelew, die Wahl seiner Lektüre und seiner literarischen Interessen wirkten in gewissem Maß auf Alexander ein.
Marfino besitzt eine gar nicht schlechte Bibliothek. Zudem kann man sich alles Gewünschte aus der Leninbibliothek kommen lassen. Das Problem besteht nicht mehr im Beschaffen eines Buches, sondern darin, wie man aus der großen Zahl das Notwendige auswählt.
In seinen Briefen zählt Sanja die gelesenen Bücher auf. Klutschewskij, Mommsens RÖMISCHE GESCHICHTE, Struwes CHRESTOMATIE ZUR ANTIKEN GESCHICHTE, Bücher zur Geschichte der westlichen Literatur, die Werke von Darwin, von Timirjasew und anderes mehr. Zunächst wollte er sich wieder dem Studium der Fremdsprachen zuwenden, aber es war so viel Lesestoff auf russisch aufgetaucht (»das kann man in zwei Jahren nicht alles auslöffeln«), daß für die Fremdsprachen keine Zeit mehr blieb.

Was die schöne Literatur betrifft, so las Sanja »nach strenger Wahl und nur die großen Meister«.
»Ich sauge still und leise am dritten Band von KRIEG UND FRIEDEN und zugleich an Deinem Schokolädchen«, schreibt mir Sanja im Oktober 1947.
In Marfino öffnete sich ihm Dostojewskij in vollem Maß. Sanja weist mich auf A. K. Tolstoj, Tjotschew, Feth, Maikow, Polonskij, Block hin. »Du kennst sie doch sicher nicht«, schreibt er mir und fügt in Klammern hinzu: »Ich auch nicht, zu meiner Schande.«
Sehr angeregt liest er Anatole France, wobei er den AUFSTAND DER ENGEL besonders hervorhebt. In jener Zeit stellte er ihn über alle anderen französischen Autoren. Er meinte, viel verloren zu haben, weil er ihn in der Kindheit nicht verstanden hatte.
Er begeisterte sich für die Bücher von Ilf und Petrow: ZWÖLF STÜHLE und DAS GOLDENE KALB. In seiner Liebe für Klassifikationen schlug er diese Autoren den »direkten Erben von Tschechow und Gogol« zu.
Eine der sorgfältig gewählten Richtungen ist die regelmäßige Lektüre des Wörterbuchs von Dahl. Dessen dritter Band befindet sich in seinem persönlichen Besitz. »Dieses Gold ist wie vom Himmel auf mich herabgestürzt! Da kann man nur sagen: das Wild läuft dem Fänger zu!«
Die Lektüre im Dahl macht auf Sanja einen aufwühlenden Eindruck. Er schreibt, er sei »ein flaches, zweidimensionales Wesen« gewesen, jetzt hätte man ihm plötzlich »die Stereometrie eröffnet«. Ein andermal, er würde sich in der Zukunft immer nur als Lehrer sehen.
Als er aber dann erfährt, bei Ilja Solomin hätten sich einige seiner Bücher und Aufzeichnungen erhalten, bittet er darum, Solomin möge »um alles in der Welt das Bändchen mit den Jesseningedichten und die Aufzeichnungen zur Samssonow-Katastrophe des Jahres 1914 aufbewahren – solange man sie nicht von Hand zu Hand nach Moskau übermitteln kann, sonst gehen sie unterwegs noch verloren«.
Der Gedanke an den historischen Roman wurde also nicht aufgegeben!
Von Solschenizyns »persönlichen« Beschäftigungen wußten zu jener Zeit allenfalls seine nächsten Freunde in Marfino: Kopelew und Panin. Aber Solschenizyn hat sie vor den Lesern des ERSTEN KREISES nicht verheimlicht.

An den Abenden machte Nershin, »von Tarnstücken umgeben, unter den verhalten liebevollen Blicken von Simotschka, zum gutmütigen Gemurmel von Rubin«, mit winziger Schrift Exzerpte aus Geschichtswerken und notierte seine Gedanken auf winzigen Zetteln, »die inmitten der dienstlichen Tarnung ertranken«.

Nach und nach wird diese Tätigkeit in eine Rivalität mit der angeordneten Arbeit treten, in der ein »Ausdehnen des Gummis« kaum mehr zu vermeiden war.

Früher oder später mußte das schiefgehen!

Sanja nahm die Gelegenheit wahr, Radio zu hören, und begann, seine musikalischen Kenntnisse stark auszuweiten.

Niemals vorher in seinem Leben spielte die Musik eine solche Rolle wie in den Jahren, die er in Marfino verbrachte.

Sanja teilte seine musikalischen »Entdeckungen« bereitwillig mit mir, er bemühte sich, alles aufzuzählen, was ihm besonders gefallen hatte. Er schrieb, er hätte mit ausnehmendem Vergnügen den zweiten Satz des Zweiten Chopinkonzerts gehört, die DUMKA von Tschaikowskij, »seine geliebte« Walpurgisnacht, einen Zyklus mit Symphonien und Konzerten von Rachmaninow. Besonders gefallen hätten ihm der zweite Satz und das brillante Finale des Zweiten Konzerts von Rachmaninow. Und berichtet weiter, er hätte mit Wohlgefallen das Violinkonzert von Tschaikowskij, den Walzer von Skrjabin sowie die Toccata von Chatschaturjan gehört. Ein anderes Mal teilt er mit, er hätte zwei wunderbare Sonaten »entdeckt«, die ihm bis dahin unbekannt waren: die 17. Sonate von Beethoven und die Sonate in Fis von Schumann.

Nach Ablauf einer gewissen Haftzeit kommen die Bewohner der »Scharaschka« in den Genuß sonntäglicher Filmvorführungen. Sanja ist so filmhungrig (er hat seit sechs Jahren keinen Film mehr gesehen), daß er sich den ersten Film, DAS LIED VON SIBIRIEN, gleich zweimal hintereinander ansieht.

Woran es wirklich fehlt, sind Theateraufführungen. Übers Radio hört er allerdings einmal eine Aufzeichnung des Stückes ZAR FEDOR IOANNOWITSCH von A. K. Tolstoj. »Ein vorzügliches Stück und welch eine Sprache!« schreibt er mir. »Ob es mir wohl je gelingen wird, das auf der Bühne zu sehen?«

In seinen Briefen befragt er mich gierig nach meinen Theatereindrücken, er fragt nach der Bühnenfassung von Tolstojs AUFERSTEHUNG und ob sie gelungen sei. Er selbst ist skeptisch, er erinnert sich, daß »der alte Tolstoj ein Gegner solcher Bearbeitungen war«.

»Ich male mir die Szene aus«, meint er ironisch, »wie man ihn dazu nötigt, sich die Oper (!) KRIEG UND FRIEDEN anzuhören, wo er sich doch gerade in ›Krieg und Frieden‹ über das Weithergeholte der Opernkunst lustig gemacht hat ...«

Solschenizyn konnte es damals nicht in den Sinn kommen, daß Prokofjews Oper KRIEG UND FRIEDEN im Laufe der Zeit zu einer Zierde der ersten Bühne unseres Landes werden würde. Solschenizyn selbst wird sie zwölf Jahre später mit nichtnachlassender Begeisterung im Bolschojtheater hören, wo unser gemeinsamer Freund Mstislaw Rostropowitsch am Dirigentenpult stehen wird.

Ein ernsthaftes Studienobjekt waren für Solschenizyn jene Menschen, mit denen ihn das Schicksal im Institut in Marfino zusammenführte. Wenn ihm das Los irgendeines Menschen bemerkenswert erschien, hielt er es in seinem Gedächtnis fest, an das er damals zu glauben begann.

Die »nach Verstand, Bildung und Lebenserfahrung hervorragenden Männer«, wie Solschenizyn sie charakterisierte, mußten natürlich auf den im allgemeinen recht provinzlerischen jungen Mann, der bis dahin nicht gar zu viel gesehen hatte, einen starken Eindruck machen.

Der Einfluß dieser Männer hat vermutlich auch bei der Herausbildung jenes eigentümlichen Gebäudes von Ansichten mitgespielt, das seinen vollsten Ausdruck im ARCHIPEL finden wird. Dort in der Unfreiheit gibt es eine »eigene« Geschichtsschreibung, ein »eigenes« Verhältnis zur Politik, es gibt spezifische Mythen und spezifische Heilige. Die »Wissenschaften« sind dort nicht schriftlich fixiert, sondern werden ausschließlich mündlich weitergegeben, die Rolle des Beweisstücks, des Zitats übernehmen die Berichte »wohlerfahrener Leute«, die »Zeugnisse von Augenzeugen«, aber auch Gerüchte und Anekdoten.

Zum Beispiel wanderte jahrzehntelang die Fabel von der wunderbaren Errettung des Zarenbruders Michael durch die Lager, die »genaue« Version der Biographie von Stalin, die Legende von der Leninattentäterin und Sozialrevolutionärin Kaplan oder auch eine besondere Bewertung der längst von der Bildfläche verschwundenen Partei der Oktobristen.

Vom eigenen Glockenturm aus, vom Standpunkt des Einflusses auf ihr eigenes Schicksal bewerteten manche dieser »hervorragenden Männer« auch die Ereignisse der noch nicht so weit zurückliegenden Zeit: den Sieg über Deutschland, die Nachkriegsspannung in Europa. Ein grundlegendes Kriterium war dabei die Nichtübereinstimmung der Bewertung mit der offiziellen oder allgemein üblichen. Wer Gedanken äußerte, die jenen glichen, welche man in einem zeitgenössischen Buch oder in der Zeitung lesen oder im Radio hören konnte, durfte sicher sein, den tumben Neulingen und Primitivisten, wenn nicht einer noch ärgeren Kategorie zugezählt zu werden. Und umgekehrt: je weiter weg sich irgendein Standpunkt vom »freiheitsüblichen« entfernte, desto höher wuchs dessen Vertreter in den Augen der ihn Umgebenden empor.

Ich will hier nur ein Beispiel anführen. Alexander war fest davon überzeugt und schrieb darüber später im ARCHIPEL, daß alle sowjetischen Kriegsgefangenen, die in den Hitlerschen Todeslagern gesessen hatten, auf direktem Wege in Lager und hinter Stacheldraht befördert wurden. Als ich ihm von Leuten erzählte, die in deutscher Gefangenschaft gewesen waren, später indessen in Freiheit blieben, fand er das sehr seltsam. Für ihn waren das Ausnahmen. Gestalten früherer Kriegsgefangener tauchen auf den Seiten der Bücher von Solschenizyn immer wieder auf.

Ich habe den ARCHIPEL gelesen, als ich ihn auf der Schreibmaschine abschrieb. Ich habe eine ganz bestimme Meinung über dieses Buch und kann mich nur darüber wundern, wie man sich im Westen dazu gestellt hat.

Dort gilt der ARCHIPEL als Wahrheit in letzter Instanz. Das trifft selbst in formaler Hinsicht nicht zu. Das Buch trägt den Untertitel »Versuch einer künstlerischen Erforschung«. Mit anderen Worten: Solschenizyn selbst erhebt gar nicht den Anspruch, eine historische oder wissenschaftliche Untersuchung zu geben. Es ist offensichtlich, daß die Methode der künstlerischen und jene der wissenschaftlichen Erforschung auf verschiedenen Prinzipien basieren. Das Material für den ARCHIPEL lieferten Alexander Issajewitsch vielfach jene Gespräche, die er in Marfino sowie in den Etappengefängnissen und Lagern geführt hat. Die Informationen, die er dort erhielt, besaßen einen folkloristischen, bisweilen auch mythischen Charakter.

Die Zielsetzung des ARCHIPEL, wie ich sie mir im Prozeß seiner Entstehung vorstellte, bestand im Grunde nicht in der Schilderung des Lebens in unserem Land, nicht einmal in der Darstellung der Lebensweise in den Lagern, sondern im Sammeln der Lagerfolklore. Zu jenem Zeitpunkt, als ich mich mit diesen Aufzeichnungen vertraut machte, waren sie nicht für die Veröffentlichung bestimmt. Es war Rohmaterial, das er in seinen Werken zu verwenden gedachte.

Im ARCHIPEL machte sich wieder ein, wie ich sagen würde, dominierender Zug des Charakters von Alexander Issajewitsch geltend: sein Talent, an das zu glauben, woran er gern glauben möchte, das sich seinen Konzeptionen bequem einschreibt. Alexander glaubte widerspruchslos an jeden Bericht, der ihnen nicht zuwiderlief.

Ich erlaube mir, Professor Kobosew in meinem Gedächtnis wachzurufen. Was mich an ihm verblüffte, war dies: er liebte Ergebnisse, die sich nicht mit seiner Theorie vereinbaren ließen. Sie weckten seine Gedanken, sie nötigten ihn, neue Vermutungen zu äußern, neue Hypothesen aufzustellen, neue Wege in der Wissenschaft zu suchen. In dieser Hinsicht ist Alexander Issajewitsch das genaue Gegenteil von Kobosew. Sobald er eine Idee gefunden hat, interessieren ihn nur noch deren Erhärtungen. Alles übrige fegt er einfach hinweg.

Ich verspürte eine große Genugtuung, als ich eine Bestätigung für meine Überlegungen in einem sehr fundierten Buch von Kobosew fand, das 1971 im Verlag der Moskauer Universität erschienen ist. Es trägt den Titel UNTERSUCHUNG AUF DEM GEBIET DER THERMODYNAMIK VON PROZESSEN DER INFORMATION UND DES DENKENS.

»Geordnetheit und Ungeordnetheit, Bestimmtheit und Unbestimmtheit, Chaos und Ordnung sind die allgemeinsten Eigenschaften der Wirklichkeit.«

»Jede Erscheinung ist zwiespältig, sie enthält eine vektorhafte, ausgerichtete sowie eine Brownsche, chaotische Komponente.«

»Die Brownsche Komponente spielt eine doppelte Rolle. Sie ist nicht nur die Komponente der Ungeordnetheit, sondern auch die ›Komponente des Suchens‹. Die Brownsche Zerstreuung, die Abweichungen des Organismus von der vorgezeichneten Vektorbahn (die vielleicht sogar irrtümlich vorgezeichnet ist), läßt sie mit neuen Elementen der Wirklichkeit kollidieren, die ihr nützlich sein können, das heißt: sie teilt ihm eine verschieden geartete Information mit.«

»Eine gewisse, maßvolle Dosis der Brownschen Zerstreuung und

der daraus resultierende Gewinn einer zusätzlichen Information sind genauso notwendig wie ein hohes Maß an Gerichtetheit«
N. I. Kobosew führt uns zu der Schlußfolgerung, daß das Objekt mit einer zureichenden Vielfalt von Elementen der Wirklichkeit in Berührung kommen muß, bei gleichzeitiger konsequenter Zielsetzung seiner Aktivität! So muß sich das Leben und Schaffen eines Gelehrten, eines Schriftstellers oder Künstlers gestalten, eines jeden Menschen, der schöpferisch tätig ist...
Iwan Denissowitsch wurde dafür bestraft, daß er in Gefangenschaft geraten war. Der Untersuchungsrichter unterzog sich keiner weiteren Mühe, er schrieb einfach »Spion«, ohne den Tatbestand der strafbaren Handlung zu konkretisieren. Offenbar bekam Solschenizyn von Leuten, die etwas zu verbergen hatten, wiederholt die Arbeitshypothese zu hören, bereits die bloße Tatsache, daß jemand in deutscher Gefangenschaft war, hätte für eine Verurteilung genügt.
Ein anderes Beispiel. Man kann sich durchaus vorstellen, daß es in Marfino Leute gab (damals 60- bis 65jährige), die sich an das Zarenmanifest vom 17. Oktober 1905 erinnern konnten. Einige von ihnen äußerten sich über das Manifest vermutlich in einer ganz anderen Weise als die Historiker »in der Freiheit«. So ist in den ARCHIPEL eine Lobpreisung jenes Manifests hineingekommen. Und zwar ohne Bezugnahme auf wissenschaftliche Untersuchungen oder Belege. Der Verfasser hatte nun einmal diesen Glauben gefaßt und bedurfte keiner weiteren Argumente.
Im übrigen huschen die »hervorragenden Männer« auf den Seiten des ERSTEN KREISES eher vorbei, als daß sie Gestalt annehmen würden.
Die wichtigsten Personen sind jene, die dem Autor in jenen Mauern am nächsten standen. Das ist der uns bereits bekannte Nikolaj Andrejewitsch Potapow, genauso wie Nershin einer der »Begründer« der »Scharaschka«, der bald darauf dort eingetroffene Dmitrij Panin (im Roman: Sologdin), weiter Lew Kopelew (im Roman: Lew Rubin) sowie der Maler Sergej Michailowitsch Iwaschew-Mussatow, der im ERSTEN KREIS in Kondraschew-Iwanow umbenannt wurde.
Als im Jahre 1948 auf unergründlichen Wegen aus dem fernen Inta Nikolaj Witkewitsch in Marfino eintraf, stellte sich die einstige Freundschaft der beiden »Sirs« nicht wieder her. Äußerlich blieben sie befreundet, sie schliefen in nebeneinanderstehenden

Betten, setzten sich übereinander ins Bild, teilten den Alltag miteinander, aber jene umfassende Freundschaft, die ihren Höhepunkt an der Front erreicht hatte: diese Freundschaft gab es nicht mehr.
Die gelesenen Bücher, die gesehenen Filme lösen bei Sanja oft Assoziationen aus, bringen sein Gewissen in Bewegung.
Einmal schreibt er über den Eindruck, den Puschkins RUSSALKA in ihm wachrief: Die erste Szene, in welcher der Fürst die Tochter des Müllers so herzlos behandelt, macht ihm zu schaffen, läßt ihn nachdenklich werden, er spürt einen »quälenden Vorwurf« an seine Adresse heraus. Er bezichtigt sich der Grausamkeit gegenüber mir, und obwohl jene Grausamkeit »andere Ursachen hatte, andere Formen annehm – war sie deswegen etwa weniger grausam?« Er ist bereit, dieses Urteil über sich zu fällen, er ist bekümmert: »Muß man denn wirklich das Leben zehnmal von Anfang bis Ende gelebt haben, um es erst beim elftenmal angemessen durchleben zu können, um seine früheren Handlungen nicht bereuen, sich deswegen nicht quälen zu müssen?«
Solschenizyn beginnt, fremden Schmerz auf sich einwirken zu lassen. Nachdem er den Film über Mitschurin gesehen hat, schreibt er in seinen Briefen zweimal von jenem Mutgefühl, das das Schicksal der Frau von Mitschurin, welche jener tyrannisierte, in ihm wachgerufen hat. Gleich nach dem Ende der Filmvorführung »tut ihm Mitschurins Frau unendlich leid«, vier Jahre früher dagegen hätte er »die ganze Tragödie ihres Lebens nicht so tief begriffen, wie er sie jetzt begreift«.
In einem anderen Brief, aus Anlaß eines anderen Filmes (DIE DORFSCHULLEHRERIN), der bei ihm gleichfalls einen starken Eindruck hinterließ, fällt er sich selbst ins Wort und kommt auf den Mitschurinfilm zurück. Er fragt, ob er mir geschrieben hätte, »daß er über einigen Einstellungen des ›Mitschurin‹ über das Schicksal seiner Frau und die Geschichte ihrer Beziehungen – mit nicht verbleibendem, nicht gutzumachendem – oder doch gutzumachendem bohrendem Schmerz im Herzen dagesessen hat«.
In der Milderung seines Charakters, im Auftauen seines Herzens findet Sanja eine Rechtfertigung für sein Unglück: »Die Jahre gehen hin, jawohl, aber wenn das Herz über die durchlebten Nöte besser wird, wenn es sich in ihnen läutert, dann vergehen diese Jahre nicht umsonst.«
»Wenn es mir vielleicht einmal beschieden sein wird, glücklich zu

leben, werde ich dann wieder herzlos werden? Ich glaube es nicht recht, aber es kann auch so kommen.«

Wie sehr wäre zu wünschen, daß sich Solschenizyns eigene Befürchtungen niemals erfüllen! Daß er zusammen mit der Häftlingskleidung nicht auch die besten Impulse seiner Seele in der BA-Kammer abliefert!

Den Glauben hat Solschenizyn noch nicht gefunden. Wohl aber den Aberglauben. Wobei der Aberglaube bei ihm, als einem Mathematiker, eine mathematische Färbung annimmt. Er schreibt mir, er würde sehr an die geheimnisvolle Bedeutung von Zahlen glauben. Ein Datum muß sich natürlich in vielen Wiederholungen bewähren, aber in seinem Leben traf das wirklich zu. Zwar nicht immer glückbringend, jedoch bedeutsam im Sinne einer Wendung waren der 9., 18. und 27. Tag mancher Monate. Das heißt: durch Neun teilbare Daten. Sanja äußerte sogar, er würde wahrscheinlich mit »9 + 18 + 27 = 54 Jahren« sterben, also im Jahre 1972.

Noch in einer anderen Beziehung lernt es Sanja in diesen Jahren, nicht so zu leben wie früher. Ende 1949 schreibt er mir, seine Stimmung sei gleichförmig gemessen, von der »einstigen eilfertigen krampfhaften Einstellung zum Leben« sei nichts übriggeblieben.

Endlich lebt Solschenizyn *in Übereinstimmung mit dem Zeitlauf*! Keine unüberlegten Handlungen, keine plötzlichen Entschlüsse, keine Herzlosigkeit!

Leider kehrte jene »eilfertig-krampfhafte« Einstellung zum Leben, von der sich Solschenizyn im Gefängnis befreit hatte, mit zunehmender zeitlicher Entfernung von Gefängnis- und Lagerjahren wieder zu ihm zurück. In Kok-Terek, wohin man ihn verbannt hatte, lebte er noch ruhig. In der Zeit unseres gemeinsamen »stillen Lebens« beginnt sich jene Einstellung bereits wieder zu äußern. Und wenn erst einmal der Ruhm gekommen ist, dann wird es schwer sein, zu sagen, was in Solschenizyns Leben stärker ist: die Eilfertigkeit oder der Krampf...

Jene kurze Zeit, als wir beide wieder zu »Moskauern« geworden waren, jene beiden Jahre vom Sommer 1947 bis zum Sommer 1949, waren wahrscheinlich die glücklichsten Jahre in unserem Unglück.

Wir tauschten ständig Briefe aus und spürten das Leben des anderen irgendwie sehr stark. Sanja nahm sich alle meine Angelegenheiten zu Herzen, er gab mir Ratschläge und ermutigte mich. Und mir schien es, ich würde alles, was ich tue, nicht nur für mich, sondern auch für ihn tun. Es war so angenehm, Sanja durch meine kleinen Erfolge zur erfreuen: durch eine erfolgreich abgelegte Prüfung, eine gelungene Probevorlesung oder ein Professorenlob.

Unsere Briefe wärmten uns, sie nährten unser Gefühl für einander. Unsere Begegnungen waren vollends richtige Feiertage!

Wenn man Sanja von einem bevorstehenden Treffen mit mir in Kenntnis setzte, gab er sich ganz der »Vorbegegnungsstimmung« hin. Einmal schrieb er mir, er wäre abends nach der Arbeit lange im Hof spazierengegangen, hätte den Mond angeblickt, sich in Gedanken unser kommendes Gespräch vorgestellt und daran gedacht, daß ich wahrscheinlich schon über unser Treffen Bescheid weiß und mehr darüber nachsinne »als über die Dissertation«.

Nicht nur ich sorgte mich vor einer Begegnung um mein Äußeres. Sanja teilte mir zum Beispiel mit, er hätte sich die Haare gewaschen und sich »aus einem Handtuch einen Turban gemacht, damit die Haare morgen richtig liegen«. Er schreibt, er würde sich abends rasieren und die Schuhe putzen ...

Ich hatte gehofft, daß unsere Begegnungen direkt in Marfino stattfinden würden, und war sehr betrübt, als die Genehmigung für die erste Begegnung auf »Tagankagefängnis« lautete.

Ich traf möglichst frühzeitig ein. Erfuhr, daß das Treffen im Klubraum der Gefängnisangestellten stattfinden sollte. Diesen Raum betritt man direkt von der Straße aus. Dort standen bereits mehrere Frauen. Einige Zeit später kam ein Wagen vorgefahren, kein »überaus erschröcklicher« Wagen, sondern ein kleiner Autobus, dem unsere Männer entstiegen: gut gekleidet und überhaupt nicht Häftlingen ähnelnd. Gleich hier auf der Straße, noch bevor wir in den Klubraum gingen, trat jeder der Männer auf seine Frau zu. Sanja und ich taten wie alle anderen Paare: wir umarmten und küßten uns und steckten einander schnell unsere Briefe zu, die auf diese Weise der Zensur entgingen.

So wie man großen Schmerz mit anderen Menschen teilen möchte, so geht es einem auch mit einer großen Freude. Ich fahre zu Lida und Kirill. Nachdem ich mich ausgesprochen habe, höre ich Musik: sie besitzen eine Menge wundervoller Schallplatten. In die Stromynka zurückgekehrt, erhalte ich ein Telegramm von

meiner Mutter. Sie hat Urlaub bekommen und wird bald bei mir eintreffen. Ich bin fast im siebenten Himmel! Kann man sich unglücklich fühlen, wenn man einen solchen Ehemann, eine solche Mutter, solche Freunde hat?
Beim Warten auf die Begegnung mit Sanja hatte ich Jewgenija Iwanowna Panina kennengelernt, die Frau eines der besten Freunde meines Mannes. Ich fuhr einige Male mit ihr zusammen nach Ostankino. Die Anschrift des Instituts durfte den Frauen der Häftlinge nicht bekannt sein. Deshalb hätten wir eine größere Vorsicht walten lassen müssen. Die Folge war, daß wir einmal die Flucht ergreifen mußten.
Ohne große Eile schlenderten wir die Straße entlang, die etwas erhöht am Spazierhof der »Scharaschka« mit dem Volleyballnetz und dem Sportplatz vorbeiführte, und blickten immer wieder zu den Volleyballspielern hinüber. Plötzlich holte uns irgendein Mann ein und forderte uns auf, unsere Pässe vorzuzeigen. Ich erwiderte, jetzt sei kein Krieg mehr, ich sei nicht verpflichtet, meinen Paß bei mir zu haben, und weigerte mich, ihm zu folgen. Als er sich genügend weit von uns entfernt hatte, bogen wir Richtung Ostankinopark ab und begannen so schnell durch den Park zu rennen, daß unsere Fersen nur so blinkten.
Künftig waren wir vorsichtiger. Aber ganz konnten wir es uns nicht versagen, ab und zu nach unseren Männern zu »schauen«. Statt auf der Straße entlangzuspazieren, drangen wir in den an die »Scharaschka« angrenzenden kleinen Hof vor, warteten die Mittagspause ab und beobachteten durch einen Spalt im Zaun die sich entspannenden Häftlinge. Die einen gingen herum, andere lagen im Gras, wieder andere spielten Volleyball. Mit den Augen versuchten wir, Mitja oder Sanja zu finden.
Auf dem Rückweg wurden wir einmal vom Regen überrascht. Wir warteten sein Ende in einem kleinen Haus unweit der »Scharaschka« ab. In dem Haus wohnte ein junges Ehepaar: Mann, Frau und Kind.
»Da ist es: das richtige Glück!« sagte ich zu meiner Begleiterin.
Es stellte sich heraus, daß Mann und Frau im Marfino arbeiten. Wir verheimlichten nicht, daß unsere Männer dort waren. »Sorgt euch nicht um sie«, beruhigte uns die Frau, »sie werden gut verpflegt!«
Über viele Dinge sprach ich mit Jewgenija Iwanowna während

unserer gemeinsamen Spaziergänge und Begegnungen. In manchem erwiesen wir uns als sehr ähnlich ...

Beide lasen wir gleich in den ersten Briefen unserer Männer, daß sie uns die Freiheit überlassen, falls wir davon Gebrauch machen wollen, daß sie nicht das Recht haben, unser junges Leben zu zerstören.

Sowohl Solschenizyn wie Panin stellten in dieser Hinsicht keine Ausnahme dar. Fast alle Ehemänner, die lange Freiheitsstrafen bekommen hatten, hielten es für ihre Pflicht, gleich im ersten Brief oder bei der ersten Begegnung zu sagen: »Warte nicht auf mich! Heirate!« Und fast immer pflegten die Ehefrauen gleich darauf zu antworten: sie würden warten und niemals an eine Wiederverheiratung denken ... Daraufhin verhielten sich die Ehemänner verschieden. Die einen machten die Treue zur Bedingung des Wartens. Andere kamen gar nicht mehr auf diese Frage zurück. Wieder andere versuchten, die bestmögliche Variante fürs Warten zu finden.

Wahrscheinlich war es am besten, diese Frage nicht zu diskutieren, keine Ratschläge zu geben, weder in Briefen noch während der Begegnungen, wenn es zu solchen kam, und alles dem Lauf des Lebens zu überlassen.

Mein Mann und der Mann von Jewgenija Iwanowna gingen dies Problem rationalistisch an. Panin war nur mit einem Warten bei direkter Treue einverstanden. Solschenizyn schrieb viele Seiten zum Thema voll, ob man warten oder nicht warten und wie man warten sollte, erteilte mannigfaltige, sich vielfach ausschließende Ratschläge und war endlich so weit, daß er zugab, »sich in den Widersprüchen verheddert zu haben«, selbst nicht zu wissen, was besser sei.

Ich erwiderte Sanja, wir müßten aufhören, »an diesem Thema herumzukauen«, meine Treue zu ihm sei »nicht mein, sondern sein Verdienst«. Ich schrieb, ich würde mein Leben neu aufbauen, hätte mich nicht mein Gefühl für ihn »fürs ganze Leben mitgerissen«.

Auch Jewgenija Iwanowna hielt ihren Gatten für einen ungewöhnlichen Menschen.

Sie und ich: wir konnten uns beide nicht zerspalten. Uns beiden eignete jene Ganzheitlichkeit in der Liebe, die uns vermutlich einen schlechten Dienst erwiesen hat ... Entscheidend war indessen, daß wir unsere Männer sehr liebten und an ihr Gefühl für uns glaubten. Das bestimmte unser Verhalten. Und das Bewußtsein, daß wir geliebt wurden, bereicherte unser Leben, beleuchtete es von einer allen verborgenen, nur uns allein sichtbar Lichtquelle aus …

So wie es für die Häftlinge darauf ankam, den Wiedereintritt in die Freiheit zu erleben, genauso war es der größte Traum und das Hauptziel der liebenden Ehefrauen, die Rückkehr ihrer Männer zu erleben! Und es konnte diesen Frauen nicht in den Sinn kommen, daß ihre Zukunft ganz und gar nicht davon bestimmt wurde, ob sie das erwarten oder nicht erwarten werden. Es schien so, daß alles nur von dir abhängt, daß du nur diesen Augenblick abzuwarten brauchst. Der Mann wird heimkehren – und alles wird wunderbar sein …

Die Ehefrauen sahen in der Befreiung ihrer Männer in erster Linie die Heimkehr zu Frau und Familie.

Für die Männer wird die Befreiung indessen nicht bloß Heimkehr ins Haus sein. Das ist nur ein Teil dessen, was ihnen wiedergegeben sein wird. Ihre Befreiung wird auch die Rückkehr in jenes Leben bedeuten, das für die Frau der gewöhnliche Alltag war, während es für die Männer, die dies Leben längst vergessen hatten, eine große neue Welt ist, die über sie hereinbricht, sie mit frischen, längst nicht mehr empfundenen Eindrücken, ja sogar mit Versuchungen überschüttet … In der ersten Zeit werden sie auf viele praktische Schwierigkeiten stoßen, aber es wird sich manches finden, was ihnen attraktiv vorkommen wird …

So wird also der Ehemann zu seiner während dieser Jahre gealterten, nicht mehr ganz so wie einst faszinierenden Frau zurückkehren, auf deren Gesicht die Tränen und die Erlebnisse ihren Abdruck hinterlassen haben: einen Schatten der Trübsal und Müdigkeit … Und auf der Straße, am Arbeitsplatz huschen junge, lebensfrohe, lächelnde Frauengesichter an ihm vorbei. Unwillkürlich fühlte er sich zu ihnen hingezogen, in seinem wie neu begonnenen Leben. Es ist gut, wenn er ein gütiges Herz besitzt, das jene eine nicht zu kränken vermag, der er so verpflichtet ist. Es ist gut, wenn er eine in sich geschlossene Natur ist, die kein anderes Gefühl in sich einläßt außer jenem, das er einst fürs ganze Leben seiner Frau gab! Doch was ist, wenn weder das eine noch das andere zutrifft? Dann wird die Tat der Frau – daß sie auf ihn gewartet hat – sich als eine Last auf den Mann legen. Und es kann passieren, daß er früher oder später (besser früher!) diese Last abwirft ...

Wie sich mein Leben und jenes von Jewgenija Iwanowna gestalten wird, zeigt der weitere Verlauf dieses Berichts ... Und wie wird es den Frauen der anderen Häftlinge von Marfino ergehen? Die Frau des Malers Iwaschew-Mussatow wird seine Rückkehr nicht abwarten. Kopelew wird nicht viel mehr als ein Jahr in seiner Familie verbringen. Belohnt für die langen Jahre des Wartens wird von den Frauen der dem Leser bekannten »Scharaschka«-Bewohner Potapows Frau Jekaterina Wassiljewna werden. Ein so herzlicher und disziplinierter Mensch wie Potapow hätte es nicht nur nicht über sich gebracht, von der Frau fortzugehen, die sich treu und ergeben in all diesen Jahren um ihn sorgte – er wäre einfach außerstande gewesen, jemand anderen liebzugewinnen. Nachdem sie die Heimkehr ihres Mannes abgewartet hat, wird Jekaterina Wassiljewna mit ihm zusammen von einem Bauvorhaben zum anderen ziehen. Sie wird ihm eine vollkommen häusliche Geborgenheit geben und wird zugleich ein vorzüglicher Fahrbereitschaftsleiter für ihn sein, sie wird immer wissen, wo sich ihr Mann gerade aufhält, wird den übers Privattelephon Anrufenden helfen, ihn ausfindig zu machen. In dieser Rolle werden Issajewitsch und ich sie im Sommer 1962 an der Baustelle des Wotkinskij-Kraftwerks an der Kama erleben. Ich kenne noch andere Beispiele einer glücklichen Ehegemeinschaft von Menschen, die sich nach der durch das Gefängnis erzwungenen Trennung neu vereinigten. Ich will nur von einem erzählen, das dem eben geschilderten nicht ähnelt.

Auch hier ging es um die Ergebenheit und Hingabe einer Frau, es gab die Sorgen, es gab das Warten, aber dies Warten hatte nicht im entferntesten etwas Mönchisches an sich, es gab keine Treue im vollen Sinne dieses Wortes. Niemals jedoch verließ diese Frau der Traum, die Heimkehr des Geliebten zu erwarten, der sie auf Zeit gleichsam von sich befreit hatte (dieses »auf Zeit« dauerte zehn Jahre!). Aber sie muß sich für ihn bewahren! Sie muß das Leben voll ausleben! Obwohl das wirkliche, das eigentliche Leben ihr erst bevorsteht: das Leben mit ihrem Andrej! Bis dahin tut sie alles für ihn, um ihm das Leben zu erleichtern. Pakete werden geschickt, die Vera Iwanowna mit großer Sorgfalt zusammenstellt, »so wie man einen Tannenbaum schmückt«. Briefe werden geschrieben: »Dich liebe ich mehr als alle anderen auf der

Welt. Sobald Du mich rufst, werfe ich alles hin und fahre zu Dir!« Aber solange der Mann hinter Gittern sitzt, kann er nicht gut rufen. Es wird ihr nicht einmal eine Begegnung in den Lagern von Potjma genehmigt. Vera Iwanowna lebte mit einem anderen, als sie erfuhr, daß ihr Mann, nachdem er die Hälfte der Zeit abgesessen hatte, »aus Krankheitsgründen freigeschrieben« worden sei. Und die noch junge, schöne, energische Frau fuhr hin und brachte ihren alten, kranken, furchterregenden Mann zu sich nach Moskau heim. Er war nur mehr ein »Skelett«.

Diese Frau hätte gleich zu Beginn der Lagerfrist ihres Mannes, wenn man es ihr gestattet hätte, zusammen mit Andrej zu leben, ganz gewiß alles in Moskau stehen- und liegenlassen und wäre nach Potjma gefahren. Von ihrer Kühnheit, Findigkeit und Verwegenheit zeugt schon der Umstand, daß sie, als sie in Potjma ankam und erfuhr, daß ihr Mann dort sei, jedoch keine Besuchsgenehmigung erhielt, mutig in der Richtung zu gehen begann, wo die Gefangenen arbeiteten. Unterwegs zeigte sie ein Photo her und nannte seinen Namen, die Häftlinge und sogar einige Wachsoldaten gaben ihre Hinweise, und sie erreichte endlich jenen Ort, wo ihr Mann arbeitete. Er saß auf dem Dach einer Baracke und deckte es. Den sie verwundert anglotzenden Häftlingen bezeichnete sie jenen, den sie brauchte. Als sich Andrej umdrehte und hier in der Zone Vera sah, erstarrte er zur Säule ...

Ein anderes Mal nahm sie bei sich zu Hause in Moskau den Telephonhörer auf und meldete ein Gespräch mit Potjma an. Sie nannte den entsprechenden Lagerpunkt und verlangte den und den ... Wahrscheinlich war dieser Vorfall präzedenzlos. Man rief ihren Mann ans Telephon. »Andrej?« – »Vera, du?«

Sechzehn Jahre lebten sie nach seiner Entlassung zusammen. Und erst sein Tod vermochte sie zu scheiden. Kurz vor seinem Tod sagte er zu Vera: »Wenn ich das Leben neu beginnen würde, würde ich dich wieder heiraten!«

Im übrigen gilt der Satz: wie viele Menschen – so viele Schicksale. In jedem Einzelfall kamen sehr viele Ursachen und Umstände zusammen, vielfältige Kräfte bestimmen den Vektor des Lebens – des Lebens zweier Menschen ...

Den ganzen August 1947 über lebte Mutter mit mir in der Stromynka. Sie erlöste mich von allen hauswirtschaftlichen Plagen, päppelte mich auf und verwöhnte mich, wie nur sie es verstand. Das gab mir die Kraft, meiner Dissertation einen Stoß zu geben.

An eine Einhaltung der Frist (bis zum 1. September) war nicht zu denken. Es stellte sich heraus, daß ich sogar noch eine Weile im Labor würde arbeiten müssen.
Es gelang mir, den Abgabetermin bis zum 1. November verlängern zu lassen. Daraufhin wurde auch meine Moskauer Aufenthaltsgenehmigung verlängert sowie der Anspruch auf einen Platz im Wohnheim. Um ein ganzes Jahr. Aber auch dies reichte eindeutig nicht aus.
Die Frage meines Verbleibs an der Universität kommt der Lösung nicht näher. Vom 1. November an werde ich arm und arbeitslos sein ... Kein Geld, keine Lebensmittelkarten ... Ich bemühe mich, Brot zu sparen. Als der kritische Zeitpunkt gekommen ist, verfüge ich über einen Brotvorrat von zwei Laib und über einige eingesparte Abschnitte ... Aber allzu lange kann man davon nicht leben! Nach einiger Zeit kaufte ich mir – eine Lebensmittelkarte und lebte mit ihrer Hilfe bis Mitte Dezember ...
Was weiter gewesen wäre, weiß ich nicht. An jenem Tag, als ich den letzten Abschnitt verbraucht hatte, wurden die Lebensmittelkarten endgültig abgeschafft!
Den letzten Tag meines Aspirantenlebens beging ich, indem ich Schura auf dem Oktoberrevolutionsabend der Historischen Fakultät am Klavier begleitete. Ich kam auf den Abend direkt von der Schneiderin, in einem neuen dunkelgrünen Kaschmirkleid, auf Japanerinnenart zugeschnitten (den Stoff hatte ich irgendwann auf Abschnitt bekommen). Das Kleid gefiel allen. Jetzt fehlte nur noch die Dissertation – die Kluft zum Verteidigen besaß ich. Ich schrieb aus voller Kraft und kam, gottlob, voran ...
Die ganzen Novemberfeiertage verbrachte ich über der Dissertation, ich war nicht einmal bei Lidotschka. Dafür lieferte ich gleich nach den Feiertagen ungefähr hundert Seiten zur Überprüfung an Nikolaj Iwanowitsch Kobosew ab. Einstweilen schrieb ich weiter und übte mich im technischen Zeichnen. Das hatte ich seit der Schule nicht mehr betrieben – und jetzt mußte ich alle Zeichnungen selbst herstellen. Und dann mußten diese Zeichnungen auch photokopiert werden ... Jedes der vier Exemplare der Dissertation mußte mit Zeichnungen versehen sein!
Ich bin in einem solchen Arbeitsfieber, daß man sich über meine ungemeine Zerstreutheit in allen Dingen außerhalb der Dissertation nicht zu verwundern braucht. Sanja merkt das an den zahllosen Schreibfehlern in meinen Briefen. Mal fehlt ein Buch-

stabe, mal steht einer zuviel da, dann wieder fehlen ganze Worte. Und dabei hatte es noch nicht einmal sein Bewenden! Ich mußte Sanja eine schriftliche Erklärung abgeben, warum er sich plötzlich in einen Alexander Dawydowitsch verwandelt hatte und weshalb man irgendwelche Zeichnungen bei ihm anforderte.
Ich schrieb Sanjas Adresse auf eine Postkarte, die für den Saratower Universitätsdozenten Alexander Dawydowitsch Stepuchowitsch bestimmt war. Unter dessen Leitung hatte ich seinerzeit an der Universität Rostow eine Jahresarbeit angefertigt. Für seine Doktordissertation brauchte Stepuchowitsch eine gläserne Spezialapparatur. Ich hatte geholfen, sie in der Glasbläserei der Universität zu bestellen.
Bei seinem nächsten Moskaubesuch gab Stepuchowitsch, seinen Bericht ab und zu durch homerisches Lachen unterbrechend, die Szene wieder, die sich in seinem Haus beim Erhalt der zweiten Postkarte abgespielt hatte.
Stepuchowitsch wußte, daß Sanja als vermißt galt, und war etwas verwirrt in Anbetracht der Tatsache, daß ich so offenkundig zärtliche Beziehungen zu einem anderen Sanja unterhielt.
Bis Ende November befindet sich die gesamte Dissertation zur Prüfung bei Kobosew. Was er gelesen hat, hat er gutgeheißen. Und zwar fast ohne Bemerkungen.
Ich arbeite fieberhaft. Ich bin in großer Eile. Ich bin ja noch immer arbeitslos. Wenn mich die Universität nicht nimmt, kann ich trotzdem versuchen, etwas in Moskau zu finden, aber ich finde keine Luft zum Atmen. Mutter muß immer wieder für mich einspringen.
Kurz vor Neujahr liefere ich meine Dissertation bei Kobosew bereits im gedruckten Zustand ab: zur letzten und endgültigen Überprüfung. Auch sämtliche Tabellen und Anlagen liegen gedruckt vor. Nur das Photokopieren der Zeichnungen steht noch aus. Dann geht es ans Einbinden!
In meiner Euphorie kaufe ich sogar einen kleinen Tannenbaum, zum allgemeinen Jubel unserer Stube. Wir schmücken ihn mit allen nur erdenklichen Dingen! Oben an den Wipfel kommt ein silberner Weinflaschenverschluß, weiter unten hängen ein Kringel, eine Girlande aus Zuckerstückchen, eine Mohrrübe, eine Postkarte, ein Sockenstopfpilz, Konfekt in Silberpapier, Äpfel, Mandarinen, schöne Knöpfe, Zwiebeln, Kurvenlineale, Winkelmaße, Bleistifte, Füllfederhalter, Zigaretten. Unten kommt Watte

hin, die mit Silber bestreut wird. Das Ergebnis ist einfach hinreißend!
Mit diesem Tannenbaum im Zimmer feierten wir den Anbruch des neuen Jahres.
Wegen der Geldreform vom 17. Dezember gab es bei manchen Leuten Kummer. Aber dafür trat eine einschneidende Veränderung des Lebens zum Guten ein! Ohne Lebensmittelkarten atmeten wir alle erleichtert auf! Du kaufst, was du willst, wann du willst und wo du willst, du kannst in jeder Gaststätte zu Mittag essen!
Bald nach der Geldreform besuchte ich einmal Tante Veronika in der Kleinen Bronnaja. Dort wurde ich dermaßen gefüttert, wie mir das etwa seit 1940 nicht mehr vorgekommen war ...
Im Januar wurde ich als wissenschaftlicher Mitarbeiter in Kobosews Labor eingestellt. Das Gehalt lag niedriger als das Aspirantenstipendium, aber immerhin kam jetzt wieder Geld ins Haus. Ich bat Mutter, mir finanziell nicht mehr auszuhelfen, sondern lieber selbst etwas besser zu essen.
Kobosew hat es nicht eilig, mir ein neues Thema zu geben. Zunächst muß alles abgeschlossen werden, was mit der Dissertation zusammenhängt. Die Photokopien der Zeichnungen. Ein Artikel zum gleichen Thema in einer wissenschaftlichen Zeitschrift. Ein Referat, das ich auf einer bevorstehenden Konferenz halten soll.
Anfang April ist die Dissertation in eingebundener Form abgeliefert. Bald darauf befindet sie sich in den Händen der Opponenten. In Erwartung ihrer Reaktionen pflege ich fast der Ruhe. Ich kann sogar Bücher lesen, ein wenig mit Schura musizieren oder etwas Schach spielen ...
Ende Mai liegen die Gutachten der Opponenten vor. Die Verteidigung wird auf Ende Juni angesetzt.
Die erklärenden Zeichnungen werden für mich angefertigt. Nur ein Problem bleibt ungelöst: in welchem Aufzug soll ich verteidigen? Bis dahin wird Sommer sein, das Kaschmirkleid ist für den Sommer zu warm ... Natürlich eilt mir auch diesmal wieder meine Mutter zu Hilfe. Es gelingt ihr, buntes Crêpe de Chine für mich aufzutreiben.
Das daraus geschneiderte Kleid gerät sehr hübsch, aber für die Verteidigung einer Dissertation vielleicht etwas zu leichtsinnig. Da ziehe ich doch lieber das gestrickte, gerippte Tennistrikot an

und behalte das Kleid dem Bankett vor, das unser Labor für mich veranstalten will ...
Meine Stimmung ist die allerbeste. Seltsamerweise empfinde ich überhaupt keine Angst. Um so mehr, als mir mein Mann drei Tage zuvor viel Erfolg bei der Verteidigung gewünscht hat! Wir sahen uns wieder im Tagankagefängnis, am Sonntag, dem 20. Juni, zum erstenmal nach sehr langer Pause. (Mit Begegnungen sieht es jetzt schlecht aus!) Ich erfuhr von Sanja eine erstaunliche Neuigkeit. Aus dem fernen Inta war Nikolaj in der »Scharaschka« von Marfino eingetroffen!
Am 23. Juni, dem Tag der Verteidigung meiner Dissertation, waren 35 Grad Hitze. Seit siebzig Jahren hatte es in Moskau keine solche Hitze mehr gegeben – sagte das Radio. Trotzdem machte Nikolaj Iwanowitsch Kobosew seinen Entschluß, zu meiner Verteidigung zu kommen, nicht rückgängig. Es war die erste wissenschaftliche Sitzung der Chemischen Fakultät seit dreizehn Jahren, an der Professor Kobosew teilnahm. Deshalb wurde meine Verteidigung für unser ganzes Labor zu einem Festtag! Der große Chemie-Hörsaal ist propfenvoll: weniger aus Interesse für mich, als vielmehr deshalb, weil alle einen Blick auf den rätselhaften Kobosew werfen wollen!
Anwesend war auch Stepuchowitsch, der deswegen fünf weitere Tage in Moskau geblieben war. Zugegen waren noch drei ehemalige Kollegen aus Rostow. Mit dem einen war ich zusammen in der Aspirantur bei Professor Trifonow, mit der anderen arbeitete ich an der Universität Rostow, mit dem dritten hatte ich einst bei Trifonow angefangen, jetzt waren wir beide bei Kobosew. Diese vier verbanden gleichsam mein Heute mit dem Gestern, was besonders schön war. Auch Lida und Kirill, Veronika und Ruslan waren gekommen.
Den Vorsitz führte Akademiemitglied Balandin. In meinen »sekundären Ensembles« glaubte er seine »Multipleten« wiederzuerkennen. Die »sekundären Ensembles« kamen nicht umhin, Eindruck auf ihn zu machen, um so mehr, als eines davon sechs Atome enthält, was auch den »Multipleten« eignet! Beide Opponenten sind Doktoren der Wissenschaften. Man sagte mir hinterher, ich hätte gut gesprochen und alle Fragen zügig beantwortet.
Das Ergebnis der geheimen Abstimmung lautete: 20 dafür, 2 dagegen. Man tröstete mich, ich würde die zwei schwarzen Kugeln

dem Umstand verdanken, daß Kobosews Ensembletheorie für manche Leute ein rotes Tuch ist. Diese Kugeln galten ihm – nicht mir!

Nachdem das Ergebnis bekanntgegeben war, wurde ich reich mit Blumen beschenkt.

Fürs Festbankett hatte man die Kantine gemietet. So standen uns zwei Säle zur Verfügung. In dem einen Saal wurde gegessen und getrunken, in dem anderen Saal wurde getanzt. Außer dem selbstgemachten Glühwein, den meine Kollegen zubereitet hatten, gab es auch Sekt, den hatten Lida und Kirill mitgebracht.

Fürs ganze Leben blieb mir die Erinnerung an diesen Tag, den meine Freunde und Kollegen für mich zu einem wahren Festtag gemacht hatten ...

Mein Aufstieg zum Kandidaten der Wissenschaft wurde zusätzlich in der Stromynka gefeiert. Schura hatte Gebäck gebacken, die Archäologin Shenja einen Kuchen beigesteuert.

Meinen Dissertationstisch erbte Schura. Jetzt war die Reihe an ihr, die Dissertation im Sturm zu nehmen.

Nach einer erholsamen Sommerpause gab mir Kobosew ein neues Forschungsthema und unterstellte mir drei Studentinnen. Ich stürzte mich mit großem Vergnügen in die Arbeit.

In Rostow hatte ich viel auf meinem Bekkerflügel gespielt. Jetzt faßte ich den Entschluß, meine musikalischen Studien am Klub der Universität Moskau, bei Undina Michailowna Dubowa, wiederaufzunehmen.

Da mich kein strenger Stundenplan ans Labor fesselte, verstand ich es recht geschickt, die Chemie mit der Musik zu verbinden. Um aus dem Labor in den Klub zu gelangen, wo ich täglich Klavier übte, brauchte ich nur die Herzenstraße zu überqueren.

Sehr bald schon ging ich daran, an den Laienkonzerten der Moskauer Universität teilzunehmen.

Außer in der Universität traten wir Laienkünstler vor den verschiedensten Auditorien auf: im Haus der Gelehrten, im Säulensaal des Gewerkschaftshauses, im Kremlklub, im Theater der Sowjetarmee.

Einmal spielten wir im Universitätsklub auf einer Wahlkreisversammlung. Das Konzert wurde von Mitgliedern des Konservatoriums, einer Theaterschule sowie von Laienkünstlern der Universität Moskau bestritten. So kam es, daß am gleichen Tag, auf der gleichen Bühne und auf dem gleichen Flügel der damals

bekannte Jakow Sak und – Natalja Reschetowskaja Chopin spielten. Er spielte zwei Walzer: vor der Pause. Ich spielte zwei Etüden: nach der Pause. Es geschah zum erstenmal, daß mich Undina Michailowna abküßte. Das um sie herum sitzende, aus Konservatoriumsleuten bestehende Publikum hatte ihr gesagt, ich würde besser spielen als ihre Studenten.
Undina Michailowna war eine Schülerin von Genrich Gustavowitsch Neigaus. Von Zeit zu Zeit führte sie ihm ihre Zöglinge vor. Auch ich mußte Neigaus vorspielen, in seiner Wohnung, in dem Zimmer mit den zwei nebeneinander aufgestellten Flügeln. Neigaus sagte etwas über meine Musikalität, äußerte seine Verwunderung darüber, daß ein »Chemiker« so gut spielte, und gab mir den Rat, an einer Stelle der Zwölften Etüde von Chopin den Klang nicht langsam zu mildern, sondern beim Übergang von einem Takt zum anderen plötzlich zum Piano überzugehen.
An der Musikschule in Rostow pflegte man seinerzeit meine Technik zu loben. Jetzt sprachen alle von meiner Musikalität. Kirill sagte: »Natascha hat sich ein wenig gequält – und jetzt kann sie spielen!«
In jenem Jahr spielten Kirill und ich gern vierhändig. Wir spielten am liebsten Beethoven: seine Symphonien und die Egmont-Ouvertüre. Unser liebstes Stück war der zweite Satz der Siebenten Symphonie.
Sanja war ganz begeistert, als er von meiner Rückkehr zur Musik erfuhr, die er immer für meine Berufung gehalten hatte. Er erblickte darin sogar den »wahren Sinn« dessen, daß ich in Moskau geblieben war, denn nur hier, wie ihm schien, könnte ich den »großen Weg der Musik« beschreiten. »Werde in diesen Jahren zu einer großen und glänzenden Pianistin!« fordert er mich auf, ohne sich offenbar über meine Möglichkeiten weiter Gedanken zu machen.
Alles schien sich so günstig zu gestalten ... Und plötzlich wurde unser ganzes Institut zur Geheimsache erklärt: unabhängig davon, an welchem Thema man arbeitete.
Professor Kobosew liegt mit Magenblutungen im Sklifossowskij-Institut. Behandelnder Arzt ist – Kirill Semjonowitsch Simonjan. Er organisiert für mich sogleich ein Treffen mit Nikolaj Iwanowitsch.
Ich beriet mich nicht nur mit Kobosew, sondern auch mit meinen Verwandten ... Und mit sehr nahestehenden Freunden ... Und

mit einem Advokaten ... Aber entscheiden mußte ich selbst ... Sollte ich schreiben? – Sollte ich es verschweigen? – Sollte ich es schreiben? – Sollte ich es verschweigen?
Infolge eines zufälligen Zusammentreffens verschiedener Umstände wurde in jenen Tagen auch Jekaterina Iwanowna Panina die Ausfüllung eines Spezialfragebogens nahegelegt. Wir denken nach, wir beraten uns ... Wir denken nach, wir beraten uns ... Was sollen wir tun? Schließlich sahen wir beide nur noch einen Ausweg: die Scheidung zu beantragen.
Einige Monate lang zog sich die bedrückende Ungewißheit hin. Trost fand ich in der Musik. »Ich lebe und atme in der Musik«, schrieb ich meiner Mutter.
Bei der nächsten Begegnung mit Sanja – am 19. Dezember in der Taganka – sagte ich ihm, ich würde mich genötigt sehen, formell die Scheidung einzureichen, weil ich sonst meine Arbeit verlieren würde.
In seinem Neujahrsbrief an meine Mutter schrieb Sanja, er sei sehr froh, daß ich endlich meinen Trotz aufgegeben und den Entschluß zur Scheidung gefaßt hätte. »Das ist richtig und nüchtern gedacht und hätte schon vor drei Jahren geschehen müssen«, folgerte er.
Das Jahr 1949 brach an. Ich feierte seinen Anbruch bei Lidotschka. Am Festtisch durchfuhr mich plötzlich der Gedanke: Alle Mitglieder unseres »Fünfers« sind jetzt hier in Moskau – aber Neujahr feiern wir alle getrennt. Und so wird es immer und immer wieder sein ... Mir wurde so bitter zumute, daß ich es nicht aushielt und zu weinen begann.
Aber Kirill ernüchterte mich. Er sagte sehr streng:
»Du hast dich dazu entschlossen, dein Kreuz zu tragen. So trage es!«
Es verging noch einige Zeit – und ich wurde zu meiner großen Freude »eingeheimnist«.
Ein Gelingen folgt dem anderen. Während der Universitätsferien soll ich mit den Laienkünstlern der Universität Moskau nach Leningrad fahren, wo ich noch nie war.
Dort gaben wir jeden Tag Konzerte und gingen in den Zwischenpausen ins Museum.
Wir traten auf verschiedenen Bühnen auf, darunter auf der Bühne der Leningrader Universität sowie im Haus der Kultur der Wyborger Vorstadt. Ich sitze im Künstlerzimmer des Kultur-

hauses, sehe meine zahlreichen Spiegelungen im großen Facettenspiegel und schreibe einen Brief an Sanja. Wir haben Erfolg. Auch ich habe welchen. Ich mußte sogar Zugaben geben.

Als Sanja später meinen Brief »mit den Leningrader Ansichten und dem Springbrunnen von Leningrader Eindrücken« beantwortet, freut es ihn besonders, daß ich mir eine »professionelle Übung im Auftreten« angewöhnt habe und daß ich nicht einfach so nach Leningrad gekommen bin, sondern »als Siegerin unter den Instrumentalisten«.

Mein Mann begann dermaßen an mich als Pianistin zu glauben, daß er sogar die Parole ausgab: »Weniger Chemie und mehr Musik!« Er schmiedet völlig phantastische Pläne, wie ich, unter Umgehung des Konservatoriums, hauptberuflich ausübende Pianistin werden könnte. Sanjas Neigung zu solchen Ausgeburten der Phantasie ohne Berücksichtigung der Realität rückte diese Pläne ins Komische. So stellt er mir zum Beispiel die Frage, ob ich nicht »am nächsten Wettbewerb der Musikinterpreten« teilnehmen könne. Und ruft dann aus: »Wie sehr wünschte ich es mir, jene Zeit zu erleben, wenn man dich im Radio hören wird!«

Indessen erwies sich gerade dies als nicht undurchführbar. Am 26. April, am Vorabend unseres Hochzeitstages, nahm ich an einem Konzert für die Delegierten des Zehnten Gewerkschaftskongresses im Theater der Sowjetarmee teil. Von diesem Konzert hatte ich Sanja vorher geschrieben, und ihm war aus irgendeinem Grund der Gedanke gekommen, daß man uns vielleicht übers Radio übertragen würde. Daß das Konzert tatsächlich im Radio kam, erfuhr ich, nachdem ich die Zwölfte Etüde von Chopin gespielt hatte. Es stellte sich heraus, daß viele meiner Freunde, Bekannten und Verwandten mich gehört hatten. Vor allem aber: mein Ehemann! »Seltsamerweise hatte ich fest angenommen, daß Chopin und nicht Rachmaninow kommen wird«, schrieb mir Sanja am gleichen Abend. »Ich lauschte, und mein Herz schlug. Wie gern hätte ich Dich in diesem Augenblick angeschaut!« Das war allerdings nicht möglich – und trotzdem war in seinem Herzen ein solches Gefühl, »als hätten wir uns direkt vor unserem Feiertag gesehen«.

Welch seltsames Zusammentreffen!

Der 27. April war für Sanja und mich der liebste Tag im Jahr. Wenn wir für diesen Tag keine Begegnung erwirken konnten,

bemühte ich mich trotzdem, irgendein kleines Paket mit einem Geschenk für ihn abzugeben.
An diesem Hochzeitstagvorabend des Jahres 1949 spielte ich für meinen Mann Chopin …
Meine Teilnahme an diesem Konzert hatte meine Versöhnung mit meinem Onkel zur Folge, mit dem ich mich drei Jahre vorher wegen meines Mannes überworfen hatte. Damals gab ich Onkel Valentin Sanjas Eingabe zu lesen, in der er um Strafmilderung bat. Vom Onkel erwartete ich Rat und Hilfe. Statt dessen begann Valentin Konstantinowitsch Sanja zu beschimpfen, nannte ihn empört einen Rotzjungen, der es gewagt hatte, usw.
Jetzt befand sich seine Frau während der Generalprobe des Konzerts in der Jury. Nach meinem Auftritt suchte sie mich auf.
An einem Tag im Mai kam ich zu Turkins. Mich erwartete ein reich gedeckter Tisch, auf dem alle möglichen schönen Dinge standen: ein frischgebratenes Huhn und Schinken, und Krebse, und Käse, und Chalwa und sogar Bier. Professor Turkin war nämlich ein großer Feinschmecker und auch ein vorzüglicher Koch!
Nach unserem langen Zerwürfnis war der Onkel jetzt von einer besonderen Zärtlichkeit für mich durchdrungen. Das wurde durch den Umstand gefördert, daß sie mich alle im Radio hatten spielen hören. Dem Onkel hatte mein Spiel gefallen, er sagte mir, »sie seien stolz auf mich«. Er lud mich sogar für den Sommer nach Tarussa ein. Kurz und gut: der Frieden war wiederhergestellt!
Die Krönung meiner »Konzertsaison« bestand darin, daß ich auf der Laienkunstleistungsschau der Universität einen ersten Preis gewann und mit einem Aufenthalt im Erholungsheim der Universität Moskau in Krassnowidowo belohnt wurde.
Während dieses meines letzten Auftretens auf der Konzertbühne der Universität befand sich Antonia Wassiljewna, die Mutter von Nikolaj Witkewitsch, im Saal. Sie war nach Moskau gekommen, um ihren Sohn zu treffen. Man könnte meinen, daß ich das erfunden habe, aber es war wirklich so: man legte ihre und meine Begegnung mit unserem jeweiligen »Sir« auf den gleichen Tag: den 29. Mai.
Wir fuhren zusammen hin: Antonina Wassiljewna und ich. Beide brachten wir Blumen mit.
Diese Begegnung fand im Gefängnis von Lefortowo statt. Ich

ging durch den schmalen Korridor und blickte auf die offenstehende Tür auf der rechten Seite. Noch bevor ich Sanja sah, erblickte ich Nikolaj. Er stand hochaufgerichtet hinter dem Tisch: im Gegenlicht. Es war nur ein kurzer Augenblick. Trotzdem fand ich Zeit, festzustellen, daß er jetzt einen Schnurrbart trug. Auch Nikolaj erblickte und erkannte mich.
Meine Begegnung mit Sanja war diesmal besonders licht. Vorausgegangen war ihr die Begegnung vom Dezember, bei der ich von der Scheidung gesprochen hatte. Erst in dem Brief, den er mir am Tag unserer Maibegegnung schrieb, gestand mir mein Mann, er sei im Dezember im Zustand einer »düsteren Hoffnungslosigkeit« nach Marfino zurückgekehrt. Diesmal kehrte er frohgemut dorthin zurück, mit Schneeglöckchen in der Hand und »erstaunlich erleichtert«.
Den ganzen folgenden Tag – es war Montag, der 30. Mai –, war ich von komplexen Gefühlen erfüllt. Ich stellte Experimente im Labor an und dachte zugleich über meine persönlichen Dinge nach. Ich freute mich sehr, als mich ein Schüler von Undina Michailowna anrief und mir sagte, er hätte eine Eintrittskarte für ein Konzert von Richter übrig. Es blieb nicht mehr viel Zeit. Ich packte rasch meinen Krempel zusammen und rannte ins Konservatorium.
Am folgenden Tag setzte mich der für Verwaltungsfragen zuständige Stellvertreter Kobosews davon in Kenntnis, ich hätte es beim Weggehen versäumt, das Klappfenster zu schließen.
Sehr gut möglich ... Indessen: ich war keineswegs als letzte gegangen.
Im Arbeitszimmer von Kobosew waren noch Leute gewesen ... Mein Zimmer ist ein Durchgangszimmer, der letzte hätte das Klappfenster schließen müssen ... Außerdem ist das Fenster vergittert ...
Mir wurde erwidert, am Abend hätten Angehörige der Spezialeinheit das Labor aufgesucht, die hätten die Sache nicht auf die leichte Schulter genommen ...
Ich ging sogleich zum Chef der Spezialeinheit. Jawohl, er hat einen solchen Rapport erhalten. Ich erläuterte ihm die Situation. Er hörte mich schweigend an. Ich kam zur Ansicht, ihn überzeugt zu haben, und beruhigte mich wieder.
Zu meinen üblichen Aufgaben kam in jenen Tagen noch hinzu, daß ich einen philosophischen Vortrag für die bevorstehende Fakultätskonferenz über Fragen der Theorie ausarbeiten mußte.

Und plötzlich, am 6. Juni, las ich, konsterniert und meinen eigenen Augen nicht glaubend, die Anordnung über meine Entlassung aus der Universität »wegen Schlamperei bei der Arbeit, die sich darin ausdrückte, daß sie beim Verlassen des Labors Fenster (?) und Tür (???) offenstehen ließ«.
Der Universitätsjurist behandelte mich zunächst mit Mißtrauen, aber dann erläuterte ich ihm die Lage der Räume und erklärte, daß ich schließlich nicht gut das Labor von außen verriegeln konnte, solange sich meine Kollegen drin befanden. Daraufhin meinte der Jurist, ich hätte voll und ganz das Recht, diese Anordnung anzufechten und meine Wiedereinstellung zu verlangen.
In entsetzlicher Verwirrung fuhr ich zu meinem Professor, der sich damals im Sanatorium Uskoje unweit von Moskau aufhielt.
Nikolaj Iwanowitsch Kobosew wußte nichts von meiner Not. Dieser mir so wohlwollend gesonnene Mann, der mich seiner wissenschaftlichen Schule zurechnete, gab mir diesmal den Rat, die Universität zu verlassen. Man würde mich nicht mehr in Ruhe arbeiten lassen. Und er, da er wegen seiner Krankheit nur selten im Labor weilte, hätte keine Gelegenheit, sich für mich einzusetzen ... Allerdings dürfe ich nicht mit einer mich diskriminierenden Formulierung fortgehen. Diese Sache würde er in die Hand nehmen ...
Die Anordnung wurde abgeändert. Jetzt hieß es, ich sei »auf eigenen Wunsch« gegangen« ...
Was sollte ich nun tun? Aus allem Schlechten, das auf dich einstürzt, mußt du nach Möglichkeit das Gute oder wenigstens das Nützliche schöpfen ... Zu jener Zeit sehnte ich mich sehr nach einer unterrichtenden Tätigkeit, die mir während des Krieges so viel Freude gemacht hatte. Vielleicht gelingt es mir, den Wettbewerb an einem Institut unweit von Moskau zu bestehen ... Oder gar in Moskau selbst? Bis zum Beginn des Unterrichtsjahres bleiben noch drei Monate. Für eine Bewerbung ist es also nicht zu spät. Aber wie soll ich ohne Gehalt über die Sommermonate kommen? Soll ich vielleicht wieder Mutter anpumpen? Aber ich kann ihr nicht alles so schreiben, wie es ist. Sie würde sich zu sehr aufregen!
So schrieb ich ihr denn, ich hätte den Entschluß gefaßt, mich vom Herbst an wieder einer unterrichtenden Tätigkeit zuzuwenden.

Dazu müßte ich aber schon jetzt die Universität verlassen. Ich schließe gerade ein Thema ab; wenn ich ein neues Thema nehme, läßt man mich im Herbst nicht gehen ... Nur die materiellen Umstände machen mich unschlüssig ...
Mutter wartete meinen nächsten Brief nicht erst ab, in dem ich sie um Geld angegangen wäre. Sie schickte es sofort.
Ganz unerwartet wurde mir eine Musikstunde vermittelt. Das war wenigstens ein kleines Einkommen!
Ohne Zeit zu verlieren, begann ich, verschiedene Institute im Raum von Moskau abzuklappern. Die Antwort lautete entweder »Kein Platz frei!« oder »Zu spät!«. Außerdem wandte ich mich an das Hochschulministerium, ich wollte feststellen, welche Institute, die für mich in Frage kamen, einen Wettbewerb ausgeschrieben hatten.
Als besonders verlockend erschien mir das neugegründete Landwirtschaftsinstitut in Rjasan. So nahe bei Moskau! (Und das hieß auch: nahe bei Sanja und bei Undina!) Eine Dozentenstelle. Von meiner Erfahrung in Taldy-Kurgan her wußte ich, wie interessant die Arbeit an einer »jungen« Lehranstalt ist, wo das Kollektiv erst im Aufbau ist, wo es im Anfangsstadium besonders freundschaftlich zugeht, wo die Arbeit viel Initiative, Energie und Hingabe erfordert ...
Die schriftlichen Unterlagen sind eingereicht. Darunter befindet sich auch eine durchaus passable Beurteilung seitens der Universität sowie eine glänzende Charakteristik durch Professor Kobosew.
Ich bin fast sicher, daß ich genommen werde.
Da ich mich nun wohl oder übel »ausruhen« muß, widme ich mich mit noch größerer Verve der Musik. Irgendwann im Juni gab es sogar eine Fernsehaufzeichnung.
Und wenn ich ganz auf Musik »umschalte«? Aber wie? Undina Michailowna ist der Ansicht, daß ich es mir zutrauen darf, mich am Konservatorium zu bewerben. Aber wieder das Studentendasein? Wieder an Mutters Hals hängen?
Sanja nimmt den Einfall, statt der Chemie die Musik zu wählen, mit Begeisterung auf. Er meint, wenn ich schon der Musik wegen in Moskau bleibe, dann müßte ich »ein völlig exzeptionelles, aber schnelles und sicheres Mittel finden, zum Berufskünstler zu werden«. Das Konservatorium käme dafür nicht in Frage. »Du wirst sagen, einen solchen Weg gibt es nicht«, schreibt er,

»dann muß man ihn eben finden.« Wieder phantastische Konstruktionen! Aber das Leben ist das Leben! Man muß arbeiten! Man muß Geld verdienen!

Zwei Juliwochen verbrachte ich in dem Erholungsheim in der Nähe von Moskau. Damit hatte mich jene Universität beschenkt, die mich dann entließ ...

Ich war nicht die einzige, die für ihre Erfolge in der Laienkunst mit einem Aufenthalt im Erholungsheim belohnt wurde. Deshalb wurde auch hier viel musiziert. Interessant ist die Bekanntschaft eines Pianisten, der gerade das Moskauer Konservatorium beendet hat. Sein Rat an mich lautet: unbedingt aufs Konservatorium! Heute hat dieser Klavierspieler viele Verehrer. Es ist Oleg Boschnjakowitsch.

Es bildete sich eine angenehme Gesellschaft heraus. Man musizierte. Man ging am Moskaufluß spazieren. Man führte bewegte Gespräche. Auch die Quatschmacherei kam nicht zu kurz. Die Sorge um mein Schicksal verließ mich für eine Weile ...

Aus dem Erholungsheim schrieb ich an Sanja, höchstwahrscheinlich würde ich in Rjasan arbeiten. Nach einigem Nachdenken empfindet er Freude darüber. Bei meiner Rückkehr nach Moskau erhielt ich von ihm einen Brief, worin er schrieb, ich als nichtalteingesessene Moskauerin »hätte noch viele Jahre in irgendwelchen Winkeln wohnen und ein halbunbehaustes Leben führen müssen«. Er meint, in einer ruhigen Stadt würde ich mich besser und ungestörter einrichten. Meine Mutter würde zu mir ziehen können, »mit den Tanten und dem ganzen Haus und auch dem Flügel«.

Aber noch steht die Antwort auf meine Bewerbung aus.

Ich mache mich an die bezahlte Übersetzung eines Artikels aus dem Englischen. Bereite eine Tochter gutsituierter Eltern fürs Chemieinstitut vor. Das alles ist interessant und wird nicht schlecht bezahlt.

Aus Rjasan kommt ein großes Paket. Was ist das? ... Leider sind das meine Unterlagen! Man hat mich abgewiesen ...

Wieder das Ministerium für Hochschulfragen. Wieder das Abtreten der Abteilungstürschwellen. Assistenten meiner Fachrichtung fordert die Universität der Stadt Gorkij an. Der dortige Lehrstuhlinhaber Professor N. hält sich momentan hier auf. Er ist bereit, mich zu nehmen, trotz meines Eingeständnisses, ich würde »in Scheidung mit meinem Mann leben, der inhaftiert ist«.

Am 19. August kam ich in Gorkij an und wurde noch am gleichen Tag als Assistentin am Lehrstuhl für Physikalische Chemie eingestellt ... Allerdings erst ab 1. September.

Hätte mich der Rektor gleich vom Tag meiner Ankunft an eingestellt, dann hätte ich fortan in Gorkij gearbeitet! Eine scheinbare Lappalie entschied über mein künftiges Los ...

Man bewilligt mir ein gutes Gehalt, außerdem Umzugsgeld, nach Ablauf einiger Zeit sollte ich ein Zimmer bekommen. Vorerst wohnte ich im zentralen Hotel am Wolgaufer und blickte durch das breite Fenster auf die Wolga hinaus. Nach dem Wohnheim in der Stromynka ist das geradezu märchenhaft. Selbst die Einsamkeit wird mir nicht zur Last, sie erlaubt mir, die faszinierende Neuheit der Gegenwart und die mir irgend etwas versprechende Zukunft voller zu erleben ...

Ich öffne das Fenster. Über die Wolga zieht ein leichter vorabendlicher Dunst. Auf dem gegenüberliegenden Ufer blinken einsame Lichter auf. Vom Fluß her weht es frische Kühle zu mir heran. Die Zahl der Lichter nimmt zu, jetzt leuchten auch schon welche auf dem Fluß: die beweglichen Lichter der langsam vorbeischwimmenden Schiffe ... Immer stärker ergreift das lange nicht mehr empfundene Gefühl der inneren Ruhe von mir Besitz ...

Ab und zu melde ich mich auf dem Lehrstuhl. Ich bereite ein Laborpraktikum vor, das ich leiten soll, lese die zweibändige PHYSIKALISCHE CHEMIE von Brodskij nach, mit Hilfe derer sich Sanja im Lager an der Großen Kalugaer Straße weitergebildet hatte. Ich spaziere durch die Stadt, esse zu Mittag nur Pelmeni, gehe ins Kino ... Und habe es nicht sehr eilig damit, auf dem Postamt nach der dort lagernden Post zu fragen. Es ist zu früh, auf Antworten zu rechnen . . . Und dabei liegt schon seit Tagen ein Telegramm von Freunden aus Moskau da:

»Rjasan bietet Dozentenstelle.«

Wieder bin ich tief verwirrt. Es geht nicht nur um den Dozentenstatus. Obwohl das Halten von Vorlesungen weitaus angenehmer ist als die Leitung eines Praktikums. Worauf es ankommt, ist dies: Rjasan liegt näher bei Moskau. Und vor allem: dort werde ich die Scheidung ganz bestimmt nicht brauchen!

Ich schicke ein Telegramm nach Rjasan. Aber es ist zu qualvoll, auf die Antwort zu warten. Ich teile die Neuigkeit dem Lehrstuhlinhaber mit. Mich reizen Vorlesungen? Nun, er wird mich einen Spezialkursus lesen lassen!

Ich bitte um die Erlaubnis, dennoch nach Rjasan fahren zu dürfen.
»Aber das Praktikum muß vorbereitet werden! In einigen Tagen beginnt der Unterricht ...«
»Ich bin aber erst ab 1. September eingestellt ...«
Darauf kann der Professor nichts erwidern. Ich darf fahren.
Im Ministerium ist nichts über einen Wechsel in den Einstellungsangelegenheiten des Rjasaner Landwirtschaftsinstituts bekannt. Ich bestelle ein Ferngespräch nach Rjasan. Die Stelle ist frei, man erwartet mich. Trotzdem möchte ich alles mit eigenen Augen sehen ... Bitte sehr ...
Am 27. August bin ich in Rjasan. Die Stadt gefällt mir. Damals war sie noch still. Viele alte Häuser. Auch das Institutsgebäude, von streng klassischer Architektur, ist alt, hier war früher das Knabengymnasium untergebracht.
Der Direktor geht mit mir in die Wohnung des Inhabers des Lehrstuhls für Chemie. Wir treffen ihn bei der Abfassung einer Vorlesung über – physikalische Chemie an. Er ist sehr froh, sich eines Gegenstands entledigen zu können, der ihm nicht liegt.
(Übrigens war die Stelle des Chemiedozenten deshalb frei geworden, weil der Mann, dessen Bewerbung durchgegangen war, mit dem Dozentenstatus nicht zufrieden, eine Höherstufung verlangte ...)
Man weist mir ein lustiges weißblaues Zimmer im Institutsgebäude an.
Am 1. September bin ich in Rjasan. Ich werde abgeholt. Man lädt meine Sachen auf einen Schubkarren, wir bewegen uns langsam durch die ganze Stadt auf mein Institut zu. In Rjasan gab es damals nur zwei alte Omnibusse, die Einwohner zogen das Zufußgehen dem Warten auf diese Vehikel vor.
Ich lasse dem stellvertretenden Direktor ausrichten, daß ich eingetroffen bin. Bald bringt man mir einen Zettel von ihm: »Morgen um 10 ist Ihre Vorlesung.« Die Unterschrift ist die gleiche wie damals auf dem Telegramm: Naumow.
Ich bin müde. Ich möchte schlafen. Aber ich darf nicht. Bis zum Morgen muß die Vorlesung fertig sein. Wie gut, daß ich mich während der Reise darauf vorbereitet habe. Immerhin ist es die Einführungsvorlesung. Es müssen so viele Dinge hinein. Bereits im Bett, schreibe ich die Vorlesung schläfrig kritzelnd fertig.
Obwohl Naumow für alle Fälle den Anatomiedozenten als Ersatz

parat hatte, mußte er nicht zu ihm Zuflucht nehmen. Meine Vorlesung wurde von 150 Studenten, außerdem vom Lehrstuhlinhaber, vom Dekan und von den Assistenten besucht.

Meine Feuertaufe erlebte ich in der Institutsaula, einem ehemaligen Gerichtssaal. Die Räume unseres Lehrstuhls grenzten ans Podium an. In diesem Saal hatten die Geschworenen einst verkündet: schuldig – nicht schuldig, bestrafen oder begnadigen ...

»Sie werden es schaffen. Ihr erster Fladen hat sich nicht geklumpt!« sagte mir Dekan Bolchowitinow nach der Vorlesung.

So trat Rjasan gründlich und ausgiebig in mein Leben.

Sanja schrieb mir: »... zum erstenmal in allen diesen Jahren ist es mir wunderbar zum Bewußtsein gekommen, daß sich irgendwo ein Heimathaus für mich aufgetan hat ... Für mich gibt es kein Haus ohne Dich, ein Haus kann nur dort sein, wo Du die Hausfrau bist – wo Du lebst.«

So kam im Leben alles anders als im Roman DER ERSTE KREIS DER HÖLLE. Zunächst fuhr ich aus Moskau fort – und nicht mein Mann, der noch fast ein Jahr in Moskau »angemeldet« blieb.

Eine Stelle aus diesem Roman ist übrigens bezeichnend für die Besonderheiten der Methode von Solschenizyn. Jahrelang leben in seinem Gehirn »wertvolle Ideen«, für die er einen Ort in seinen Werken sucht. Das können einzelne Gedanken, ganze Konzeptionen oder auch autobiographische Episoden sein.

Genauso ist es hier. Irgendwann beleidigte der kleine Sanja Solschenizyn durch einen rüden antisemitischen Ausfall einen jüdischen Mitschüler. Es kam zu einer stürmischen Diskussion darüber im Rahmen einer Klassenversammlung. Einige Jungen traten auf und beschimpften Sanja ...

Dreißig Jahre später übernimmt Solschenizyn diese Szene in seinen Roman. Natürlich wird Oleg Roschdestwenskij (diesen edlen Namen hat Sanja dem kleinen Helden gegeben) in den wärmsten und rührendsten Tönen geschildert, während seine Verfolger Ausgeburten der Hölle sind. Auffallend ist, daß diese Jungen noch dreißig Jahre später bei ihren wirklichen Namen genannt werden. Spät kam die Rache – doch sie kam!

Roitman war keiner dieser Jungen. Er ist eine literarische Gestalt. Und wenn sich der »zu Schaden gekommene« Solschenizyn dreißig Jahre später dieser Episode erinnern konnte, so hätte Roitman schwerlich ein so vorzügliches Gedächtnis an den Tag gelegt, hätte schwerlich vor Gewissensbissen nicht schlafen können, um so mehr, als der Rechtstitel des jungen Antisemiten mehr als zweifelhaft war. Aber Solschenizyn hatte wohl den Eindruck, daß dies die passende Stelle für eine Art von eingeschobener Novelle sei!

Überdies wiederholte er, offenbar ohne sich zusätzlich Gedanken darüber gemacht zu haben, dreißig Jahre später seine knabenhafte Argumentation. Wieso denn, warum darf ich jemanden nicht mit »shid« anreden, wenn bei uns die Freiheit des Wortes herrscht? Der Gedanke, daß auch seine Opponenten die Freiheit besitzen, ihre Einstellung kundzutun, kommt weder dem Knaben noch dem Schriftsteller in den Sinn. Man hat ihn etwas schärfer angepackt – und schon ist das nicht mehr Freiheit, sondern »Treibjagd«.

Gleich im ersten Brief, den er, nach dem Abschied von der »Scharaschka«, im Kujbyschwer Etappengefängnis schrieb, teilte er mir mit, er sei am 19. Mai »für mich völlig unerwartet« aus Marfino abgereist. Er schrieb, er hätte nicht gedacht, daß dies so rasch kommen würde, er selbst hätte sich sehr gewünscht, »bis zum kommenden Sommer dort zu leben«. (Es war üblich, die Inhaftierten einige Zeit vor Ablauf ihrer Gefängnisfrist aus der geheimen Forschungsarbeit herauszulösen.) »Die Umstände beschleunigten Schritt um Schritt die Abreise und machten sie unvermeidlich«, schrieb er mir und versicherte sogleich, er sei »durchaus im Guten« von dort geschieden.

In einem anderen Brief, der nicht an mich gerichtet war, erklärte er seine Abreise aus Marfino damit, daß er schlichtweg zu arbeiten aufgehört hatte.

Das heißt, »er zog den Gummi lang«, obwohl er damit rechnen mußte, daß dies einen »Umzug an andere Orte« zur Folge haben würde. Es ist klar, daß er seit einiger Zeit mehr seiner Lieblingsbeschäftigung als der eigentlichen Arbeit nachging.

Auch in den Gesprächen mit mir stellte Sanja seine Abreise niemals als die Folge irgendeiner Heldentat dar, der stolzen Zurückweisung eines Auftrags.

Außerdem ist mir noch eine weitere Version Solschenizyns zu diesem Thema bekannt, die er Leonid Wlassow mitteilte. Danach wurde er das Opfer einer Meinungsverschiedenheit zwischen zwei Vorgesetzten, die seine Person »einander streitig machten«. Der höhergestellte Chef schickte ihn daraufhin »zu solch einer Qual« ...

In diesem Suchen nach der besten Variante seiner Abreise aus der »Scharaschka« verschmolzen zwei Bestrebungen Solschenizyns, die sich damals noch im Zustand des Keimens befanden, die aber allmählich einen wichtigen Platz in seinem Leben einnehmen sollten: gleichzeitig als Held und als Märtyrer dazustehen ...
Natürlich bleibt jedes Gefängnis, sogar das leichteste, ein Gefängnis. Und selbst das nicht sehr schwere und interessante Leben in der »Scharaschka« von Marfino, wo man in seinem Beruf arbeiten durfte, wo es Bücher und Musik und die lustigen Einfälle Rubins gab und Diskussionen und hochgeistige Gespräche und Butter zum Frühstück und Fleisch zum Mittagessen – selbst dieses Leben noch war Gefängnisleben, bedrückend durch seine Gleichmäßigkeit, Monotonie und Vorbestimmtheit ... Die Arbeit, die zu verrichten du verpflichtet bist, wird nach und nach vernachlässigt. Immer mehr Aufmerksamkeit und Zeit wird den »eigenen Angelegenheiten« gewidmet, so entsteht der Eindruck der Trägheit und Faulheit Solschenizyns, was endlich dazu führt, daß Marfino durch Ekibastus ersetzt wird ...

In Rjasan hatte ich ein brodelnd tätiges Leben begonnen, das meinem Moskauer Leben überhaupt nicht glich. Ich hielt zwei Vorlesungen, betreute ein Praktikum im Labor, die Zahl meiner Unterrichtsstunden lag sehr hoch.
Ich mußte mich viel vorbereiten. Irgendwann im Oktober schrieb ich an Sanja: »Heute ist Sonntag, um mich herum sind die Lehrmittel zur physikalischen Chemie aufgehäuft, ich bereite eine Vorlesung über Thermodynamik vor, die ich in zwei Stunden hineinpressen muß, was die Sache nicht einfacher, sondern schwieriger macht.«
Und außerdem mußte ich mich noch der Laienkunst annehmen. Ich übernahm die Klavierbegleitung des Studentenchors, den ein Dozent für Anatomie leitete. Der Anatom hatte eine gute Tenorstimme, wir übten zusammen Opernarien ein und traten auf Festabenden auf. Solonummern erschienen mir, in Anbetracht meiner hiesigen Position, als »unsolide«.
Es kam öfter vor, daß ich meine Vorlesungen nachts vorbereiten mußte. Besonders wenn jeden Tag Vorlesung war und abends noch eine Chorprobe. Aus meinen Studentenjahren kenne ich keinen einzigen Fall, daß ich vor Prüfungen nachts gearbeitet

hätte, jetzt aber klagte ich meiner Mutter, ich würde bloß vier bis fünf Stunden am Tag schlafen, ich hätte einmal von 11 Uhr abends bis 4 Uhr früh über einer Vorlesung gesessen ...

Ein halbes Jahr später avancierte ich zur Leiterin des Lehrstuhls für Chemie.

Zunächst lebte ich allein, dann nahm sich Mutter Urlaub und kam zu mir, den Winter und Frühling über wohnte Tante Nina bei mir.

Nach und nach wechselten meine Lieblingssachen aus Rostow zu mir nach Rjasan über. Die meisten von ihnen wiesen ein erhebliches Alter auf: das Geweih zum Handtuchaufhängen, das weiße Tintenfaß, der gußeiserne Aschenbecher, die hübschen Rahmen für Photos, der antike Schreibtisch.

Obwohl Moskau so nahe ist, fahre ich nur selten hin – es fehlt mir an der freien Zeit. Höchstens an Feiertagen. Da ich mich aus einer »armen Verwandten« nunmehr in eine »reiche Verwandte« verwandelt habe, fahre ich mit Gastgeschenken zu Turkins. Ich komme aus Rjasan mit Äpfeln und frischem Hammelfleisch angefahren. Ich besuche auch die Mädchen in der Stromynka, die immer noch an der Universität stecken ...

Sanja schrieb mir einmal einen Brief, der mich sehr betrübte. Darin gab er mir den Rat, die vor einem Jahr in Angriff genommene Scheidung zu Ende zu führen und auf den Briefwechsel zu verzichten, »auf diese Illusion der längst nicht mehr bestehenden familiären Beziehungen«. Er schrieb, mein Wohlergehen sei wichtiger, er wollte nicht den kleinsten Schatten auf mich werfen. Er seufzte aber freudig auf, als ich in meinem Antwortbrief alle diese Ratschläge zurückwies, die ihm nur der kalte Verstand eingegeben hatte, während sich sein Herz »voller Angst verkrampfte: wird es wirklich so kommen?«.

Ich selbst war so froh, daß ich, nachdem ich von Moskau nach Rjasan gezogen war, die Scheidungsangelegenheit auf sich beruhen lassen konnte. So konnte ich nicht nur in meinem Herzen, sondern auch juristisch die Ehefrau meines Mannes bleiben.

In jenem Jahr sahen Sanja und ich uns nur ein einziges Mal: im März. Unsere Begegnung fand im Butyrkigefängnis statt, wohin man ihn eigens dafür gebracht hatte. Sie war für uns beide freudevoll. Erst gegen Ende verdüsterte sie sich. Sanja sagte, es täte ihm leid, daß wir keine Kinder haben. Ich wurde traurig und sagte, wahrscheinlich sei es dafür zu spät ...

KAPITEL 5

An der Seite von Iwan Denissowitsch

Die Züge Richtung Osten fuhren mit gewöhnlicher Geschwindigkeit. Aber die Bewohner der vergitterten Waggons hatten ihre eigenen, nur für sie bestimmten Haltepunkte: die Etappengefängnisse von Kujbyschew, Tscheljabinsk und Nowosibirsk.

Die Gefangenen wurden ohne Eile befördert. Sie selbst hatten erst recht keinen Grund zur Eile und kein Ziel für die Eile. Sanja fand genug Zeit, sich mit den Lebensberichten jener Menschen vertraut zu machen, mit denen ihn das Schicksal in den Etappengefängnissen zusammenführte.

Sanjas Stimmung konnte keineswegs mit jener verglichen werden, die er im Sommer 1945 empfand, als er noch ein »junger« Häftling war. Jetzt lag die Riesenlast der Lagerjahre nicht mehr so erschreckend vor ihm. In den Gefangenenwaggons, und überhaupt in dieser ganzen Lebenslage fühlt er sich leicht und vertraut, er sieht gut aus, steckt voller Kräfte und ist mit den drei letzten Jahren seines Lebens sehr zufrieden. Das Ablaufen der Frist kann sich freilich noch als Schlag gegen ihn wenden. »Wer weiß, wo man hinkommt und wie man sich einrichtet«, aber, wie das Sprichwort sagt: »Alles, was Gott tut, gerät zum besten.«

Unterwegs in den Waggons und in den Etappengefängnissen werden sie relativ anständig verpflegt. Wenn auch natürlich nicht so gut wie in Marfino. Um die Verschlechterung auszugleichen, versucht Solschenizyn, sich das Rauchen abzugewöhnen.

Die erste Bekanntschaft mit Asien. Zum erstenmal bewundert er den »edel-schönen« Ural. Fährt er am Obelisk »Europa-Asien« vorbei.

Endlich kommen sie am Bestimmungsort an. Im Lager von Ekibastus. Inmitten des Dreiecks Karaganda-Pawlodar-Semipalatinsk gelegen. Ein kahler, wüster Ort, ab und zu ein Gebäude. So begann für Sanja Mitte 1950 ein Leben, das jenem anderen Leben sehr glich, das er fünf Jahre vorher gelebt hatte, als er sich im Lager bei der Ziegelfabrik in Neujerusalem befand.

Aber während er damals »krampfhaft, übereilt und mit vielen Fehlern versuchte, sich möglichst geschickt und gescheit einzurichten«, ist er jetzt für alles innerlich gewappnet. Das »Hirschgeweih« ist abgestoßen, die »Hirschläufe« haben ihm inzwischen einen guten Dienst geleistet. Wie er sich am Ort wird einrichten können, erscheint Sanja nicht mehr so wichtig zu sein. »Alles soll laufen, wie es läuft«, wird er mir bereits aus dem Lager schreiben. Er vertraut mir an, daß er einen Schicksalglauben gefaßt hat an die gesetzmäßige Abfolge von Glück und Unglück.

»Während ich mich in meinen Jugendtagen kühn bemühte, auf den Lauf meines Lebens einzuwirken, ihn zu verändern« – so erscheint ihm das jetzt »oft als Frevel«.

Es gab in der Tat eine Zeit, als Sanja alles leicht von der Hand ging – er brauchte sie nur auszustrecken!

An der Front wollte Hauptmann Solschenizyn das Volk kennenlernen, war dazu aber nicht imstande. Das ihm anvertraute »Volk«, seine Soldaten, *bediente*, über seine unmittelbaren Dienstpflichten hinaus, den Batteriekommandeur. Der eine schrieb die literarischen Texte ab, der zweite kochte für ihn Suppe und wusch das Kochgeschirr, der dritte brachte eine intellektuelle Note in den rauhen Frontalltag. Diese Menschen lebten für ihn nicht ihr eigenes, selbständiges Innenleben.

Hier aber begriff er plötzlich, daß er unter den gegebenen Umständen ein Mensch wie tausend andere war, mit seinen kleinen, ja geradezu winzigen Möglichkeiten. Daher rührte auch das »Komme, was da wolle!« ...

Wieder ist Sanja, wie einst in Neujerusalem, ein gewöhnlicher Arbeiter. »Die schroffe Veränderung der Lebensweise läßt mich leicht müde werden«, schreibt er, hofft aber, daß er sich langsam daran gewöhnen und in den Arbeitsrhythmus hineinkommen wird ... Bereits während des »Augustzipfelchens« ist er so braun geworden, wie er es vorher noch nie war, Sanja wohnt in der neunten Baracke. Die Pritschen sind zweistöckig aufgebaut.

Meinen Zustand bestimmte in vieler Hinsicht stets das, was mir Sanja gerade schrieb, was er mir bei einer Begegnung sagte, was ich in seinen Augen las ... Aber es kam der erste Brief aus dem fernen Ekibastus, und ich erfuhr, daß wir uns künftig überhaupt nicht mehr sehen würden. Dabei hatte sich in den letzten Jahren ein gewisser Lebensrhythmus eingestellt, der Begegnungen vorsah, mochten dazwischen manchmal auch mehrere Monate liegen ... In die Zwischenzeit fiel die Erinnerung an die letzte Begegnung und die Erwartung der nächsten.

Bis dahin trennte mich von Sanja nur die Zeit und sonst nichts. Die Zeit von Begegnung zu Begegnung, von Brief zu Brief ... Und irgendwo in der Ferne sah ich den Brief von der »Endstation« und die endgültige Wiederbegegnung. Jetzt wird es kein Einandersehen mehr geben, und Briefe werden nur zweimal im Jahr eintreffen ... Jetzt trennte uns nicht mehr nur die Zeit, sondern auch der Raum!

Allmählich kam zur Empfindung dieser räumlichen Entrückung noch das Gefühl einer anderen Entferntheit, die sich nicht nur daraus erklärte, daß Sanjas Briefe spärlich kamen, sondern auch daraus, daß ein Mensch ganz anderer Stimmungen sie schrieb, ein für mich ganz neuer Sanja.

Ich kannte meinen Mann als einen Menschen, der aktiv in sein Leben eingriff. Jetzt teilte er mir mit, er könnte an seinen früheren Arbeitsplatz schreiben, wo er einst gemerkt hatte, wie fest er auf seinen mathematischen »Hirschläufen« stehe, wahrscheinlich würde man ihn dort wieder nehmen ... Aber lohnt sich das denn auch?

Wie wenig gehörte früher eine solche Haltung zu ihm! An die Stelle des wildbewegten Willens war die passive Erwartung getreten: mag kommen, was wolle – die Demut, die Schicksalsergebenheit, der Fatalismus ... »Vielleicht ist ein solcher Glaube ans Schicksal der Beginn der Religiosität?« fragte er und antwortete sogleich: »Ich weiß es nicht. Um an Gott glauben zu beginnen: davon bin ich wohl noch weit entfernt.«

Das Wort »Gott«, vorläufig noch klein geschrieben, wird von ihm immer häufiger verwendet. Zum Beispiel im Dezemberbrief des Jahres 1950: »Ich war hier noch nicht krank, Gott sei Dank, möge Gott geben, daß ich auch weiter nicht krank werde.«

Bei Solschenizyn gibt es sogenannte Lieblingsgedanken, die er jahrelang in sich austrägt. Sie wiederholen sich in seinen Briefen und Werken. Einer dieser Gedanken entstand noch an der Front, wurde durch alle diese Jahre getragen und fand seinen abschließenden Ausdruck im Roman DER ERSTE KREIS DER HÖLLE, im Kapitel *Das stumme Sturmgeläute.*

»Nadja schreibt in einem Brief: ›Wenn Du wiederkommst ...‹ Das Entsetzliche ist aber, daß es eine Wiederkehr nicht geben wird. Man kann nicht wiederkehren ... Man kann nur aufs neue kommen. Ein neuer unbekannter Mensch wird kommen, der den Familiennamen ihres früheren Ehemannes trägt, und sie wird sehen,

daß es jenen ersten und einzigen Menschen, auf den sie vierzehn Jahre in sich verschlossen wartete, bereits nicht mehr gibt; er hat sich Molekül für Molekül aufgelöst.
Es ist gut, wenn sie in jenem zweiten Leben einander noch einmal liebgewinnen.
Und wenn nicht?«
Als ich in einem der Frontbriefe meines Mannes zum erstenmal Auszüge aus seiner kleinen Erzählung DER OBSTGARTEN las, die in der Form eines Briefes eines Ehemannes an seine Frau gehalten ist, daß es eine »Wiederkehr« nicht geben würde, sondern eine »Ankunft«, da wollte ich es nicht glauben, daß auch zu mir ein anderer Mensch kommen wird.
Das Gefühl unserer großen inneren Verbundenheit hielt sich in mir in den Jahren 1945 bis 1950 aufrecht und wuchs sogar an. Es nährte sich von unseren Briefen, von unseren seltenen Begegnungen, von unserer nichtversiegenden Liebe, von der einander zu schreiben wir nicht müde wurden.
So selten in letzter Zeit unsere Begegnungen auch geworden waren – auf keiner davon traf ich einen Menschen, der mir in irgendeiner Hinsicht fremd erschienen wäre ...
Doch in den wenigen Briefen aus Ekibastus begann sich ein ganz anderer Mensch abzuzeichnen. Dieser Mann konnte noch mehr Mitgefühl erwecken, aber er konnte in mir nicht mehr im gleichen Maß wie früher jenes innere Feuer unterhalten, ohne welches das Leben seine Farben verliert.
Sanja wurde für mich zu einer immer irrealeren Gestalt, er verwandelte sich in ein fernes liebenswertes Bild. In ein Bild der Erinnerung, in ein Bild der Hoffnung. Aber – in ein Bild.
Ich fahre fort, ihm etwa einmal im Monat zu schreiben. Ich schreibe ihm von meiner Arbeit, von der Laienkunstgruppe, von Vorträgen auf einem philosophischen Seminar oder auf der bei uns in Rjasan gegründeten Zweigstelle der Mendelejew-Gesellschaft, zum Thema meiner Dissertation. Ich schreibe, daß ich Anfang 1951 ein oder zwei Zimmer in einem neuen Haus bekommen soll, das unser Institut für seine Lehrkräfte baut; dann werde ich auch meinen Flügel nach Rjasan schaffen können.

Nach dem heißen Sommer von Ekibastus kam der Herbst: trokken und warm. Dann setzte mit einem Schlag Frost von 28 Grad ein, von einem Tag auf den anderen war der Winter da. Und was

für ein Winter! Nie zuvor hatte Sanja erfahren müssen, was ein Frost von 40 Grad ist.
Im Herbst und Winter arbeitete Sanja als Steinmetz. »Die körperliche Lebensweise war für mich immer von Nutzen«, schreibt er mir. Er bleibt von Krankheit verschont und sieht passabel aus. Schlimm ist nur, daß die Fäustlinge bei der Arbeit »buchstäblich brennen«, er kommt nicht damit zurande, sie zu flicken, obwohl er zwei Paar besitzt; ein persönliches und ein amtliches.
Beim Bau des Elektrizitätswerks (?) arbeitete es sich rasch. Sanja freilich stellte sich nicht allzu geschickt an, aber auch er ließ sich manchmal so von der Arbeit mitreißen, daß er gar nicht merkte, daß die Arbeitszeit bereits vorbei war ...
Mein Mann versicherte mir, er befände sich keineswegs im Zustand der Trübsal. Er ist guter Dinge. Er erwartet »viel Gutes in der Zukunft«, das erleichtert ihm »das Leben heute«.
Der befriedeten, gelassenen, etwas fatalistischen Stimmung entspricht die Bitte um Zusendung der Gedichte und der Dramentrilogie von A. K. Tolstoj, der Dramen von Ostrowskij, der Lyrik von Kolzow und Block. Einstweilen liest er jeden Tag eine Seite im Dahlschen Wörterbuch.
Vielen Mitlagerinsassen ist Solschenizyn so in Erinnerung geblieben: als »der Mann mit dem Dahl-Band unter dem Arm, in Gesellschaft von Panin und Karbe«.
In Sanjas Briefen aus jener Zeit taucht etwas auf, das in seinen früheren Briefen völlig fehlte. Das Lager von Ekibastus kann man nicht mit der »Scharaschka« vergleichen, hier muß er sich nicht nur um die geistige Nahrung kümmern. In seinen Briefen werden deshalb nicht nur Tolstoj und Block erwähnt, sondern auch Zucker, Speck und Zwieback.
Von mir aus kann ich keine Pakete schicken. Rjasan ist nicht Moskau. Das würde sich in meinem Institut herumsprechen. Und ich bin doch gerade erst zur Stütze der Familie geworden, jetzt braucht uns Mutter nicht mehr unter die Arme zu greifen und nicht zu arbeiten, auch meine Tanten kann ich jetzt materiell unterstützen – und künftig auch meinen Mann ... Alle Sorgen und Plackereien nimmt die in Rostow lebende Tante Nina selbstlos auf sich. Zu diesem Zeitpunkt ist sie bereits über siebzig. Der Mann meiner ältesten Kusine hilft ihr, die Pakete zur Post zu bringen.
Sanja bekommt jeden Monat Zucker, Speck, Zwieback, Tabak,

manchmal auch Butter, Wurst, Zwiebeln und Knoblauch geschickt. Und nicht nur Lebensmittel, sondern auch Filzstiefel, einen Wäschesack, wollene Socken, Fausthandschuhe und viele andere Kleinigkeiten wie einen Holzlöffel, Zahnpasta, dann wieder Nadel und Zwirn, dann einen Schwamm, eine Eßschüssel aus Kunststoff, ein Tintenfaß ...

Das Eintreffen eines solchen Pakets ist für Sanja jedesmal ein Feiertag.

Briefe dürfen nicht mehr als zweimal im Jahr geschrieben werden, indessen sind Postkarten mit der Bestätigung des Paketeingangs gestattet. Hier ist eine davon:

»Eure Sendung vom 13. 6. habe ich erhalten. Vielen Dank. Alles ist ausgezeichnet. Schickt mir Bleistifte. Ich küsse euch alle. Sanja.«

Für uns sind solche Postkarten außerdem noch knappe Lebenszeichen in den langen Pausen zwischen den Briefen.

»Eure Pakete sind für mich ein Lebensquell«, schrieb mir Sanja im Dezember 1950. Er war Tante Nina sehr dankbar und stand seiner Meinung nach ihr gegenüber in einer »nichtabzugeltenden Schuld«. Zugleich glaubt und spürt er, daß Tante Nina für ihn alles aus aufrichtiger Sorge und Liebe tut. Deswegen schreibt er ihr ungeniert, daß er »etwas Mehliges und Süßes besonders gern hätte«, daß sie »Trockenobst nicht mehr zu schicken braucht«, während der Machorka möglichst nicht mehr der Nr. 3, sondern der Nr. 2 oder Nr. 1 sein sollte. »Der Nr. 3 ist zu leicht.«

In der Folge wird Tante Nina Sanjas Geschmack derart erforscht haben, daß sie sogar bei der Auswahl der Tabakwaren nicht mehr danebengreift. »Diesmal haben Sie mir ganz was Wunderbares geschickt, als würden Sie selbst rauchen.« – »... besonders gut ist der Saratower Machorka.«

Sanja verbirgt seine Freude nicht, wenn er irgendein süßes Hausgebäck bekommt. »Alle Süßwaren, die Sie mir schicken, sind zum Sichvollfressen«, schreibt er an Tante Nina.

Später wird Sanja auch noch eine Schutzbrille gegen den Staub benötigen und kleine Schächtelchen aus Holz oder Kunststoff (eisernes und gläsernes Geschirr ist verboten) und Papier, und Hefte, und einen Notizblock, und einen Beutel, und Haferflocken (fürs schnelle Kochen) statt Graupen, und Turnschuhe ... Alles dies stellt sich, wie im Märchen, bei ihm ein. »Sie sorgen für mich wie eine leibhaftige Mutter«, schreibt Sanja an Tante Nina.

Im Lagerklub gibt es eine Bibliothek. Sanja liest die zentralen Blätter, allerdings mit großer Verspätung: »Von Moskau bis hierher sind sie viele Tage unterwegs.« Radio hört er gar nicht. Das bedeutet, daß er die Musik entbehren muß. Er sehnt sich nach ihr. »Ich lese das Rundfunkprogramm in der Zeitung, und mein Herz seufzt auf«, schreibt er mir. Hier in der Bücherei lernt Sanja jene Leute kennen, die öfter den Lesesaal aufsuchen. Mit einigen davon freundet er sich an.

Der Winter (der erste Winter in Ekibastus!) geht zu Ende ... Es gibt schon richtige Fühlingstage, auf die dann freilich wieder Fröste folgen.

Sanjas Gesicht ist hager, aber frisch, und es hat Farbe: »Das ist der wohltätige Einfluß der eiskalten Steppenwinde ...«

Initiator der Gründung einer Rjasaner Zweigstelle der Mendelejew-Gesellschaft war der Inhaber des Lehrstuhls für allgemeine Chemie am dieses Jahr neu eröffneten Rjasaner Pawlow-Institut für Medizin, Professor Wilenskij, ein guter Bekannter von Nikolaj Iwanowitsch Kobosew. W. S. S., Dozent am Lehrstuhl für physikalische Chemie, unterstützte ihn bereitwillig.

Das Medizinische Institut in Rjasan wurde auf der Basis des Dritten Moskauer Instituts für Medizin aufgebaut. Seine wissenschaftlichen Mitarbeiter waren daher sehr qualifiziert.

Inzwischen gibt es in Rjasan drei Hochschulen und vier Chemielehrstühle, Chemiker genug, um eine Mendelejew-Gesellschaft ins Leben zu rufen!

Einige Zeit später wurde die Rjasaner Zweigstelle der Mendelejew-Gesellschaft eröffnet. Zum Vorsitzenden wurde Professor Wilenskij gewählt, zum verantwortlichen Sekretär der Dozent S. Die Sitzungen fanden in den Räumen des Medizinischen Instituts statt. Die Chemiker der Stadt lernten einander immer besser kennen. Sie erfuhren mehr übereinander. Die Frau des Dozenten S. war kürzlich gestorben. Deswegen hatte er auch seinen Wohnsitz gewechselt. Seine nächsten Mitarbeiter äußerten sich sehr besorgt über ihn ...

Im Februar 1951 zogen Mutter und ich in das Haus in der Kassimowskijgasse (hier wird später der IWAN DENISSOWITSCH geschrieben werden!): in zwei zusammenhängende Zimmer einer Dreizimmerwohnung.

Bis zum Geburtstag ist es nicht mehr weit. Es ist beschlossene Sache, daß wir bei gleicher Gelegenheit unseren Einstand feiern werden. Es kommen der Dekan mit seiner Frau, meine Assistentin mit ihrem Mann, eine Ärztin, ebenfalls mit Ehemann, und dann noch Olga Nikolajewna Ulastschik, eine Englischlehrerin. Im Institutsgebäude lebten wir Wand an Wand, jetzt sind wir gleichzeitig in das Haus in der Kassimowskijgasse gezogen.
Am lustigsten unter allen Anwesenden war die Ärztin. Sie war bestrebt, uns alle in den Zustand der Heiterkeit zu versetzen. Aber es fiel allgemein auf, daß mich nichts zu erheitern vermochte – an jenem Abend war ich sehr betrübt. Am Arbeitsplatz war man es nicht gewohnt, mich in dieser Verfassung zu sehen, deswegen stach mein jetziger Zustand jedermann gleich in die Augen. Aber ich konnte einfach nicht dagegen an …
Ich hatte zu diesem Tag nicht einmal einen Brief von Sanja bekommen. Er hatte mir bereits in seinem Dezemberbrief zum Geburtstag gratuliert, in einem Aufwaschen mit Neujahr und mit dem neuen Halbjahrhundert. Schon in seinem ersten Brief aus Ekibastus hatte mir Sanja geraten, in Augenblicken der brieflosen Trübsal seine alten Briefe wiederzulesen, besonders jenen einen Brief, den er mir zu meinem dreißigsten Geburtstag gesandt hatte, in dem er geschrieben hatte, daß er mich mit sechzig noch so lieben wird »wie er mich mit achtzehn liebgewann«. Damit mir am Morgen des 26. Februar so wäre, als hätte er »diese Worte gerade erst, über mein Kissen gebeugt, ausgesprochen«. Gewiß ist es ein Glück, sich dies zum Bewußtsein zu bringen. Und trotzdem …
Unwillkürlich fielen mir meine Geburtstage in Moskau ein, die wir im Wohnheim in der Stromynka feierten. Weshalb gab es damals diese endlose Traurigkeit nicht? Warum fühlte ich mich damals nicht so unglücklich? Lebte ich immer wieder auf? Freute ich mich über alle Zeichen der Aufmerksamkeit, die meine Freundinnen im Wohnheim mir erwiesen? Wartete ich voller Ungeduld auf das Eintreffen von Lida und Kirill? Lachte ich aufrichtig über ihre Späße?
Vielleicht ist mir deshalb so traurig ums Herz, weil meine Mädchen aus der Stromynka nicht um mich sind, mit ihrem gleichfalls schlecht eingerichteten Schicksal? Wir waren uns bald einander nähergekommen, obwohl jenes Wohnheim nur eine Wegkreuzung war. Dort begegneten wir uns, um dann wieder auseinan-

derzugehen ... Jede von uns mußte ihren Hafen finden, ihre Anlegestelle, ihren Platz auf der Erde, ihr Haus und ihren Herd ... Einstweilen besaß eine jede von allem nichts. So gewöhnte ich mich, unter ihnen lebend, an die Empfindung, daß ich immerzu »an einer Umsteigehaltestelle sitze und die Endstation nicht erreichen kann« ...

Das alles lag hinter mir. Dafür sah ich jetzt rings um mich herum das Wohlergehen vieler Familien. Da spürte ich plötzlich, was ich all diese Jahre hindurch nicht verspürt hatte: meine unwahrscheinliche Einsamkeit im Kreise der Menschen! Die Einsamkeit auf der belebten Straße oder im belebten Saal ... Genau dies war wahrscheinlich der schwierigste Augenblick meines Lebens: der Augenblick des Umschlags. Vermutlich wäre mir leichter ums Herz gewesen, hätte ich die Möglichkeit gehabt, gleich hier im Zimmer vor aller Ohren zu sagen und herauszuschreien, daß ich einen Liebsten habe, auf den ich warte und weiter warten werde – wenn ihr mir nur beim Warten helft!

Aber ich mußte schweigen ...

Ich schrieb an Sanja einen Brief. Ich würde so gern zu ihm kommen. Es ist schon ein Jahr her, daß wir uns zum letztenmal sahen. Ich wünsche mir das so sehr ... Ohne das kann ich nicht leben ... Im Sommer vielleicht ... Da habe ich doch zwei Monate Urlaub ...

Im März kam die Antwort. »Mein liebes Mädchen!« schrieb mir Sanja. »Zu mir zu kommen ist vollkommen zwecklos, denn eine Begegnung ist absolut unmöglich.« Er schrieb, »erst im dritten Sommer werden wir uns sehen können«, ich möge »nicht an die Zukunft denken, das würde nämlich nur schwachmachen«, man müsse »den Sinn des Daseins im Heute suchen«.

Für Sanja brach der siebente Gefängnisfrühling an.

Solange harter Winter war, fiel das Leben scheinbar sogar leichter, da hatte Sanja ein wichtiges, konkretes, nahes Ziel vor Augen: diesen Winter um alles in der Welt hinter sich zu bringen. Das gelang ihm mit erheblichem Erfolg. Er zog sich nicht einmal einen ernsthaften Schnupfen zu und ließ sich nur für einen einzigen Tag im Dezember vom Arzt krankschreiben, da hatte er aus unbekanntem Grund Fieber bekommen, ohne daß ihn irgendwas geschmerzt hätte. Nun war aber der Winter vorbei, »und dieses konkrete nahe

Natalja und Alexander 1958 in Rjasan

Das Ehepaar Solschenizyn

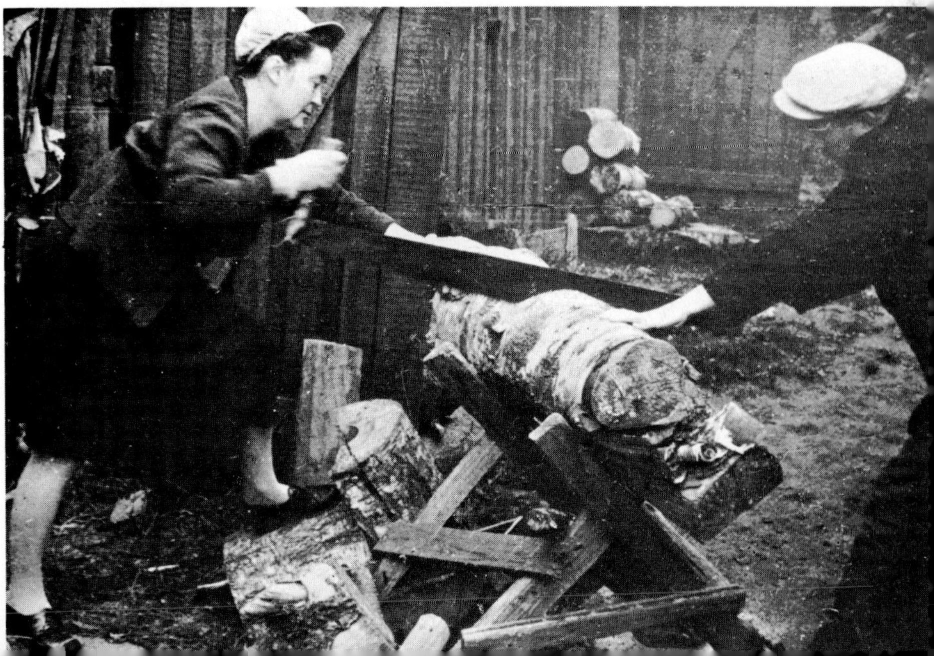

Alexander Solschenizyn während eines Ausflugs auf der Oka bei Rjasan

Ziel gab es nicht mehr«. Und wieder fühlte Sanja, woran er im Winter nicht gedacht hatte: daß »es bis zum Ende der Frist immer noch weit ist, daß es weiterhin schwer ist zu leben«.

In Angelegenheiten der Rjasaner Zweigstelle der Mendelejew-Gesellschaft, manchmal vielleicht auch bloß unter diesem Vorwand, suchte der Dozent S. öfter meinen Lehrstuhl auf.
Einmal schaute er im Institut vorbei, als ich bereits drauf und dran war, nach Hause zu gehen. Er erbot sich, mich heimzubegleiten. Ich lud ihn zu uns zum Essen ein. Meine Mutter und er verspürten sogleich eine starke Sympathie füreinander. Mutter sagte, er möge doch wieder bei uns vorbeikommen. Das tat er dann auch ab und zu, bisweilen in meiner Abwesenheit.
Ich hatte bisher angenommen, S. sei ein kinderloser Witwer. Jetzt erzählte er Mutter, er hätte zwei Söhne. Mutter behandelte ihn mit Wärme. Sie fürchtete sich vor meiner unbekannten Zukunft mit Sanja.
Als W. S. mir den Vorschlag machte, seine Frau zu werden, sagte ich, das sei absolut unmöglich. Einige Zeit später erklärte ich ihm, warum das so war. W. S. ließ sich dennoch nicht umstimmen. Später wird Alexander Issajewitsch diesen Mann für einen »Halunken« halten, »weil er die Ehefrau eines lebenden Ehemannes zur Eheschließung verführte«. Noch später wird er selbst nicht davor haltmachen, an der Seite einer lebenden Ehefrau eine andere Frau zur Eheschließung zu verführen …
W. S. und ich begannen, uns jetzt öfter zu sehen. Wir hatten gemeinsame Berufsinteressen, wir waren ja beide physikalische Chemiker. W. S. war zehn Jahre älter als ich. Ich erhielt von ihm eine Reihe wertvoller Hinweise, ich spürte in ihm, vielleicht zum erstenmal in meinem Leben, eine richtige männliche Stütze, ich war ja ohne Vater aufgewachsen, und Sanja und ich waren gleichaltrig.
Im Sommer des gleichen Jahres 1951 legte W. S. eine solche Beharrlichkeit an den Tag, daß er nach Rostow angereist kam, wo ich mich zu der Zeit aufhielt. Er bat meine Mutter, auf mich einzuwirken. Mich selbst wollte er dazu überreden, mit ihm zu seinen Verwandten zu fahren. Statt dessen fuhr ich nach Kislowodsk, zu Tante Shenja.
Meine Kusine Nadja hatte gerade eine Tochter geboren, die kleine

Marina ... Tanjas Galka ist schon sechs, sie ist immer mit dem Rad unterwegs ... Und ich werde immer niemanden haben? Meine Zukunft mit Sanja erschien in so weiter Ferne ... Ich empfand ihn schon gar nicht mehr als einen lebendigen Menschen aus Fleisch und Blut ... Ein Phantom ... Bald würden es anderthalb Jahre sein, daß wir uns nicht gesehen haben. Der nächste Brief kommt erst im Herbst oder Winter. Die kurzen Postkarten an Tante Nina, worin er den Empfang der Pakete bestätigt, sind wie Lebenszeichen von einem anderen Planeten ...

Sanjas frühere Briefe, die immer von Liebe, Begeisterung und Ergebenheit durchdrungen waren, waren für mich das, was die glimmenden Kohlen für den brennenden Kamin sind. Unsere Begegnungen waren die trockenen Holzscheite, die hell aufloderten. Jetzt gab es keine Scheite und keine Kohlenstückchen mehr ... Der Kamin verlosch langsam ... Das ferne geliebte Bild begann zu verschwimmen ... Ich könnte das mit dem Zustand eines Menschen vergleichen, der unter Narkose gesetzt wird: alles Wirkliche entschwindet ihm irgendwohin, zerstäubt sich, schmilzt hin, bis endlich das Vergessen kommt ...

Als ich in Kislowodsk einen Brief von W. S. erhielt, da spürte ich, daß es ein Brief von einem wirklichen Menschen war ...

Sanjas Herz fühlte aus meinem Julibrief an ihn, den ich gleichfalls in Kislowodsk schrieb, etwas Ungutes heraus. »Es war so«, schrieb er mir später, »als hättest Du ihn, gegen Dich selbst ankämpfend, begonnen, etwas Unausgesprochenes lähmte Dir die Zunge, und einige Zeilen später brachst Du ab.«

Seit Sommerbeginn arbeitet Sanja, wie er mir später schrieb, »nicht physisch«. Erst viele Jahre später erfuhr ich, was das bedeutete. Ein ehemaliger Lagerhäftling gratulierte seinem »Brigadier der 104. Brigade« zum Erscheinen des IWAN DESSINOWITSCH.

Seinen Posten als Brigadier füllt Sanja gut aus, er erscheint ihm nicht sehr beschwerlich. Er fühlt sich gesund und munter.

Seine Brigade ist international. Außer Russen arbeiten in ihr Ukrainer, Letten, Esten und sogar ein Pole und ein Ungar.

Dieser Ungar machte Sanja einmal mit seinem Landsmann Janos Rozas bekannt. Janos stellte Sanja als »mein Brigadier Sascha« vor.

Sanja fand großen Gefallen an Janos. Nach und nach lernte er die kurze Biographie dieses damals noch jungen Mannes kennen, der vermutlich gerade wegen seiner Jugend die russische Sprache rasch erlernte.
Als man Janos in der ihm damals noch unbekannten russischen Sprache das Urteil verkündete, war er erst achtzehn. Und obwohl man ihn für lange Zeit von seinem Heimatland entfernte, fühlte er keinen Haß. Er hielt sich »einfach für ein Kriegsopfer«.
Von Russen umgeben, hing sich Janos immer mehr an sie an. Besonders schätzen und lieben lernte er die Russen von dem Augenblick an, als ihm nach eigenem Dafürhalten eine russische Krankenschwester das Leben rettete.
Als Janos in den schweren Nachkriegsjahren beim Holzfällen eingesetzt wurde, war es einmal mit ihm so weit, daß er fast gestorben wäre. Man legte ihn ins Krankenrevier. Die Kranken wurden von zwei Krankenschwestern versorgt. Besonders setzte sich Schwester Dussja ein, sie sorgte sich um Janos wie eine Mutter. Sie verkaufte sogar ihre Ration im Dorf, um Milch für ihn aufzutreiben. »Schade, daß sie niemals erfahren wird, daß ich sie nicht vergessen habe«, schrieb mir Janos Rozas viele Jahre später.
Die russischen Menschen, die russische Literatur und Poesie, die russischen Lieder wachsen ihm immer mehr ans Herz. Er lernt die Lieder, die Gedichte unserer Dichter eines nach dem anderen auswendig. Lermontow wird zum Lieblingsdichter von Janos.
Im Jahre 1953 wurde Janos rehabilitiert, Ende des Jahres kehrte er in seine ungarische Heimat zurück, wo er seither als Buchhalter arbeitet. Ein Jahr später heiratet er. Inzwischen hat er zwei Söhne und eine Tochter. Man sollte meinen, daß er alles hat, was ein Mensch zum Glück braucht. Doch nein ... Janos fehlt seine zweite Heimat, ihm fehlt Rußland. Ihm fehlen die fernen Freunde, mit denen er einst »ein bitteres, aber junges Los teilte«. Bei sich zu Hause hat er sich ein Eckchen eingerichtet, das er »das kleine Rußland« nennt. Dort bewahrt er die Schallplatten mit den russichen Liedern und die russischen Bücher auf. Die Werke unserer Klassiker sind »in Regimentsstärke« in seiner Bibliothek vertreten.
Seine Arbeit bringt es mit sich, daß Janos öfter aufs Land fahren muß. Wenn das Wetter gut ist, legt er den Weg von einem Dorf zum nächsten zu Fuß zurück. Unterwegs singt er gern

Lieder: ungarische, russische und ukrainische ... »Ich bin allein«, schreibt er, »niemand hört mich, nur die Vögel des Himmels und die Büsche am Weg.« Von den russischen Liedern liebt er das Lied »Es jagt dahin die stolze Troika« ganz besonders. Aber wenn er ein russisches Lied anstimmt, wird ihm traurig zumute. Wird er seine einstigen russischen Freunde, die er um ihres »gütigen Herzens« willen liebgewann, je wiedersehen? Sie sind alle weit verstreut.

Mit welcher Freude pflegte Janos immer und immer wieder an Solschenizyn zu schreiben, aber Alexander Issajewitsch hatte keine Zeit, er knauserte immer mehr mit seiner Zeit. Ich versuchte, so gut ich konnte, dem Janos seinen Sascha zu ersetzen. Wir tauschten Briefe und Photos aus.

Mit großem Interesse verfolgt Janos das Leben seines zweiten Heimatlandes. Er liest sowjetische Zeitungen und Zeitschriften. Als er im Jahre 1966 in der PRAWDA die Dokumente des XXIII. Parteikongresses liest, beachtet er besonders jene Worte, die der Erste Sekretär des ZK von Kasachstan, D. A. Kunajew, der Stadt Ekibastus widmet. Janos erinnert sich an »die Reihen der grünen Zelte, auf denen trostlos der Regen trommelte. Dann wurden Häuser gebaut. Zuerst aus Holz, dann Häuser aus Stein. Die Fabrikschlote begannen zu rauchen, die ersten Güterzüge rollten davon.« Und Janos ist stolz, daß er »einer der ersten Erbauer der Stadt war, die von der Tribüne des Parteitags erwähnt wurde«.

Der zweite der für 1951 genehmigten Briefe, den Sanja im November schrieb, kam nicht an. So entstand der Eindruck, daß er ein ganzes Jahr nicht geschrieben hatte: vom März 1951 bis März 1952.

Obwohl ihm nur wenig arbeitsfreie Zeit übrigblieb, brachte es Sanja fertig, ziemlich viel zu lesen. Als er zwei Jahre später Fazit zog, stellte sich heraus, daß er »die Gedichte von Baratynskij, die Prosa von Herzen, das NORDLICHT von Maritsch, DAS MONDGESTEIN von Collins, DIE SCHLUCHT und den OBLOMOW, etwas Tschechow, fünf Theaterstücke von Ostrowskij und ein ganz klein wenig Stschedrin gelesen hatte«. Außerdem las er jeden Tag in seinem geliebten Dahl.

Daß Sanjas Stimmung überaus friedlich bleibt, bezeugt sein Gedicht aus jener Zeit mit dem Titel: »Das Recht des Eingekerkerten«. Darin ruft er aus:

»Mag von allen unseren Rechten das kleinste sein:
das verborgene Recht auf gleichmäßige Rache.«

Später freilich wird er sich einer ganz anderen Philosophie zuwenden.

Der zweite Winter in Ekibastus ähnelte dem ersten in keiner Weise, er war einfach wunderbar: »Warm, ohne Schnee, direkt ein Wunder.« Es gab nicht einen einzigen Schneesturm. So ging es bis zum Februar, als plötzlich Fröste von 30 Grad kamen.

Ein kleines Geschwür (Sanja hatte es auch schon früher, aber er beachtete es nicht) begann im Januar sehr schnell, mit jedem Tag mehr, zu wachsen. Es blieb nichts anderes übrig, als das Geschwür zu entfernen.

Jeder Mensch ist vor einer Operation aufgeregt. Auch Sanja ist unruhig. Dazu noch in Gefangenschaft! Hier kann man den Arzt und das Krankenhaus nicht wählen ... Worauf soll er hoffen? Worauf sich verlassen? Auf das Schicksal? Er glaubt doch schon lange daran. Aber was ist das: das Schicksal? Seine Mutter setzte ihre Hoffnungen immer auf Gott, so brachte sie es ihm in der Kindheit bei. Warum hat er sich davon entfernt? Deshalb vielleicht, weil er sich schon in der Schule überzeugte, daß man die Existenz Gottes nicht beweisen kann ... Genausowenig freilich wie seine Nichtexistenz ...

Ende Januar kam Sanja ins Krankenhaus. Operiert wurde er am 12. Februar, mit Lokalnarkose. Die Ärzte erläuterten ihm, daß »das Geschwür keine Verhärtung mit dem es umgebenden Gewebe eingegangen war«, daß es »bis zum Augenblick der Operation seine Beweglichkeit und kapselartige Abgeschlossenheit bewahrt hatte und deshalb keine Metastasen erzeugen konnte«. So schrieb mir Sanja. »Deshalb gibt es, versichern die Ärzte, keinen Grund für eine weitere Beunruhigung.«

Einige Tage nach der Operation traf ein Paket ein. Es kam sehr gelegen. Sanja durfte schon wieder alles essen, der Paketinhalt würde die Heilung fördern.

Zwei Wochen später wurde Sanja aus dem Krankenhaus entlassen.

Im März schreibt er uns, er würde trotz der eben überstandenen Operation gut aussehen und sich bei Kräften fühlen.

Zu diesem Zeitpunkt bekam er von Tante Nina jene Lehrbücher, um die er kurz zuvor gebeten hatte. Er hat die Absicht, sich auf den Lehrerberuf vorzubereiten ... Er bat um Bücher zur Arithmetik und Geometrie. Aber nicht um irgendeine beliebige Einführung in die Arithmetik. Sie »sollte lieber nicht stabil sein« (er liebt nichts Stabiles!), eine möglichst frühe Ausgabe, »wo es im Text viele Aufgaben gibt«. Ein Mann mit mathematischer Hochschulbildung, der sich auch in der »Scharaschka« mit Mathematik beschäftigte, hatte gewiß nichts von seinem Wissen eingebüßt und wird ohne weiteres imstande sein, Mathematik an einer – wie er überzeugt war – Dorfschule zu unterrichten. Aber Solschenizyn würde gern, um einer inneren Genugtuung willen, sogar noch in einer Dorfschule geradezu als ein Reformierer der Methode des Mathematikunterrichts agieren! Die Mathematik auf höchstem Niveau unterrichten!

Was Sanja in einem Jahr erwartet, ist unbekannt. Die Zukunft ist in Nebel gehüllt.

Einiges im Lager hatte sich inzwischen verändert. Das Regime war milder geworden. Und die Verpflegung besser. Und es gibt häufiger Filmvorführungen.

Manche Lagerinsassen sind nicht mehr da. Dmitrij Panin, Pawel Gai und andere wurden weggebracht.

Sanja verrichtete jetzt eine andere Arbeit. Er versuchte, das Tischlern zu lernen. »Es wäre gut, auch diese Fertigkeit zu beherrschen«, meint Sanja. Und verflucht seine intelligenzlerische »Weiße-Hände-Erziehung«. Wie oft machte sie ihm im Leben zu schaffen! »Da wächst so ein dreißigjähriger Schafskopf heran«, klagt er, »er hat Tausende von Büchern gelesen, aber ein Beil kann er nicht schärfen und den Hammer nicht auf den Stiel setzen.«

Aber es war Sanja nicht beschieden, das Tischlerhandwerk zu erlernen! Schon bald wurde er Arbeiter in einer Gießerei. Davon ist sogar ein Erinnerungsstück geblieben: ein Aluminiumlöffel. Der Löffel war ihm ans Herz gewachsen. Weil er ihn selbst im Sand aus Aluminiumdraht gegossen hatte.

Sanja erlebte sein letztes Lagerjahr ... Wie schwer war dieses letzte Jahr! »Unaussprechlich langsam ziehen sich die Wochen und Monate dahin.« Die übriggebliebene Frist erscheint immer noch sehr lang.

Als Mutter und ich Ende August 1951 zu Beginn des Unterrichtsjahres nach Rjasan zurückkehrten, empfing uns W.S. am Bahnhof. Im Taxi, das uns erwartete, lag ein Blumenstrauß ...
W.S. und ich sahen uns sehr oft: zu Hause und im Institut.
Wir begannen, gemeinsam wissenschaftlich zu arbeiten. Aber den ganzen Winter hindurch hielt die Unbestimmtheit an. Auf die Schale der ohnehin schwankenden Waage legte sich noch ein weiterer Umstand... Eines Tages rief mich die Leiterin der Spezialabteilung des Instituts zu sich und sagte, der Direktor würde mich bitten – diesen Fragebogen auszufüllen. Es war der gleiche, den ich im Herbst 1948 in Moskau ausfüllen mußte.
Ich war genötigt zu sagen, daß sich die Ehe mit meinem ehemaligen Mann im Prozeß der Auflösung befände. Die Angaben über Sanja schrieb ich, wie damals, in die Rubrik über den früheren Gatten hinein. Man mußte die Ehe also auflösen. Jetzt war das nicht mehr zu umgehen!
Damals wurde über solche Vorgänge in den Zeitungen berichtet. Da ich nicht wünschte, daß in Rjasan alles bekanntwurde, fuhr ich nach Moskau, gab mich als Moskauerin aus und brachte vor das Moskauer Stadtgericht wieder die Angelegenheit meiner Scheidung von Solschenizyn A.I. Als Adresse gab ich die Wohnung von Turkins an.
Zur völligen Umgestaltung meines Lebens entschloß ich mich im Frühjahr 1952. Von einer gesetzlichen Bindung zwischen W.S. und mir war nicht die Rede, denn meine Ehe mit Sanja war noch nicht geschieden. Es war einfach so, daß wir uns von einem bestimmten Zeitpunkt an allen Leuten gegenüber als Ehemann und Ehefrau bezeichneten. So blieb es auch nach der offiziellen Scheidung von Sanja.
Sanjas Brief vom November 1951 war nicht bei mir angekommen. Aber jetzt war ich es, die ihm nicht mehr schrieb. Ich konnte nicht. Ich gratulierte ihm nur zum Geburtstag und wünschte ihm »Glück in seinem Leben«.
Ich hatte nicht den Mut gefunden, Sanja von meinem Schwanken zu schreiben, solange ich zögerte. Aber auch als ich mich entschlossen hatte, teilte ich ihm das nicht gleich mit. Wahrscheinlich war das Kleinmütigkeit, für die ich darin eine Rechtfertigung suchte, daß es in seinem Lager sowieso keine Frauen gibt, so daß sich sein Schicksal in dieser Hinsicht nicht verändern konnte ... Vielleicht würde er das Geschehene leichternehmen, wenn er

allmählich, zunächst auf dem Weg der Vermutung, dahinter käme ...

Ich schwieg und schwieg weiter, obwohl ich wußte und begriff, daß ihn das sicherlich mit Sorge erfüllte. Endlich bat er Tante Nina nachdrücklich darum, »die Unklarheit zu zerstreuen«. Auf meine Bitte hin schrieb Tante Nina im September 1952 an Sanja: »Natascha bat mich, Ihnen auszurichten, daß Sie Ihr Leben unabhängig von ihr einrichten können.«

Ich will mich weder rechtfertigen noch anschuldigen. Ich konnte durch diese ganzen Jahre der Prüfung hindurch meine »Heiligkeit« nicht unangefochten bewahren. Jetzt hatte ich begonnen, ein reales Leben zu leben.

Tante Ninas Erklärung stellte Sanja nicht zufrieden, er bat mich, ihm alles so zu schreiben, wie es wirklich war. Kann unsere Ehe denn mit dieser »nichtssagenden rätselhaften Floskel« ihr Bewenden haben? Er versicherte mir, daß er mir in jedem beliebigen Fall, was auch immer vorgefallen war, keine Vorwürfe machen würde, denn er allein sei vor mir schuldig, er hätte mir »so wenig Freude« gebracht, er würde stets »mein Schuldner« bleiben ...

Ich schrieb Sanja, ich hätte jetzt eine Familie, und die Sache sei echt ...

Damit brach unser Briefwechsel für eine Weile ab ...

Wäre Solschenizyn Schuchow nicht im Jahre 1950, sondern fünf Jahre früher begegnet, hätte es wenig Gemeinsamkeit zwischen ihnen gegeben – wiewohl doch einiges Gemeinsame. Als das Bäuerlein, das seinen Wert zu schätzen weiß, überschneidet sich Schuchow irgendwie mit dem seines Wertes sehr bewußten Intellektuellen Solschenizyn! Dazu kommt der sparsame Umgang mit den geistigen und körperlichen Kräften und die auch sonst rationelle Einstellung zum Leben, das Umsichtige und Haushälterische. Das Sprichwort *Der Vorrat Schaffende ist besser als der Reiche* hätte Solschenizyn sehr wohl auf sich selbst anwenden können.

In einer Hinsicht indessen hätten sie sich stark unterschieden: trotz seiner Wendigkeit und Schläue verstand es Schuchow, *als schüchterner Mann* nicht *zu lärmen und seine Rechte zu schaukeln*, wie das Solschenizyn in der »Scharaschka« und Nershin im ERSTEN KREIS DER HÖLLE mit Erfolg taten. Einmal fünf Gramm

Mehl, ein andermal polnische Zloty, derentwegen er sich sogar an den Obersten Sowjet wandte ... Den Dahl ließ es sich nicht wegnehmen, den Jessenin mit meiner Widmung: »So wird alles Verlorene zu Dir zurückkehren!« forderte er wieder von der Administration zurück. Er kannte sich eben gut in den Gesetzen aus ...

Jetzt hatten sie auch noch die Lebensphilosophie gemein. Mag kommen, was da will! Weder Furcht noch Sorge vor jenem, dem es beschieden ist einzutreffen ... In der Erzählung treten auch andere einfache Leute auf: der Brigadier Tjurin, der Brigadiergehilfe Pawlo, aber Iwan Denissowitsch steht Solschenizyn näher als diese anderen, deshalb wurde er zum Haupthelden gemacht.

Seiner Geisteshaltung und Lebenseinstellung nach wie auch in der Bewertung der Menschen und Ereignisse kommt Schuchow dem Intellektuellen Solschenizyn viel näher, als es der schneidige Kapitän Buinowskij oder der Intellektuelle Cäsar Markowitsch tun.

Man sollte meinen, daß Schuchow nach der Konzeption des Autors der Gewöhnlichste der Gewöhnlichen ist! An der Front war er wie alle anderen, und im Kolchos war er wie alle anderen, und selbst noch hier in der Brigade ist er zwar ein geschickter Meister, aber trotzdem wieder wie alle anderen. Und der Verfasser unterstreicht das auch noch immer. Wenn man aber genauer hinschaut, dann entdeckt man, daß Schuchow durchaus nicht so wie alle anderen ist ... Und auch dies ist eine Ähnlichkeit des Helden mit seinem Autor.

KAPITEL 6

Der Dorfschullehrer

Als Sanja nach dem Absitzen seiner Freiheitsstrafe aus Ekibastus nach Kok-Terek, einem Rayonszentrum in Kasachstan fuhr, kam er durch Taldy-Kurgan, wohin Mutter und ich 1942 bis 1944 evakuiert waren. Jetzt war Ende Februar 1953. Ich war schon lange nicht mehr dort gewesen. Und überhaupt hatte er damals niemanden.

Anfang März bekam er die Bestätigung seines Verbanntenstatus. Solschenizyns Lagerleben war zu Ende. Das Leben in der Verbannung hatte noch nicht begonnen. Und wie sollte es auch beginnen?

Man gestattete es ihm nicht gleich, als Lehrer zu arbeiten. Eine Zeitlang mußte er die Arbeit eines Wirtschaftsplaners in der Rayonverbrauchergenossenschaft versehen. Immerhin wechselte Sanja noch vor dem Ende des Schuljahrs zur Lehrtätigkeit über und nahm als Prüfer an der Abschlußprüfung teil.

In der Schule wird ihm sogleich eine große Arbeitslast aufgebürdet. Sanja ist froh darüber, daß er seit einigen Jahren bessere Nerven hat, daß er nachgiebiger und leutseliger geworden ist. Er fürchtet ein wenig, daß das an Aufregungen reiche Schulleben entgegengesetzte Veränderungen in ihm auslösen könnte ...

Zu einer richtigen Normalisierung seines Alltags verspürt er keine Lust. Vielleicht wird er gar nicht so lange in der Verbannung bleiben? Stalin ist doch gestorben ... Sanja hat die Empfindung, sich auf einer Umsteigehaltestelle zu befinden: »In jeder Minute den Koffer nehmen, den Rucksack schultern – und rein in den Zug.«

Sanja lernt ein älteres Ehepaar kennen und freundet sich rasch mit ihm an. Das sind die Subows: ebenfalls Verbannte. In der KREBSSTATION treten sie unter dem Namen Kadmin auf. Aber die Subows leben ein geistig reicheres Leben. Nikolaj Iwanowitsch Subow ist Gynäkologe und übrigens ein hochgebildeter Mann. Er kennt so ziemlich alles: die Sprachen, die Geschichte, die Architektur und so manches andere. Seine Frau Jelena Alexandrowna hat ein feines Gespür für Literatur und Poesie ...

Subows besitzen eine vortreffliche Eigenschaft: sich über kleine

Dinge zu freuen. In ihrem Haus hört man keine Klagen und kein Jammern ...
Das neue Unterrichtsjahr beginnt. Es bietet sich eine Gelegenheit, ein kleines Einzelhäuschen zu mieten. Nun, die Arbeit in der Schule ist durchaus eine Basis. Irgendeine Ordnung muß man in sein Alltagsleben bringen. Wenn er dieses Haus bewohnt, kann er überdies furchtlos schreiben: so viel schreiben, wie er will ...
Neben dem Häuschen befindet sich ein Gemüsegarten. Gleich hinter dem »Zaun« aus stachligen Dshingilzweigen beginnt die Steppe, am Horizont schimmert blau das Iligebirge ... Sanjas Straße wird nicht befahren, sie besteht nur aus einem »bewachsenen Feldpfad«, deswegen herrscht hier eine »wunderbare Stille«. Die kleine Wohnung (Zimmer, Küche, Korridor) hat zwar einen irdenen Boden, ist aber frisch geweißelt und hell. Das Zimmer hat zwei Fenster, eines nach Süden und eines nach Westen. Das einzige Fenster in der Küche geht nach Süden.
Die Einrichtung ist zwar dürftig, aber für die erste Zeit geht das durchaus hin. Das »Bett« besteht aus drei Kisten nebst Matratze und Kissen, das Kissen ist mit Sägespänen gefüllt. Auf einer Liege sind die Bücher aufgeschichtet, außerdem liegt dort der Koffer, der einstweilen als Tisch dient. Aus einer großen Kiste zimmert sich Sanja einen »Geschirrschrank« mit Regalen aus Sperrholz. Schon bald stellt sich ein richtiger Tisch ein. Dazu gibt es noch einen Schemel statt eines Stuhles.
Traum bleibt vorerst das Radio, das Musik ins Haus bringen soll. Das Lehrergehalt wird vierstellig sein, also wird sich Sanja auch diesen Luxus bald erlauben können.
Nur eines fehlt: eine Hausfrau.
In Kok-Terek gilt Sanja als gar nicht so üble Partie. Es gibt auch durchaus sympathische Frauen: unter den Lehrerinnen und auch sonst ...
Ich wußte durch Tante Nina, daß Sanja aus dem Lager entlassen war. Ich kannte auch den Verbannungsort.
Mein Traum war natürlich, daß sich Sanjas persönliches Leben einspielen möge. Erst dann wäre eine vollkommene Beruhigung über mich gekommen. Aber müssen wir einander vergessen – und können wir das?
Ende August schrieb ich an Sanja einen Brief, der zugleich die Form einer Bitte hatte. Dieser Brief ging in unsere Familiengeschichte ein, unter dem Namen »Brief über die parallelen Trep-

pen«. Ich bat Sanja um die Aufnahme eines freundschaftlichen Briefwechsels, um so etwas wie einen geistigen Kontakt, um ein Hinaufschreiten des Lebens »auf parallel verlaufenden Treppen«. Als Sanja diesen Brief erhielt, empfand er, wie er mir schrieb, zunächst freudige Verblüffung. Der Brief schien das zu bestätigen, was ihm ein mit der Graphologie vertrauter Mann im Lager gesagt hatte, als ihm Sanja meinen letzten Brief zeigte. Den von mir durchlebten »seelischen Niederbruch«, das Bewußtsein dessen, daß »das ungewöhnliche Leben nicht zustande kam« und – die Liebe zu Sanja wie einst.

Sanja wird mich mit der alten Liebe empfangen, wenn ich zu ihm zurückkehre, alles hinter mir lassend, »was ich in diesen zwei Jahren angerichtet habe«. Wenn das aber nicht geschieht, dann würde ein Briefwechsel zwischen uns nicht lange anhalten. Ob ich mir Rechenschaft darüber ablege, daß ich ein »Doppelleben« führen müßte? Und wenn er heiratet, und sei es »bloß aus praktischen Erwägungen«, würde »unser Briefwechsel sowieso nicht weiterbestehen können«.

Er versicherte mir, daß er, wie auch immer meine Entscheidung ausfiele, nicht beleidigt und nicht böse auf mich sein würde, so wie er es bisher nicht war. »Ich weiß, wie schwach ich im Leben war. Ich habe auch die Schwachheit anderer Menschen gesehen, also kann ich Deine Schwachheit gut verstehen und leicht rechtfertigen. Jener Santschik, den Du einst kanntest und völlig unverdient liebtest – der hätte es Dir nicht verziehen. Der heutige jedoch weiß nicht einmal, ob es hier etwas zu verzeihen gibt. Sicherlich stehe ich vor Dir schuldiger da. Und jedenfalls habe ich Dir Dein Leben nicht gerettet, Du aber hast meines gerettet – und mehr als das Leben.«

Hätte mir Sanja nicht so einen ultimativen Brief geschickt, hätten wir einen Briefwechsel begonnen, dann wäre alles vielleicht ganz, ganz anders gekommen ... Aber hier brach der Briefwechsel ab.

Und fast gleichzeitig wurde Sanja krank. Wechselnde Schmerzen in der Magengegend. Appetitlosigkeit. Zunehmender Gewichtsverlust. Ist das eine Gastritis, sind das Magengeschwüre? Nikolaj Iwanowitsch Subow versucht ihn zu heilen, aber ohne Erfolg. Was not tut, sind Untersuchungen und Fachärzte.

Man erlaubt Sanja, ins Gebietszentrum Dschambul zu fahren, um dort die Ärzte zu konsultieren.

Sanjas Stimmung ist niedergedrückt. Und er schreibt an eine

Freundin von mir, die damals alleinstehend war, mit der er kurz vorher einen Briefwechsel begonnen hatte. Er bittet sie inständig darum, im Falle seines Todes nach Berlik (?) zu kommen und über den Rest seines Eigentums zu verfügen.
In Dschambul werden an Sanja sämtliche Untersuchungen vorgenommen. Er wird geröntgt. Nein, das ist kein Magengeschwür und überhaupt keine Magenerkrankung. Das ist ein Geschwür von anderer Art, faustgroß an der Rückwand der Bauchhöhle. Es drückt auf den Magen und ruft Schmerzen hervor. Es kann durchaus sein, daß dies Geschwür – bösartig ist.
Hängt es mit jenem anderem Geschwür zusammen, das ihm in Ekibastus entfernt wurde? Aber jenes Geschwür behielt bis zuletzt seine Beweglichkeit bei, und die Ärzte waren überzeugt, daß es keine Metastasen gebildet hatte. Oder vielleicht doch?
Die einen Ärzte glauben, daß es sich um eine Metastase des alten Geschwürs handelt, dafür spricht die Identität der Wachstumsdauer des Geschwürs wie auch der lymphatischen Wege der Ausbreitung der Metastase. Andere Ärzte meinen, dieses neue Geschwür sei ein selbständiges, wachstumsschwaches, sogar überaltertes und durchaus harmloses Geschwür. Wem soll man glauben? Auf jeden Fall muß man auf das Schlimmste gefaßt sein!
In Dschambul hört er von der Heilwurzel von Issyk-Kul. Es gelingt ihm, ein wenig davon aufzutreiben. Er wird versuchen, sie einzunehmen.
Während der ersten Tage nach der Rückkehr aus Dschambul, Anfang Dezember, fühlt sich Sanja wohl. Er hat jetzt wieder Appetit. Aber er gibt sich keinen Illusionen hin. Der Tod erscheint ihm jetzt fast unvermeidlich. Einen Trost sieht er darin, daß er nicht an die Absolutheit unseres Todes glaubt: »Irgendeine geistige Substanz wird bleiben.«
In Dschambul gibt man ihm einen Überweisungsschein für die onkologische Fürsorgestelle in Taschkent. Er wird nicht umhin können, während der Winterferien hinzufahren. Aber wozu soll er sich bereit erklären: zur Operation, zur Röntgentherapie, zur Radiotherapie? Oder ist die Wurzel von Issyk-Kul verläßlicher?
Er erhält die Ausreiseerlaubnis für Taschkent. Sein Zustand ist zufriedenstellend. Wieder trinkt Sanja das aus der Wurzel hergestellte Gebräu. Mit der Wurzel im Gepäck fährt er Anfang 1954 nach Taschkent.

Taschkent. Am nächsten Tag: die Konsultation im Onkodispensarium. Die Ärztin meint, es handle sich um eine Metastase. Eine Operation kommt kaum in Frage. Was not tut, ist Röntgentherapie. Sie verweist Sanja an die »Strahlenabteilung« der Klinik. Am folgenden Tag, dem 4. Januar, kommt Sanja in die Klinik: ins Krankenhaus Taschmi, Station 13.
Schon einen Tag später hat man Sanjas Bauch in vier Quadrate aufgeteilt, die Quadrate werden der Reihe nach bestrahlt. Erst jeden zweiten Tag, dann jeden Tag. Gleichzeitig muß er irgendwelche Tabletten einnehmen.
Die Chefin der Strahlenabteilung Lidija Alexandrowna Dunajewa und die behandelnde Ärztin Irina Jemeljanowna Meike versichern Solschenizyn, daß die Röntgenstrahlen das Geschwür zerstören werden, während die Tabletten ein Stützungsmittel sind!
Anderthalb Monate bleibt Sanja im Onkodispensarium. 55 Röntgensitzungen. 12000 R. Das Geschwür ist zerstört, zwar nicht völlig, aber weitgehend. Am 1. Juni soll er wiederkommen. Schon dies ist ein gutes Zeichen, andere müssen bereits nach einem Monat wiederkommen, manche sogar schon nach zwei Wochen. Und trotzdem bleibt der Zweifel: wurde ihm das Leben wiedergegeben oder nur vorgegaukelt? Er feiert seine Entlassung aus der 13. Station mit einem Theaterbesuch; er geht ins Ballett ESMERALDA von Drigo.
Sanja fährt ins Gebirge, zum alten Kremenzew, und holt sich bei ihm eine Handvoll von der Issyk-Kul-Wurzel. Dann kehrt er in sein Kok-Terek zurück: in einer ganz anderen Stimmung als bei der Abreise. Damals schwelte in ihm nur eine schwache Hoffnung, jetzt ist ihm, als würde er wieder ins Leben einkehren. Nichts schmerzt. Welch ein Glück! Aber für wie lange? Unterdessen »zieht« die Wurzel. Bald wird er das Gebräu wieder trinken. Röntgen bleibt Röntgen, Wurzel bleibt Wurzel.
In einem seiner Briefe an meine Mutter bittet Sanja, ihm sein Photo zuzuschicken. Schade, daß er keine Photographien von seinen Eltern besitzt. Er schreibt, bei ihm hätte sich »wie bei einem Greis eine schonungsvolle Haltung zum Vergangenen eingestellt«, er möchte »nicht das kleinste Teilchen davon verlieren«.
Damals war seine Einstellung *schonungsvoll*. Und jetzt? Jetzt gibt es für Solschenizyn überhaupt keine Vergangenheit mehr. »Ich habe alles vergessen, was ich dir schrieb!« hörte ich von ihm Ende

des Jahres 1970. »Du warst für mich eine eingebildete Gestalt! Verstehst du? In meinen Briefen habe ich übertrieben!«
Nachdem Solschenizyn den Zenit seines Lebens überschritten hatte, erwarb er nicht jene Weitsichtigkeit des Alters, die uns dazu verhilft, die Falten auf den Gesichtern jener Menschen nicht zu bemerken, die zusammen mit uns altern; diese Falten glattzustreichen. Jene rettende Weitsichtigkeit, die es erlaubt, im Vergangenen das Größte und Wichtigste zu sehen, die es nicht mehr zuläßt, kleinliche Fakten des eigenen Lebens, kleine Vergehen der eigenen und fremder Personen zu beäugen.
Solschenizyn wird im Gegenteil mit den Jahren immer kurzsichtiger. Er wühlt in seiner eigenen Vergangenheit, kramt aus seinem Gedächtnis kleinliche Fakten hervor, er betrachtet sie durch die Lupe, während er das Wichtige durch ein umgekehrtes Fernglas anschaut.
Das Große wird verkleinert, das Kleine wird vergrößert. Die Maßstäbe werden vertauscht. Die Größenordnung wird, mathematisch gesprochen, verwirrt.
Was ich hier sage, bezieht sich nicht nur auf die Bewertung der Handlungsweise jener Menschen, die Solschenizyn einst nahestanden, sowie seiner eigenen, sondern auch auf größere Dinge. Bildet Solschenizyn in sich selbst noch eine Einheit, oder gleicht er jetzt einer weitgespreizten Schere?

Während Alexander Solschenizyn in der Krebsstation in Taschkent erfolgreich behandelt wurde, traf sein ehemals bester Freund und späterer »Ein-Fall-Mann« Nikolaj Witkewitsch in Rostow ein. In jenem Lager, wo er den Rest seiner Strafe verbüßte, waren »Anrechnungen« üblich, deswegen saß er nicht die vollen zehn Jahre ab, zu denen das Militärtribunal ihn verurteilt hatte, sondern etwas weniger als neun Jahre. In Rostow verweigerte man ihm den Zuzug, daraufhin zog er nach Taganrog.
Ende März 1954 erhielt ich von Nikolaj einen Brief. Er schrieb, er sei »voll und ganz mit Arbeitsuche beschäftigt«. Die Schwierigkeiten, mit denen er es in der ersten Zeit nach seiner Heimkehr zu tun bekam, schreckten ihn nicht. Er hat ja »das Feuer, das Wasser, die kupfernen Rohre und die Zähne des Teufels bereits hinter sich«. Außerdem besitzt er eine treusorgende Mutter und Großmutter.

Als ich Nikolaj im Sommer 1955 wiedersah, lebte er bereits in Rostow. Eine hauptamtliche Beschäftigung besaß er damals nicht. Emil Masin versorgte ihn mit Schülern, die »ausreichend« in Mathematik hatten, Nikolaj gab ihnen mit Erfolg Nachhilfeunterricht, was ihm eine gewisse Anerkennung eintrug.
Ein lebhafter Briefwechsel, wie in früheren Zeiten, kam zwischen uns nicht zustande, aber von Zeit zu Zeit schrieben wir einander.
Nikolaj hätte gern irgendeinen Chemievortrag von mir oder eine Vorlesung kommentiert. »Ich werde Dir meinen Eindruck mitteilen, zwei oder drei naive Fragen an Dich richten, und Du wirst ermessen können, ob ich für die Chemie endgültig verloren bin oder ob noch eine gewisse Hoffnung besteht«, scherzte er.
Ihm eine Vorlesung zu schicken, wagte ich nicht, dafür sandte ich ihm ein meiner Feder entstammendes »chemisches Theaterstück«, das den Titel »Echter Sekt« (oder »Der Geburtstag des Chemikers«) trug und mit Erfolg auf der Institutsbühne aufgeführt worden war. Nikolaj fand es löblich, daß ich eine geschickte Form für die Popularisierung der Chemie gefunden hatte, denn in einem Stück könne man etwas vorführen, und die Chemie komme ohne Demonstrationen nicht an, kritisierte indessen meinen »Helden« in Grund und Boden, den er als »einstudierten Kauz« bezeichnete. Seiner Meinung nach sei ein Held notwendig, der »eingängig und ausführlich die Macht der Chemie den sie umringenden Banausen demonstriert«. Mit einem Wort: »Mehr Chemie und weniger Sekt.«
Nachdem Nikolaj sein Nachlagerleben mit Mathematiknachhilfestunden begonnen hatte, pflegte er zu scherzen, die Tatsache, daß er Chemiker sei, hätte er nicht vergessen, »was man von der Chemie selbst nicht sagen kann«.
Zwei Jahre nach seiner Freilassung änderten sich die Zeiten. Die vierzehnjährige Produktionserfahrung (vier Jahre Front und zehn Jahre Arbeit in den Fabriken und auf den Baustellen des Landes – wie seine Fährnisse jetzt qualifiziert wurden) fiel entscheidend ins Gewicht bei der Einstellung Witkewitschs als Aspirant am Lehrstuhl für organische Chemie der Universität Rostow im Herbst 1956. Außerdem die glänzend bestandenen Prüfungen sowie eine Photokopie ihrer gemeinsamen Arbeit, die Stepuchowitsch aus Saratow gesandt hatte.

Das Ehepaar Solschenizyn 1961 in Rjasan

Alexander Solschenizyn während einer Physikstunde an der Schule von Rjasan

Der Schriftsteller Alexander Solschenizyn 1974 in Kopenhagen
und die Autorin Natalja Reschetowskaja 1975 in Moskau

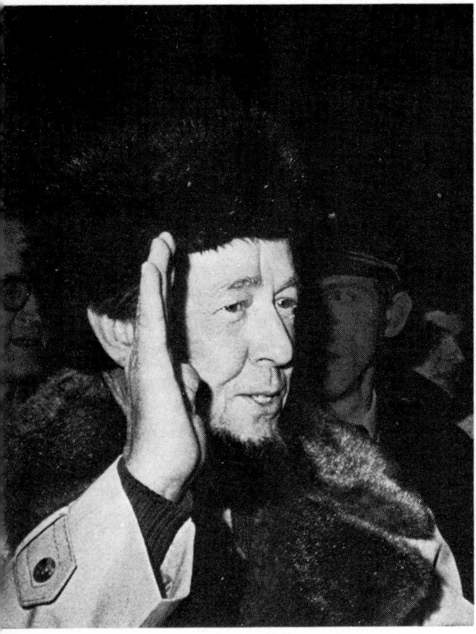

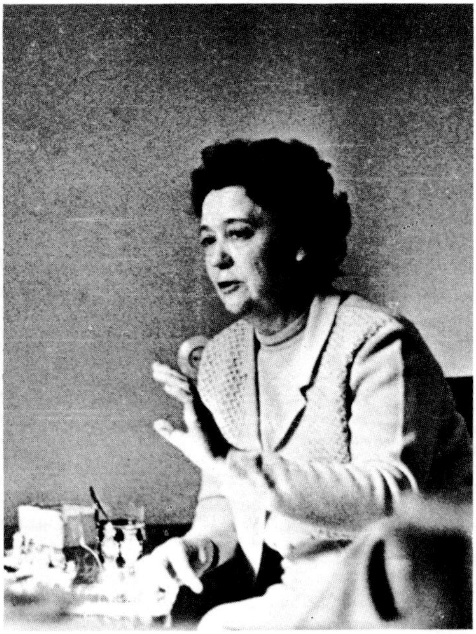

Im Jahre 1954 kaufte sich Sanja doch noch ein Haus in Kok-Terek. Man unterkellerte es für ihn. Um den bestellten Gemüsegarten wird sich die Wirtin kümmern, solange er wieder in Taschkent weilen wird, die Ernte fällt ihm zu. Wo findet man sonst noch so eine Stille? Besonders hinreißend sind die Mondnächte. Die Seele löst sich auf – Steppe, Himmel und sonst gar nichts ... Und sobald es wärmer wird: die Spaziergänge am Fluß Tschu, das Schlafen an der frischen Luft ...

Und dann gibt es in Kok-Terek noch die Subows, die Sanja ganz wie ihren Sohn behandeln.

Sanja fühlt sich vorzüglich. Aber man kann nichts machen: er muß nach Taschkent!

Am 21. Juni ist er wieder auf der 13. Station. Solschenizyn wird im Onkodispensarium freundlich aufgenommen. Man findet, er sei kaum wiederzuerkennen. Trotzdem sagt man ihm, noch bevor man ihn gründlich untersucht hat, er müsse für einen Monat hier bleiben.

Er blieb dann notgedrungen fast zwei Monate. Als die Leukozyten zu stark abnahmen, wurde die Röntgenbehandlung unterbrochen. Aber endlich ist der Heilprozeß abgeschlossen. Erst in zehn Jahren, im Frühling 1964, wird Solschenizyn wieder herkommen müssen. Nicht zur Konsultation und nicht zur Behandlung. Er wird herkommen, weil er sich vorgenommen hat, einen Roman über diese »Krebsstation« zu schreiben ...

Einstweilen streift er, aus der Klinik entlassen, durch Taschkent. Kauft sich einen Regenumhang und einen Photoapparat.

Das Objektiv seines »Sorkij« fängt gierig die Tiere im Taschkenter Zoo ein.

Das Neujahr 1955 feierte Sanja zusammen mit einem Mädchen, für das er Sympathie empfand. Zum Heiraten konnte er sich indessen nicht entschließen, obwohl er das Hagestolzleben satt hatte. Aber wenn er wieder krank würde? Niemand wäre da, der ihn pflegte ... Es ist schlecht, allein zu sein. Und da er in Kok-Terek jene eine Frau nicht findet, die er heiraten können und wollen würde, reift in ihm der Plan einer Ehe nicht aufgrund einer zufälligen Begegnung, sondern über eine Briefbekanntschaft. Seine ersten Lebensversuche, die aus phantastischen, rein spekulativen Konstruktionen geboren werden.

Man wechselt Briefe ... Man äußert den Wunsch, sich kennenzulernen ... Er wird zu ihr fahren, im Sommer ...

Der Sommer 1955 ist seine erste Erholungspause seit fünfzehn Jahren! Seit dem Jahr 1940.
Die Tage verbringt er zu Hause, durch Vorhänge vor der auszehrenden Kasachstaner Hitze geschützt. Schreibt, liest, hört Musik. Gegen Abend, wenn die Hitze nachläßt, geht er zum Fuß und badet lange. Nachts schläft er an der frischen Luft.
Er schreibt das Theaterstück REPUBLIK DER ARBEIT zu Ende (später: DER HIRSCH UND DAS FLITTCHEN) und nimmt allmählich einen Roman in Angriff. Den Roman über die »Scharaschka von Marfino«.
Zu diesem Zeitpunkt haben Sanjas Lagerfreunde ihn ausfindig gemacht: Dmitrij Panin und Lew Kopelew. Briefe gehen hin und her. Sogar ein Bleistiftporträt Sanjas wird ihm zugeschickt, das Sergej Michailowitsch Iwaschew-Mussatow angefertigt hat.
Das kam ganz zufällig.
Am Eingang ins Moskauer Kaufhaus GUM stieß ich auf Jewgenija Iwanowna Panina.
Ich stellte ihr meinen Begleiter vor.
Jewgenija Iwanowna begann sehr erregt davon zu erzählen, was sie hatte erleben müssen, als sie endlich zu ihrem Mann nach Kustanaj fahren konnte, wohin man ihn verbannt hatte. Es stellte sich heraus, daß er dort – nicht allein war ...
Aber sie (eine Frau!) setzt sich trotzdem dafür ein, daß der Mann wieder nach Moskau kommt ...
Jewgenija Iwanowna überschüttete mich mit Fragen nach Sanja. Erst jetzt war uns bekanntgeworden, daß unsere Ehemänner im Lager sehr befreundet waren. Ihr »Mitja« will unbedingt Sanja ausfindig machen. Ob ich dessen Anschrift kenne? Ja, natürlich. Hier in Moskau lebt ein gemeinsamer Freund von ihnen: Lew Kopelew.
Beide Freunde, nachdem sie auf solche Weise Sanjas Aufenthaltsort eruiert hatten, redeten ihm zu, sich um eine Aufhebung der ihm auferlegten Beschränkungen zu bemühen. Auch Jewgenija Iwanowna schrieb Sanja in diesem Sinne. Aber Sanja hat es nicht eilig damit.
Diesmal fuhr Sanja nicht nach Taschkent, sondern nach Karaganda: um sich zu zerstreuen, vielleicht auch, um zu heiraten. Er brachte aber keine Hausfrau von dort nach Kok-Terek mit. Der erste seiner phantastischen Heiratspläne wurde nicht verwirklicht.

Die Herbstamnestie des Jahres 1955 weckte eine kleine Hoffnung. Vielleicht findet sie auch auf ihn Anwendung? Befreiung von der Verbannung?
Wohin soll er sich wenden? In der Stadt will er nicht leben. Die Hast, die Nachbarn, die Trambahnen, die nichtausgeschalteten Lautsprecher hinter der Wand, und manches andere. Irgendwo in einer ländlichen Gegend Mittelrußlands müßte man sich ansiedeln, am besten nicht in der Nähe der Eisenbahn und nicht in einem Rayonzentrum, sondern in der Wildnis. In vielerlei Hinsicht hat es Sanja in Kok-Terek so gut, daß er sich scheinbar nichts anderes wünscht.
Völlig unerwartet bekam ich im April 1956 einen Brief von Sanja. Er teilte mir mit, man hätte ihn von der Verbannung befreit und zugleich das Gerichtsurteil aufgehoben. Er schrieb, er wolle nach Mittelrußland übersiedeln und sich in irgendeinem Krähwinkel häuslich einrichten, deswegen hätte er einen Briefwechsel mit den Gebietsono von Iwanowo und Wladimir aufgenommen. Er fragte, ob ich mich nicht erkundigen kann, ob das Gebiet Rjasan vielleicht Bedarf an Mathematikern und Physikern hat. Dabei versicherte er mir, daß er, selbst wenn er im Gebiet Rjasan leben würde, »keinerlei Schatten« auf mein Leben »werfen würde«.
Im Rjasaner Gebietsono erläuterte man mir, Mathematiker und Physiker gäbe es in unserem Gebiet »im Überfluß«. Das schrieb ich Sanja und riet ihm, sich in einer Stadt niederzulassen.
Das Schuljahr geht zu Ende. Zum viertenmal nimmt Sanja die Abschlußprüfungen der zehnten Klassen ab.
Es gelingt ihm, das Haus zu verkaufen. Die nicht gerade aufwendigen Möbel werden verschenkt ...
Solschenizyn verabschiedet sich von der Schule, von Jelena Alexandrowna und Nikolaj Iwanowitsch Subow und verläßt am 20. Juni Kok-Terek.

Alexander teilte mir mit, seinen Aufenthaltsort würde, wo immer er sei, die Frau seines Freundes Panin kennen; er gab mir ihre Telephonnummer. Als ich einmal nach Moskau kam und bei Lida abstieg, wählte ich die Nummer des Arbeitstelephons von Jewgenija Iwanowna. Vorher hatte ich ihr per Postkarte mitgeteilt, daß ich an diesem Tag kommen und sie anrufen würde.
»Sanja ist hier und erwartet Sie in der Dewjatinskijgasse ...«

Am Abend ging ich hin. Ich ging – zur Sühne! Schwer stapfte ich die Treppe hinauf, als würde ich Golgatha besteigen! Jewgenija Iwanowna empfing mich und führte mich ins Zimmer. Sanja und Panin saßen in einer Ecke an einem runden Tisch und tranken Tee. Beide erhoben sich.
Das Ehepaar Panin richtete es so ein, daß wir zwei allein blieben. Wir kamen plötzlich und ganz einfach ins Gespräch.
Sanja machte mich mit seinen Zukunftsplänen vertraut, am ehesten würde er wohl ins Gebiet Wladimir ziehen. Ich hörte von seiner möglichen, ja fast schon wirklichen Rehabilitierung, das war wie die Fortsetzung unseres gemeinsamen Lebens, unserer gemeinsamen Not.
Dann begleitete mich Sanja zum Haus, in dem Lida wohnte, das war nicht sehr weit. Ich hatte mich bei ihm eingehängt. Es begann zu regnen. Wir suchten, wie einst in unserer Jugend, Zuflucht in einem Hauseingang. Er fragte mich aus, er versuchte zu begreifen, wie alles gekommen war. Ich erwiderte irgend etwas ... Ich lebte damals, sei es im Vergangenen, in das ich aus der Gegenwart heraus eingestürzt war, sei es in der Gegenwart, aber so, als sei ich aus einer fernen Vergangenheit aufgetaucht. Ich sagte: »Ich war dazu geschaffen, dich allein zu lieben, aber das Schicksal entschied anders.«
Beim Abschied händigte er mir aus, was er während dieser Jahre in Versen mir oder über mich geschrieben hatte.
Als alle im Haus schliefen, begann ich zu lesen:

»Wieder träumte mir die ganze Nacht hindurch
Meine liebe, geliebte Frau.

Der Abendschnee, der Abendschnee
Erinnert mich an den Boulevard,
An deinen Kragen, an dein helles Lachen,
Ans Glitzern der Schneeflocken, an den Dunst des Atems ...«

Und die empfindsamsten Zeilen:

»... doch am Ende meines Wegs gibt es ein Haus,
Und es erwartet mich mit Liebe in ihm
Meine, für immer meine Frau.«

Als ich am Morgen aufwachte, versuchte ich, das auf mich Einstürmende abzuschütteln. Ich legte absichtlich Aktivität an den Tag, obwohl sich dann doch Gelegenheit ergab, Lida wissen zu lassen, daß mir die Begegnung mit Sanja und seine Gedichte die Seele aufgewühlt hatten.
Am Abend fuhr ich nach Rjasan zurück. Ich nahm mir vor, meine Verwirrung unbedingt niederzukämpfen. Zu Hause faßte ich so viel Mut, daß ich W. S. sagte, ich hätte mich mit meinem früheren Mann getroffen, es hätte sich aber nichts verändert: alles würde beim alten bleiben.
Immer stärker quälten mich Gewissensbisse. Ich versuchte, alles abzuwürgen, sich nicht auszusetzen ... Aber ich konnte bereits nicht mehr gegen mich an. Ich zog mich zurück und las immer wieder die Gedichte.
W. S. spürte als erster, daß ich mich von ihm entfernte und in mich zurückzog. Er tat alles, um zu verhindern, daß ich ihm entglitt, er fuhr mit mir im Boot auf der Oka (wir besaßen ein eigenes Boot mit Motor), er fuhr mit mir nach Solotscha (wir waren dort aus irgendeinem Grund noch nie gewesen). Dort kaufte er für uns Aufenthaltsberechtigungen fürs dortige Erholungsheim für August. Aber ich war mit meinen Gedanken weit weg, nichts lenkte mich von ihnen ab, nichts zerstreute mich. Der hier beginnende Wald zog sich bis in jenes Gebiet Wladimir hin, wo möglicherweise Sanja leben wird, in jene Richtung führte eine Schmalspurbahn ... Und von dort kam ein Brief:
»... wenn Du den Wunsch verspürst und es für möglich hältst – dann kannst Du mir schreiben. Meine Adresse vom 21. August an: Geb. Wladimir.«
Nachdem ich mich einen Monat lang gequält und mich vergewissert hatte, daß mein Gefühl für meinen früheren Mann nicht bloß wiederauferstanden war, sondern immer stärker wurde, beschloß ich, aufrichtig mit meiner besten Freundin Lida zu sprechen. Ich fuhr zu ihr in ein Sanatorium in der Nähe von Moskau. Sie geriet in Verzweiflung, denn sie empfand große Sympathie für meine neue Familie. Viele Argumente führte sie an, während meine Antworten immer nur Tränen waren. Das Gefühl der Schuld und der neuaufgeflammten Liebe verlangte nach Entladung. Mit gemischten Gefühlen empfahl mir Lida, Sanja einen Brief zu schreiben.
Es stellte sich heraus, daß Sanja, als ich den Brief an ihn schrieb,

in Rostow war. Von dort fuhr er anschließend nach Georgijewsk, Pjatigorsk, Kislowodsk zu Verwandtenbesuchen. Vor Rostow war er im Uralgebiet gewesen, wo die Schwester von J. A. Subowa mit ihrer Tochter Natascha lebte. Zusammen mit den Subows war beschlossen worden, daß das eine passende Braut für ihn sei. Sie hatten einander bis dahin nie gesehen, nur ab und zu Briefe gewechselt. Er blieb dort zwei Wochen. Das Mädchen gefiel ihm, er schlug ihr vor, sich als seine Braut zu betrachten. Doch jene wurde durch sein Ungestüm verschreckt. Als Sanja abreiste, wußte er nicht, was weiter sein würde. Es war nichts beschlossen worden ...

Es begann das Unterrichtsjahr. In meiner freien Zeit setzte ich mich an den Flügel. Nur ihm konnte ich all das anvertrauen, was in meiner Seele vorging... Mir kamen die Worte eines Mannes ins Gedächtnis, der mir aus der Hand gelesen und mit Hilfe von Photos gewahrsagt hatte, in einer für mich besonders schwierigen Zeit, als mein Mann vermißt war, als von der Front keine Briefe mehr kamen. Über die Vergangenheit sagte er mir damals die Wahrheit, über die Gegenwart äußerte er sich vage, jedoch die Frage, ob wir uns wieder vereinigen würden, beantwortete er so: »Das wird von Ihnen abhängen.« Damals erschien mir das unerhört, jetzt aber kam es der Wahrheit nahe...

In seinem nächsten Brief schrieb Sanja, er würde sich darüber verwundern, ein wie großer Ruck in meine Richtung in diesen zwei Monaten in ihm vorgegangen sei... Immer häufiger begann er zu denken, daß ein neues Glück vielleicht doch möglich wäre. Er schlug vor, daß wir uns treffen sollten, um uns über unsere Gefühle klarzuwerden, aber da nicht er, sondern ich an unserer Entzweiung schuld war, sollte ich zu ihm fahren... Er schlug vor: für drei Tage.

W. S. ist zur Jubiläumsfeier eines ihm bekannten Professors nach Odessa eingeladen. Ich sage meiner Mutter, man würde mich wegen Sanjas Rehabilitierung nach Moskau rufen. Mutter sieht meine Erregung, begreift aber nicht deren Ursache. Am 19. Oktober fahre ich zum Bahnhof und nehme eine Fahrkarte bis – Torfoprodukt.

Sanja erwartete mich im braunen Regenumhang und in einem grauen Hut.

Von der Bahnstation aus gingen wir auf einem menschenleeren Weg durch die Steppe in Richtung auf das Dorf Milzewo. Dort lebte im Bauernhaus der Matrjona Wassiljewna Sacharowa der »Issajitsch«, wie sie ihn nannte (der »Ignatitsch«, wie er in der Erzählung MATRJONAS HOF heißt). Der Mond schien. Im schützenden Schatten eines sorgsam aufgeschichteten Heuschobers blieben wir stehen. Wir umarmten einander und küßten uns. Wie einst in der Jugend fiel mein braunes Hütchen mit den Federn von meinem rückwärts geneigten Kopf auf die Erde. Alles, alles war sofort wieder da... Es bedurfte keiner Worte, um das zu fühlen, zu verstehen, um daran zu glauben...

»Wie hast du es geschafft, während dieser Monate so schlank, jung und hübsch zu werden?« fragte mich Sanja.

Tatsächlich hatte ich mir bereits im Sommer das Haar kurz schneiden lassen, trug es jetzt gewellt bis zu den Schultern. Auch war ich dünner geworden, die inneren Auseinandersetzungen hatten mir den Appetit geraubt. An jenem Tag trug ich eine aprikosenfarbene Bluse aus Crêpe de Chine, nach einem Schnitt, der ihm einst so gefiel. Aber nicht das war die Hauptsache. Wenn ich tatsächlich hübscher geworden war, so lag das an dem in mir brennenden inneren Feuer.

Das Haus, das Zimmer mit den Fikussen, die Besitzerin des Hauses wurden in der Erzählung MATRJONAS HOF ausführlich beschrieben. Ich möchte nur dies hinzufügen, daß mich Matrjona Wassiljewna durch ihr ungemeines Taktgefühl bestach. Sie fragte weder mich noch den »Issajitsch« nach irgend etwas aus, solange ich ihr nicht selbst meine Geschichte erzählt hatte. Daraufhin erzählte sie mir die ihre, die in jener Erzählung wiedergegeben ist. Meistens ließ sie uns aber allein.

Der 21. Oktober war ein Sonntag. Überdies war es der Namenstag der verstorbenen Mutter von Sanja. An diesem Tag, den wir den Tag unserer Wiedervereinigung nannten und einige Jahre lang als unseren großen gemeinsamen Feiertag feierten, waren Sanja und ich unzertrennlich. Wir redeten ohne Unterlaß und verstanden einander schon, bevor wir einen Gedanken zu Ende ausgeführt hatten. Wir machten viele Photos.

Sanja hielt es für seine Pflicht, mich immer wieder warnend darauf hinzuweisen, in was ich mich mit ihm einließ. Er sei hoffnungslos krank und würde nicht mehr lange leben. Ein Jahr, vielleicht zwei Jahre... Aber ich ließ mich nicht schwankend machen: »Ich brauche dich, wie es auch kommen mag: lebend oder sterbend...« Also brauchte auch er mich jetzt, brauchte mich sogar ganz besonders, damit sich seine letzten Lebensjahre etwas schöner gestalten, damit ich die ihm womöglich bevorstehenden Schmerzen lindern oder gar den Tod niederkämpfen konnte... Aber würde ich das können?

Wenn Sanja in die Schule ging, nahm ich mich ein wenig des Haushalts an, öfter noch las ich einiges von dem, was er geschrieben hatte: sehr eng, mit kleiner Schrift, auf kleinen Blättern (14x20 oder 13x18 Zentimeter). Die schmalen Ränder waren oft mit Einschüben vollgeschrieben.

Indessen fand ich bei meinem ersten Besuch nur wenig Zeit zum Lesen, denn wenn wir zusammen waren, redeten wir oder widmeten uns einer gemeinsamen Tätigkeit.

Wir sprachen über unsere nunmehr gemeinsamen Pläne... Ich war zu allem bereit.

Auch damals legte ich mir Rechenschaft darüber ab, daß ich guten Menschen großes Leid zufüge. Aber erst jetzt, zurückblickend, ermesse ich, wie groß es tatsächlich war!

Gab es damals etwas, das mich hätte aufhalten können? Wahrscheinlich nicht.

Sogar wenn mich auf der Zeitkoordinate aus der Zukunft die folgenden Zeilen, in der markanten Handschrift meines Ehemannes geschrieben, erreicht hätten: »Wie werden wir uns nun scheiden: friedlich oder vor Gericht?«

Wie hätte ich denken können, daß dies einmal eintreten würde? Und selbst wenn ich es gedacht hätte – es hätte mich nicht abgeschreckt!

»Ich beschwöre Dich, mein Mädchen, sei standhaft bis zum Schluß und ohne einen Kompromiß! Bring mich dazu, den Glauben an Deinen neuen Charakter zu fassen!«

Sanja hielt das Erworbene bereits sehr wert, er fürchtete schon, mich zu verlieren.

Ich versuchte, mein Gewissen damit zu beruhigen, daß mich jener, vor dem ich schuldiger war, notwendiger brauchte. Jener, den ich mehr liebte als alles und jeden anderen auf der Welt. Ihm das Glück zu geben, den Lebenswunsch in ihm wiederzuerwekken: das war damals mein Ziel und meine einzige Bestrebung! *Dieses* und *jenes* ist unvergleichbar!

Wenn ein Mensch von irgend etwas besessen ist, macht er vor

keinem Hindernis halt, er rennt die Hindernisse über den Haufen und wird grausam. Wahrscheinlich war ich damals grausam. In meinem Institut gab es viele, sehr viele sogar, die mich tadelten.
Nach den Novemberfeiertagen teilten W. S. und ich unser ohnehin nicht reich bemessenes Hab und Gut auf und schafften jene seiner Sachen, die noch in der Kassimowskijgasse geblieben waren, zu ihm in die Freiheitsstraße.
Zum erstenmal kam Alexander kurz vor Neujahr nach Rjasan: am 30. Dezember 1956. Am 31. streiften wir, ohne uns um den strengen Frost zu kümmern, zusammen durch die Stadt. Uns lockte nicht nur der Spaziergang zum Rjasaner Kreml und Dom und am Fluß Trubesch entlang, wir wollten an jenem Tag auch unsere Ehe neu registrieren lassen, weshalb wir im Städtischen Standesamt vorsprachen. Unserem Wunsch wurde jedoch nicht stattgegeben. Das Hindernis bestand darin, daß in Sanjas Paß die Scheidung von mir (!) nicht vermerkt war.
Als noch nicht gesetzlich wiedergetraute, aber glückliche Eheleute feierten wir zu dritt mit meiner Mutter das neue Jahr. Wenige Tage darauf fuhren Sanja und ich nach Moskau, wo wir einige seiner und meiner Freunde besuchten. Wir gingen auch ins Moskauer Stadtgericht, in dessen Archiv sich der für ihn bestimmte Vermerk über die Scheidung fand.
In diesen Winter fiel ein tragisches Ereignis: der sinnlose und unerwartete Tod der Matrjona Wassiljewna. Sanja zog zu ihrer Schwägerin um. Das Haus der Schwägerin war besser und sauberer, hier hatte Sanja ein eigenes Zimmer, und trotzdem fühlte er sich bei weitem nicht so wohl wie bei seiner Matrjona.
Eine Woche lang lebten wir in Moskau, in der Familie meines Onkels V. K. Turkin, des ehemaligen Mannes von Tante Veronja und Vaters der kleinen Veronika.
In diesen Tagen besorgten wir uns Fahrkarten für ein Flußschiff, wir wollten eine kleine Reise unternehmen, außerdem machten wir Einkäufe. Der wichtigste Einkauf war die Schreibmaschine MOSKAU-4, die wir im GUM kauften. In der Tat war jetzt die Zeit herangereift, da man an ein Abtippen der fertigen Manuskripte gehen mußte. Wir mußten *selbst* Schreibmaschine lernen. Aus meiner Zeit an der Moskauer Universität besaß ich gewisse Vorkenntnisse...
Es begann unser *stilles Leben*. So nannte mein Mann diesen unseren Lebensabschnitt...

KAPITEL 7

»Das stille Leben«

Unser *stilles Leben* begann bewegt und mühevoll. Der Empfang des Gepäcks, die Auf- und Umstellung der Möbel, die Neuverlegung der Stromleitung, das Zerlegen der Gepäckkisten zum Zweck ihrer Verwendung als Baumaterial, alle möglichen kleinen Reparaturen im Haus ... Und das alles eigenhändig.

Endlich war der Einzug beendet.

Unser gemeinsames Neun-Quadratmeter-Zimmer nahm zwei Arbeitsräume, die Bibliothek und das Schlafzimmer in sich auf.

Einander gegenüber standen die zwei Schreibtische. Der große strenge, an Fächern reiche Schreibtisch meines Mannes; mein kleiner, antiker Schreibtisch auf seinen dünnen, geschnitzten Beinen. Entlang der Wände waren Bücherregale aufgebaut. Neben dem Bett stand ein kleiner Tisch, ebenfalls antik. Auf diesen Tisch legten wir die Bücher, die wir vor dem Schlaf lasen.

Gegenüber unseren Fenstern, genau wie überall, begannen hohe Häuser emporzuwachsen, flammten Straßenlaternen auf, und in den zahlreichen Fenstern der neuen Häuser ging das Licht an. Die Stadt war im Vormarsch ...

Doch in unserem Zimmer und unten im kleinen Hof nahmen wir dies alles nicht so recht wahr. Im Garten war es ruhig und menschenleer, die Kinder in den Nachbarwohnungen waren noch nicht zur Welt gekommen, ins Haus gegenüber war das Lebensmittellager mit seinem geschäftigen Lärm noch nicht eingezogen, im angrenzenden Hof des Rundfunkinstituts wurden noch keine reparierten Motorräder probegefahren.

In einer entfernten Hofecke neben einem dichten Zaun, wo ein Apfelbaum mit seinen ausladenden Ästen eine natürliche Laube bildete, zimmerte mein Mann eine Bank und einen kleinen Tisch. Außerdem fanden dort noch ein Klappbett und ein Sessel ihren Platz. Ein richtiges grünes Zimmer!

An solche Lebensumstände kann ich mich überhaupt nicht erinnern, schrieb Alexander Issajewitsch an die Freunde im fernen Kok-Terek: an Doktor Subow und dessen Frau. Der Lärm der Stadt ließ sich nur dumpf vernehmen, die Hitze war gemildert, die Bäume machten die Luft völlig rein, Sonne und Staub drangen

nicht durch. Von oben hingen die Äpfel herab, man brauchte nur die Hand nach ihnen auszustrecken.
Der unsichtbare Faden zu den Subows, den ersten und vorerst einzigen Lesern seiner Arbeiten aus der Nachlagerzeit, sollte sich, ohne sich zu verwickeln oder abzureißen, bis in jene Zeit hinziehen, da Alexander Issajewitsch bekannt werden und ihn eine Flut anderer Briefe, Bekanntschaften und Ereignisse überspülen wird.
Einstweilen jedoch ersetzen ihm die Subows in gewisser Weise die gesamte übrige Menschheit.
Dieser Briefwechsel war für beide Seiten über Jahre hinaus eine Art von Kulthandlung ... Zusammen mit den Briefen traten über Tausende von Kilometern Zeitungsausschnitte, interessante Briefe dritter Personen und, dies besonders oft, Photos die Wanderschaft an.
Mein Mann hatte es nicht eilig, meine Freunde kennenzulernen. Mehr als das: ich mußte mich damit abfinden, daß sich mein Kontakt zu ihnen abschwächte. Kein einziger Mensch in der Stadt durfte etwas vom *eigentlichen* Leben meines Mannes wissen oder auch nur ahnen. Von seinem schöpferischen Leben.
So verwandelten wir uns in Einsiedler ... Eine Ausnahme konnte nur für erprobte Freunde gemacht werden, vor denen man sich nicht zu verbergen brauchte. Als erster Gast dieses Schlages tauchte Nikolaj Andrejewitsch Potapow bei uns auf.
Der »Andrejitsch«, den wir schon im Juli bei uns aufnahmen, gefiel meiner Mutter und mir sehr gut. Ein sympathischer Mann mit mildem Humor. Er erzählte uns viel von seinen vergangenen Fährnissen. Und mit großem Elan von seiner damaligen Arbeit beim Bau des Kraftwerks von Kujbyschew.
Der »Andrejitsch« wurde mit den literarischen Angelegenheiten meines Mannes vertraut gemacht. Er erfuhr, daß Sanja an der »Scharaschka« schrieb. Das Kapitel »Das Lächeln des Buddha« wurde ihm zu lesen gegeben.
Der nächste Gast, ebenfalls Exlagerfreund meines Mannes, war erst ein halbes Jahr später zu uns gekommen: Dmitrij Michailowitsch Panin.
Auch traf er jedesmal, wenn mein Mann in irgendeiner Angelegenheit nach Moskau fuhr, mit den Lagerfreunden zusammen. Kopelew, Panin, Iwaschew-Mussatow ... Auf ihre Freundschaft legte Alexander in jener Zeit großen Wert...

Ein gewisser Ausgleich in unserem Einsiedlerleben ergab sich aus dem allmählichen Vertrautwerden mit der Gegend um Rjasan. So langsam und nach und nach ...

In jenem Sommer mußte ich einmal eine Vorlesung in Spassk an der Oka halten. Wir fuhren zusammen mit dem Flußschiff dorthin. Es mußte mir auffallen, daß meinem Mann die gutgekleideten, fröhlichen Menschen verblüfften und sogar ärgerten. In Solschenizyn hatte sich bereits die Wut auf alle Menschen festgesetzt, die sein Schicksal nicht geteilt hatten. Für wie lange würde sich diese Wut einnisten? Für eine sehr lange Zeit!

Im September begann mein Mann in der Schule zu arbeiten. Im Arbeitszimmer des Leiters des Instituts trafen sich der Direktor der Zweiten Rjasaner Schule und Alexander. Die Hartnäckigkeit meines Mannes, der unwiderlegbare Argumente für die Vordringlichkeit seiner Einstellung vorbrachte, machte Eindruck auf den Direktor, er begann, Solschenizyn auszufragen. Es stellte sich heraus, daß sie in nächster Nähe voneinander an der Front gewesen waren. Das war wichtiger als das Universitätsdiplom mit der Auszeichnung, als die vorzügliche Charakteristik oder auch als das Recht des Rehabilitierten auf eine außerplanmäßige Anstellung.

Nach einiger Zeit beherrschten wir beide das Schreiben auf der Schreibmaschine. Ich machte mich nach dem Lehrbuch mit der Tastatur vertraut, merkte mir die Anordnung der Lettern und erreichte bald ein gutes Tempo. Alexander Issajewitsch tippte mit zwei Fingern (mit dem Zeigefinger der rechten und dem Mittelfinger der linken Hand), doch man muß ihm Gerechtigkeit widerfahren lassen: in punkto Schnelligkeit hat er mich übertroffen!

Die erste Arbeit, die auf Alexanders Schreibmaschine geschrieben wurde, war ein Aufsatz über die künftigen Erdsatelliten, den das vom Gebietskomitee der KPdSU herausgegebene NOTIZBUCH DES AGITATORS bei ihm bestellt hatte. Diesem Aufsatz war es nicht beschieden, das Licht der Öffentlichkeit zu erblicken – am 4. Oktober startete unser erster Sputnik in den Weltraum! Dafür schrieb die PRAWDA DER OKA in einer ihrer Oktoberausgaben von den Vortragsrednern, die sich zu diesem Ereignis geäußert hatten. Unter anderem wurde auch der Name des Physiklehrers an der Zweiten Schule Gen. Solschenizyn genannt.

Der Tag unserer Wiedervereinigung jährte sich in aller Stille. Wir

begingen ihn zu zweit (Mutter war weggefahren) bei einem Glas nicht zu starken Weines und kehrten sogleich nach dem Festmahl zu unseren üblichen Beschäftigungen zurück. Ich notierte das in meinem Tagebuch und fügte hinzu:
»Manchmal bange ich sogar um unser Glück – so voll ist es!«
In der Tat ... Später zwar, als wir es erwartet hatten, schwieriger und dramatisch bewegter, war jenes trotzdem eingetroffen, wovon wir einst geträumt hatten.
Und es gab noch ein unerläßliches Element des Familienglücks, über das wir verfügten. Als meine Mutter zu mir nach Rjasan zog, schrieb Alexander, nach seiner Vorstellung könne es ein Haus ohne einen Schutzengel des häuslichen Herdes nicht geben, ohne eine Frau, die nirgendwo arbeitet, die immer daheim ist, alles weiß, alles sieht, die in sich ruhend und durch sich die Bewohner des Hauses und die das Haus füllenden Dinge zu einem einheitlichen, unwiederholbaren, liebenswerten Ganzen verschmilzt.
»Ich hoffe, Sie noch viele, viele Jahre so zu sehen«, schloß er, »und unter einem Dach mit Ihnen zu leben.«
Auch mein Mann ist von der Empfindung des Glückes durchdrungen:
»Natussjka und ich leben völlig unzertrennlich«, schreibt er an die Subows und fügt hinzu, wir würden einander deshalb so besonders viel bedeuten, weil wir keine Kinder haben und also mit unserem Tod zu Ende gehen würden. Aber es täte ihm überhaupt nicht leid, daß keine Kinder da wären.
Kinobesuche, Konzerte, Theaterbesuche waren streng beschränkt, ins Kino gingen wir allenfalls zweimal im Monat, ins Theater oder Konzert einmal in zwei Monaten. Darüber wurde Buch geführt. Wenn wir in irgendeinem Monat die Norm überschritten, fasteten wir in den darauf folgenden Monaten.
Ich war nachgiebig (wahrscheinlich zu sehr!), ich nahm folgsam alle Einschränkungen in Kauf, denn ich liebte meinen Mann und glaubte an ihn als eine bedeutende und ungewöhnliche Persönlichkeit. Ich wollte, das alles so war, wie er es für notwendig hielt. Mit vollem Bewußtsein und freiwillig war ich dazu bereit, in seiner Person aufzugehen. Ich hatte ihm ja ganz aufrichtig versprochen, »Seelchen« zu sein!
So wurde mein Leben langsam und unmerklich immer ärmer. Arm wurde ich darin, was allen anderen zugänglich war. Jedoch

in den ersten Jahren empfand ich das überhaupt nicht. Außerhalb des Hauses hatten wir wenig Unterhaltung, aber dafür war die Freude im Haus so groß!

Zwei, drei Jahre später war es mir weitgehend gleichgültig geworden, ob ich ins Kino gehen konnte oder nicht; ob ich mir Bücher kaufen durfte oder nicht; ob ich nach der dreiprozentigen Anleihe gewann oder nicht. (Der Gewinn wurde sowieso nicht gefeiert, mein Mann mochte Geschenke weder machen noch erhalten.)

Die nur geringe Beanspruchung in der Schule, sowieso die bestmögliche Rationalisierung bei der Erfüllung seiner schulischen Verpflichtungen, erlaubten es Alexander Issajewitsch, sich viele Stunden lang dem Roman zu widmen. Aber diese Arbeit erschien ihm, ob zu Recht oder zu Unrecht, als eine gefährliche, verbotene, von Bestrafung bedrohte Beschäftigung. Das alles war bereits nach dem Zwanzigsten Parteikongreß der KPdSU. Zu jenem Zeitpunkt waren Sorins GÄSTE, Dudinzews NICHT NUR VON BROT ALLEIN und viele andere Literaturwerke bereits erschienen. Aber Solschenizyn stand nicht nur den literarischen Kreisen, wo über diese Werke lebhaft diskutiert wurde, denkbar fern, seine bewußt vorgenommene Selbstisolierung führte überdies dazu, daß er die Veränderungen fast nicht bemerkte, die ringsherum deutlich spürbar waren. Nach allen Regeln der Konspiration verbarg er sich vor den Menschen: erst in der Verbannung, dann in Torfoprodukt, dann in Rjasan. Sein ganzes Schaffen während der Jahre des *stillen Lebens* vollzog sich unter Bedingungen der strengsten Konspiration, als befände er sich in einem freiwillig gewählten Untergrund.

Wenn jemand bei uns vorbeikam, was sehr selten geschah, wurde die Tür ins weiter abliegende Zimmer fest verschlossen, und es war von dort kein Laut zu hören.

Auf den maschinegeschriebenen Exemplaren vermerkte Alexander Issajewitsch keinen Familiennamen, das mit der Hand Geschriebene wurde nach dem Abtippen unverzüglich verbrannt. Da unser Ofen von der Küche aus eingeheizt wurde, mußte das am späten Abend geschehen, wenn die Nachbarn schon schliefen.

Es liegt nahe, daß wir in Anbetracht eines so abgeschlossenen Lebens in Rjasan weder gute Bekannte noch gar Freunde haben konnten. Alexander freundete sich an seinem Arbeitsplatz mit niemandem an. Bei mir fielen praktisch fast alle kameradschaftlichen Kontakte fort. Später sagte meine Institutskollegin Kusnezowa, alle hätten den Eindruck gehabt, daß mich Alexander ihnen gestohlen, aus dem Leben weggeführt und vor allem versteckt hätte.

Dieses ganze Jahr, vom Sommer 1957 bis zum Frühling 1958, verlief bei uns im Zeichen der Arbeit an der »Scharaschka«. Erst kam, bis Mitte Januar, die zweite Redaktion, das heißt: das Wiederlesen und Abschreiben des ganzen Romans. Dann folgte, bis einschließlich April, eine nochmalige höchst aufmerksame und minuziöse Lektüre, endlich folgte das Abtippen.

Auch ich las den KREIS in dem Maß, in dem er abgeschrieben wurde. Ausnahmsweise las ich auch einige Kapitel der ersten Fassung: »Das Lächeln des Buddha« sowie jene Kapitel, in denen Sergej Kershins (so hieß Gleb Nershin ursprünglich) Ehefrau Nadja auftrat.

Diese Kapitel entstanden in mancherlei Hinsicht aus meinen Tagebüchern. Danach berieten wir uns darüber.

Heute sehe ich deutlich, daß ich zu allem, was mein Mann schrieb, besonders zu den Kapiteln über die Stromynka, eine allzu unkritische Einstellung hatte. Daran, daß der Schriftsteller meine Freundinnen aus der Stromynka so wenig interessant dargestellt hat, ist möglicherweise auch die Spärlichkeit meiner Tagebücher schuld und meine Unfähigkeit, die Atmosphäre unseres dortigen Lebens wiederzugeben, den schwierigen und dramatischen Charakter der Schicksale der an meiner Seite lebenden Aspirantinnen.

Ich war der Meinung, Solschenizyn würde viel besser als ich verstehen, spüren und sich vorstellen, wie man schreiben muß. Heute ist mir klargeworden, daß sich Alexander Issajewitsch mit seiner einprogrammierten Tendenz, nur Häftlinge und teilweise deren Frauen als interessante Menschen gelten zu lassen, den Erlebnissen gegenüber, die über den Rahmen seiner Interessen hinausgingen, schlicht und einfach taub erwies.

Ich bewahrte den Brief einer Freundin auf, die sich im Jahre 1964 mit dem KREIS vertraut machte und unumwunden ihre Meinung äußerte. Sie besaß ein Recht dazu, denn sie war in der ersten Fassung eine der am aktivsten handelnden Personen der Kapitel über die Stromynka.

»... das Ergebnis ist dies«, schrieb sie an meinen Mann und mich,

»daß das Leben in der ›Freiheit‹ höchst einseitig und voreingenommen gezeigt wird, das gilt besonders für die Darstellung der Frauen im Roman.«
Sie erinnerte sich an die Vorbilder dieser Frauen. An Olga Tschaikowskaja, die an ein und demselben Tag zwei Todesnachrichten bekam: über ihren Mann und ihren einzigen Bruder. Sie blieb sich selbst überlassen mit ihrem Sohn, den sie aufziehen mußte – das gab ihr die Kraft, alles durchzustehen …
»Warum ist im Roman der Brennpunkt so verschoben? Warum werden nur die Frauen der Häftlinge als leidend und edelmütig dargestellt, während die übrigen Frauen so farblos wirken? Man darf die Welt nicht nur durch das Prisma der eigenen Leiden betrachten (in den Kapiteln über die Stromynka wird alles durch das Prisma von Nadjas Leid gezeigt), man muß zu begreifen versuchen, daß auch die anderen Menschen leiden.«
Sie verweist auf die poetischen Gestalten russischer Frauen bei Puschkin und Tolstoj. Wie kann man nur Frauen, denen ein so schweres Los anheimfiel, so flach und banal darstellen!
Solschenizyn fand eine einfache »Lösung«. Er strich die Briefschreiberin von der Liste der handelnden Personen des Romans. Die »Oljenka«, in die sich die zunächst beschriebene »Sanetschka« verwandelte, besaß nicht mehr die geringste Ähnlichkeit mit jenem klugen, begabten und erlebnisstarken Mädchen. Jedoch die Beschreibung des »Zimmer 418« geriet auf diese Weise leider noch banaler.
Wenn ich mich heute mit jenen Frauen treffe, mit denen ich einst das Dach in der Stromynka teilte, reden wir viel über jene alten Zeiten. Wir erinnern uns daran, wie interessant wir es miteinander hatten, wenn wir uns nach getrennt getaner Arbeit des Tages abends versammelten. Wir: das waren Philologen, eine Historikerin, eine Volkswirtin, eine Archäologin, einige Chemikerinnen. Unser Zimmer verwandelte sich am Abend in eine zweite Universität.
Es gab nichts, was uns gleichgültig ließ. Wir stritten darüber, was in der Biologischen Fakultät vorging und was das sei: die Genetik. Eine Wissenschaft oder eine Pseudowissenschaft? Oder darüber, wie mein Professor Kobosew wegen seiner Versuche mit irgendwelchen Käfern kritisiert und belächelt wurde, während sich in diesen Versuchen in Wirklichkeit die Kybernetik ankündigte, die in jener Zeit ebenfalls als Pseudowissenschaft

galt. In der Bewertung dessen, was vorging, waren wir ziemlich zurückhaltend, so war jene Epoche nun einmal geartet ...

Wir waren so sehr über einander im Bilde, daß unsere Volkswirtin in der Straßenbahn einen Streit mit irgendwelchen Chemikern vom Zaun brach, die die »Ensembletheorie« meines Lehrers attackierten.

Jede von uns hatte ihr Leid und ihre Sorgen. Wenn ich in einer gewissen Weise für Sanja lebte, dann hatten auch die anderen ihre Sorgenkinder. Für die Volkswirtin Sina war ihre entzückende jüngere Schwester Maschenka der Gegenstand ihrer ständigen Aufregungen, später auch der Neffe Schorik. Die Aspirantin der Philologie Knarik, die in ihren Turgenew verliebt war, sorgte sich um ihre alten Eltern. Die Archäologin Schenja sparte sich viel von ihrem Essen und ihrer Kleidung ab, um das Geld an ihren hochbegabten Bruder zu schicken, einen Malschüler an der Leningrader Kunstakademie. Nur Schurotschka Popowa hatte keinen, um den sie sich sorgen konnte, und das war ihr allergrößtes Leid. Während eines einzigen Kriegsjahres hatte sie den Vater, die Mutter und ihren einzigen Bruder verloren. Das Studium rettete ihr das Leben ...

Übrigens ist auch jene Nadja Nerschina, die aus meinen Tagebüchern und den Erinnerungen an meine Begegnungen mit Sanja geboren wurde, ziemlich weit von Natascha Reschetowskaja entfernt.

Die Schwierigkeiten mit der Dissertation brachten sie keineswegs zur Verzweiflung, wie das im Roman beschrieben ist. Nadja jammert gern. Natascha Reschetowskaja wurde selbst noch durch das Allerschlimmste nicht zum Jammern gebracht, wenn eine Möglichkeit zum Handeln bestand! Um die Fertigstellung der Dissertation zu beschleunigen, tat sie alles, was sie konnte, wußte, daß früher oder später das Ende aller Fährnisse anbrechen wird, und behandelte dieselben sogar mit einem gewissen Humor ...

Die Mädchen in der Stromynka waren nicht nur intellektuell reicher, sie waren auch in ihrer seelischen Artung besser, als sie in KREIS beschrieben sind. Wenn sie auch einiges an mir mißbilligten (zum Beispiel meine übertriebene Begeisterung für die Musik und für das Schachspiel), so bildete das keinesfalls den Gegenstand böser Zungenwetzerei hinter meinem Rücken. Darüber wurde nur in aller Öffentlichkeit gesprochen. Wenn sie dahintergekommen wären, daß mein Mann noch lebte, daß aber mit ihm nicht alles zum Besten stand, so hätten sie auch darüber nicht böse geredet – sie hätten mich ihr Mitgefühl spüren lassen ...

Neujahr war wieder gekommen. Wieder waren wir zu dritt: wie im Vorjahr. Im Licht von Blitzlichtern, die mein Mann zu diesem Zweck aus der Schule, wo er bereits ein gut eingerichtetes Photolabor besaß, mitgebracht hatte, wurden viele Photos gemacht. Darunter war ein sehr gelungenes von meiner Mutter, wie sie im Sessel sitzt und die Neujahrspost sichtet.

Beim Abschied vom alten Jahr liebte es mein Mann, dessen Fazit zu ziehen und neue Pläne zu schmieden.

Damals reiften auch die Pläne für den kommenden Sommer. In erster Linie träumte mein Mann von einer Reise nach Leningrad, das ihn seit langer Zeit anzog.

Aus der Bibliothek wurde ein ziemlich alter Reiseführer durch Leningrad herbeigeschafft. Mit dessen Hilfe stellte Alexander eine umfängliche historisch-künstlerische Kartothek zusammen.

Ich hatte großes Interesse an Leningrads Architektur noch während meiner Leningradreise mit den Laienkünstlern der Moskauer Universität im Jahre 1949 gefunden. So wurde denn beschlossen, daß auch ich eine Kartothek zusammenstellen sollte: eine über Architektur.

Unser erster Gast im neuen Jahr war Dmitrij Panin.

Zu diesem Zeitpunkt hatte er sich faktisch von Frau und Sohn getrennt und lebte bei seiner Schwester.

Wir wußten das bereits. Das also war der Epilog der sechzehnjährigen Erwartung des Ehemanns durch seine schöne, selbstlose Frau!

Der sündige Mann war zu seiner sündenlosen Frau zurückgekehrt. Aber dafür war er gläubig geworden. Frau und Sohn mußten also auch gläubig werden! Es wurde zugeredet, überzeugt, gefordert, Ultimaten wurden gestellt ... Offiziell wurde die Ehe nicht erneuert. Wozu? Und wenn es sich aus irgendeinem Grund wiederholt? Sollte sie dann wieder geradestehen?

Damals war Dmitrij Michailowitsch Panin orthodoxen Glaubens. Später wurde er Katholik. Dann heiratete er eine Jüdin, um nach Israel auszureisen, und fand sich in Paris wieder. Seiner richtigen Ehefrau, die das Alter mit ihm hatte teilen wollen, mit der er in den Sommermonaten auf seinem Datschagrundstück zusam-

menlebte, hinterließ er einen »beruhigenden Brief:« er hätte sie mehr als alle anderen Frauen, mit denen er etwas gehabt hatte, geliebt und wolle sein Leben in einem Kloster beschließen ...
Dmitrij Michailowitsch las die »Scharaschka«. Im großen ganzen akzeptierte er sie ohne Einwände. Mein Mann beriet sich mit ihm besonders wegen der Streitgespräche Sologdins und Rubins (damals: Lewins). Sie erfanden gemeinsam die Themen dieser Gespräche und sprachen das bereits Geschriebene durch.
Im Frühling fuhr ich nach Moskau auf eine wissenschaftliche Konferenz über Katalyse. Sie wurde von den »Kobosewern« der Universität Moskau organisiert.
Die Referate riefen recht lebhafte Diskussionen hervor, bei denen man einander mächtig am Zeug flickte. Eines der Referate hielt Kobosew persönlich. Wie immer (nur die Gelegenheit ergab sich so selten!) logisch, prägnant, manchmal scharf und witzig, mitunter verblüffend präzis.
Die Konferenz dauerte einige Tage. Ich saß die ganze Zeit Seite an Seite mit Tamara Pospelowa, von der ich fast unzertrennlich war, als wir die einzigen Frauen in Professor Kobosews Labor waren.
Zu meinem Erstaunen stellte ich fest, daß man mich in dieser Welt der Wissenschaft nicht vergessen hatte. Auf meine Arbeiten, speziell auf die von mir entdeckten sogenannten »sekundären Ensembles«, bezog man sich in den Referaten. Der Chef persönlich tat das. Und als ich die geräumigen neuen Räume des Kobosewschen Labors in einem Einzelgebäude auf den Leninbergen besuchte, entdeckte ich auf einer Schautafel, inmitten einiger anderer solcher Blätter, das Titelblatt meiner Dissertation.
Alles hätte anders kommen können. Aber wie hätte sich dann mein persönliches Leben gestaltet? Habe ich vielleicht das Recht, über irgend etwas unzufrieden zu sein? Ich habe ein Haus, ich habe die Möglichkeit, eine Familie zu unterhalten ... Alexander ist nicht darauf angewiesen, in der Schule eine ihn voll in Anspruch nehmende Tätigkeit auszuüben. Er könnte den Lehrerberuf sogar ganz an den Nagel hängen, wenn er diesen Wunsch verspürt!

Alexanders Krankheit machte sich nicht bemerkbar, erforderte aber ständige Aufmerksamkeit. In jenem Frühling verbrachte er etwa zwei Wochen im Krankenhaus, wo man ihn einer Chemietherapie unterzog. Eigentlich hätte er dort noch etwas länger bleiben sollen, aber er bestand auf seiner Entlassung aus dem Krankenhaus und setzte die Behandlung ambulant fort. Er fühlte sich dabei nicht unwohl und arbeitete fast ohne Unterlaß.

Die »Scharaschka« wurde im Eiltempo abgetippt.

Während der Behandlung nahm mein Mann etwa drei Kilogramm zu, was ihn in Schrecken versetzte. Dafür schien das Geschwür zurückgegangen zu sein.

Nach einer Sarkolisinkur wurde er von Optimismus ergriffen, er beschloß, sich fortan als gesund zu betrachten. Um das überflüssige Gewicht wieder loszuwerden, aber auch um sich verjüngt fühlen zu dürfen, kam Alexander meinem Wunsch nach Anschaffung von Fahrrädern entgegen.

Mit welcher Verspätung holte ich doch mein Leben auf! Von einem Fahrrad träumte ich bereits auf der Schulbank, aber damals war dieser Wunsch unerfüllbar.

Nun besaß ich also ein entzückendes grünes Damenfahrrad Marke LWOW! Mein Mann hatte sich ein etwas schwereres Straßenfahrrad gekauft. Aber ich hatte den Vorteil. Als ich erst einmal richtig eintrainiert war, blieb ich nicht mehr hinter ihm zurück – allenfalls bei Gegenwind und auf steilen Strecken ... Bei Fußmärschen freilich ging es ganz anders zu! Da zog ich stets den kürzeren im Vergleich mit meinem »Schnelläufer« ...

Es begannen unsere ersten Fahrradtouren »in die Natur hinaus«: zuerst an die Oka, dann bis Poljany, endlich bis Solotscha, etwa 20 Kilometer von Rjasan entfernt. Solotscha erschien meinem Mann als »wunderbares Plätzchen«.

Die große Kartothek mit den Straßen und Sehenswürdigkeiten von Leningrad wurde fertig. Die Zettel sind nach bestimmten Marschrouten sortiert. Mit der abgetippten Kartothek in den Händen hätte Alexander Issajewitsch bereits als Fremdenführer durch Leningrad arbeiten können. Die von uns bestellte LENINGRADER PRAWDA nahm zu uns den Weg nach Rjasan. Wenn wir sie lasen, drangen wir gleichsam in das Leben der Stadt ein.

Endlich brach der glückliche Augenblick an. Versehen mit einem nach einer minuziösen Liste zusammengestellten Vorrat an Kleidungsstücken, Reiseutensilien und Photoausrüstungsgegenständen, verließen wir Rjasan am frühen Morgen des 29. Juni ...

In Leningrad trafen wir an einem strahlenden Morgen ein. Der

Frühling hatte sich hier verspätet. Während bei uns der Flieder schon längst verblüht war, blühten auf Leningrads Straßen und Plätzen üppige Fliedersträucher.
Abends zogen wir uns besonders feierlich an und brachen zu einem Spaziergang auf. Wir gingen den Newskijprospekt in der dem Schloßplatz entgegengesetzten Richtung entlang, bogen links ab und befanden uns vor dem Gebäude der einstigen Adelsversammlung, wo sich jetzt die Philharmonie befindet. »Haben Sie vielleicht ein Kärtchen übrig?« wurden wir von Leuten angeredet ... Es stellte sich heraus, daß der amerikanische Dirigent Stokowski sein Abschlußkonzert gab. Daraufhin begannen wir unsererseits jene Frage an die herbeiströmenden Menschen zu richten und bekamen Eintrittskarten für den obersten Rang. Dort konnte man nicht nur auf seinen nicht gerade bequemen Plätzen sitzen, sondern auch frei hin und her spazieren, ohne die Bühne anzuschauen, dem erstaunlich vollen Orchesterklang lauschend.
Nach dem Konzert gingen wir auf die auch ohne Laternenlicht hellen Straßen hinaus. Obwohl elf Uhr vorbei war, schien es so, als wäre erst früher Abend. Überall wurden Maiglöckchen, Speiseeis und Mineralwasser verkauft ...
Bis vier Uhr früh schlenderten wir an den Newakais entlang, machten Aufnahmen und bewunderten das sich unseren Augen öffnende Panorama.
Aber natürlich ist Leningrad vor allem eine Theaterstadt. Bulgakows FLUCHT in der Alexandrinka, DER FLIEGENDE HOLLÄNDER, GISÈLE.
Den größten Eindruck machte auf uns auffallenderweise das französische Stückchen IM SECHSTEN STOCK: eine Aufführung eines Rigenser Ensembles.
»Das Sujet ist elementar einfach«, schrieb Sanja an die Subows.« »Er hat ›sie‹ betrogen und nicht geehelicht; aber gerade hier überzeugt man sich, daß in der Kunst nicht das *Was*, sondern das *Wie* die Hauptsache ist.«
Auf diesen Gedanken kam Alexander Issajewitsch im Verlauf seines ganzen Lebens wiederholt zurück. Ohne sich indessen völlig von seiner Richtigkeit überzeugen zu lassen.
»Hören Sie mal, Kunst ist nicht das *Was*, sondern das *Wie*«, sagt der Drehbuchautor Cäsar Markowitsch in EIN TAG IM LEBEN DES IWAN DENISSOWITSCH.

»Der Teufel soll Ihr *Wie* holen, wenn es in mir keine edlen Gefühle erweckt!« erwiderte der Häftling X-123.

Das Streitgespräch wird vom Autor nicht weitergeführt, X-123 behält das letzte Wort, und folglich behält er auch recht.

Möglicherweise ist die Sache die, daß sowohl das *Was* wie das *Wie* zählt. Das »elementar einfache« Sujet des SECHSTEN STOCKES ist doch ewig!

Genauso ewig wie im Leben, wie das Alexander Issajewitsch am eigenen Beispiel bestätigen wird!

Angefüllt mit Reiseeindrücken, mit den Eindrücken der Begegnung mit Freunden, mit einer Vielzahl geknipster Photos, vollbeladen mit Einkäufen, trafen wir am 11. August, genau nach Zeitplan, wieder in Rjasan ein.

»Reisen ist schön, daheim ist es noch besser!« sagte mein Mann beim Auspacken der Sachen, im Angesicht der jetzt wieder auf ihn zukommenden Alltagstätigkeiten.

Während der Periode des *stillen Lebens* zählten wir die Zeit nicht nach Kalenderjahren, sondern nach Unterrichtsjahren.

Im Herbst, Winter und Frühling hatte mein Mann die Schule, und ich hatte das Institut. Und obwohl das Unterrichten zu jenem Zeitpunkt nicht die Hauptsache war, nicht einmal für mich, gaben Schule und Institut, unsere Lehrpläne, unsere Vorbereitungen zum Unterrichten dennoch unserem Leben einen bestimmten Rhythmus.

Jedes Jahr unterrichtete Solschenizyn Astronomie in den zehnten und elften Klassen. In Physik hatte er zu Beginn die achte Klasse übernommen und behielt sie weiter.

Auf die Mathematik läßt sich Alexander Issajewitsch nicht ein. (Das Korrigieren der Hefte würde zuviel Zeit wegnehmen.) Aus dem gleichen Grund (um seine Zeit nicht zu vergeuden!) lehnt er das Angebot ab, Sawutsch zu werden.

Alexander Issajewitschs Beanspruchung im Unterricht wechselte, lag aber niemals höher als bis achtzehn Stunden in der Woche. Die Schule nahm Solschenizyn einen bestimmten Teil seiner Zeit weg, sie war aber in jeder Hinsicht von Nutzen für ihn. Sie brachte geistige wie körperliche Entspannung in sein vektoral ausgerichtetes Leben.

Alexander Issajewitsch verbrachte in der Schule genausoviel Zeit wie erforderlich. Ohne sich zu verspäten, aber auch ohne sich dort länger als nötig aufzuhalten.

Hat sich die Erfahrung als Lehrer irgendwie in Solschenizyns Schaffen niedergeschlagen? Leider nicht.

Dabei trug er sich mit dem Gedanken, über die Schule zu schreiben.

Es gab eine Nacht, als mein Mann, in der als Photolabor eingerichteten Zimmerecke sitzend, beim schwachen Licht der Rundfunkskala nervös Aufzeichnungen für den TAG EINES LEHRERS machte.

Jedoch statt dessen ließ er am 18. Mai 1959 einen lange zurückliegenden und lange ausgetragenen Plan in seinem Gedächtnis wiederauferstehen und begann an jener Erzählung zu schreiben, die die Leser später unter dem Titel EIN TAG IM LEBEN DES IWAN DENISSOWITSCH kennenlernen sollten.

Solschenizyn konnte sich wirklich nicht einmal um fünf Millimeter von den Gleisen des Lagerthemas entfernen.

Die Erzählung wurde in einem Atemzug niedergeschrieben, in weniger als drei Monaten. Die sommerliche Ruhepause zerteilte die Arbeit daran in zwei Fristen. Solschenizyn schrieb bis Ende Juni und dann den September und einen Teil des Oktobers hindurch. Am 11. Oktober war die Erzählung abgeschlossen.

Ich las die Erzählung fortschreitend beim zweiten Abschreiben und muß gestehen, daß mir die sich entfaltende Handlung des TAGES, die gleichsam leidenschaftslos beschrieben wird, anfangs etwas langweilig vorkam ...

Iwan Denissowitsch ist eine für das Schaffen Solschenizyns keineswegs zufällige Gestalt. Würde im Mittelpunkt der Erzählung der aus der Scharaschka nach Ekibastus geschickte Nershin oder Cäsar oder der Marineoffizier stehen, dann hätte der Verfasser irgendwelche Zusammenhänge mit der Vergangenheit herstellen, entsprechende Assoziationen einführen, dann hätte er versuchen müssen, das mit dem Haupthelden Vorgefallene und mit allen anderen Vorgehende zu analysieren, hätte Betrachtungen über die Zukunft anstellen müssen.

Den Verfasser der Erzählung bewegte nicht die Sorge um den Aufbau einer Sujetlinie, um die Komposition des Werkes, um die komplizierte Innenwelt des Helden, um jene Dinge, die ein Intellektueller im Lauf der Zeit »ansetzt« und ohne die eine Darstellung seines Lebens unmöglich ist.

Solschenizyn war sich völlig im klaren, daß man ohne die Darstellung des einfachen Mannes, besonders des Dorfmenschen, in

Rußland nicht zum Schriftsteller werden konnte. So ist unsere literarische Tradition bereits seit Puschkins Zeiten geartet. Auch in Hauptmann Solschenizyns Batterie, die sich hauptsächlich aus »Intelligenzlern« zusammensetzte, gab es genug Dorfburschen.
Obwohl die Gestalt des Iwan Denissowitsch manches in sich versammelt, mußte jemand her, von dem sie sich abstoßen konnte. Diesen Jemand fand Solschenizyn in seinem bereits ziemlich betagten Batteriekoch Iwan Schuchow. Diesen realen Iwan Schuchow übertrug er ganz einfach in das Lager von Ekibastus. Im Lager selbst fand er offensichtlich kein lebendiges Vorbild dafür.
Die Sprache der Erzählung gab zu Streitgesprächen Anlaß. Dabei fehlt eine eigentliche Verfassersprache in der Erählung fast ganz. Es handelt sich hier um die Sprache des realen Iwan Denissowitsch Schuchow.
Zu Sommerbeginn wurde die Arbeit am IWAN DENISSOWITSCH unterbrochen. Wir bekamen Urlaub, ließen unsere Tanten aus Rostow nach Rjasan kommen und begaben uns selbst auf die Krim. In Tschernomorskoje, wo die Subows wohnten, verbrachten wir die heißeste Zeit des Tages zu Hause: zwischen dem Morgenspaziergang und dem Abendspaziergang ans Meer. Zu Hause bedeutete: in einem kleinen gemieteten Zimmer oder im kleinen Hof im Schatten der Bäume. Hier schrieb Alexander Issajewitsch jene Erzählung, der er zunächst den Titel gab: KEIN DORF BESTEHT OHNE EINEN GERECHTEN, und die später in MATRJONAS HOF umbenannt werden sollte.
Ich wußte von Alexanders Absicht, über Matrjona Wassiljewna zu schreiben: seine Hauswirtin im Gebiet Wladimir. Und wartete mit Ungeduld darauf. Ich hatte Matrjona Wassiljewna ins Herz geschlossen, ihr tragischer Tod ging mir sehr nahe.
Jedoch die Erzählung wurde auf der Krim nicht fertiggeschrieben. Mein Mann fragte mich, ob ich verstünde, warum er nicht weiterschreiben könne. Er selbst meinte, er hätte wohl die Gestalt der Matrjona schon erschöpft und nichts mehr über sie zu sagen, das Sujet sei aber nicht zu Ende geführt. Diese Erzählung wurde erst im Herbst des folgenden Jahres 1960 abgeschlossen.
Der Unterschied dessen, wie IWAN DENISSOWITSCH und wie MATRJONAS HOF geschrieben wurden, ist offenkundig. Damals erkannte ich die Ursachen nicht, inzwischen scheine ich sie zu erraten. Im Gegensatz zum IWAN DENISSOWITSCH lag die andere Er-

zählung abseits von Solschenizyns Lager-Magistrale. Darin wurde von Ereignissen berichtet, die sich nicht hinter Stacheldraht abgespielt hatten. Später wird Alexander Trifonowitsch Twardowskij meinem Mann sagen, das sei »dünner« als der IWAN DENISSOWITSCH.

Der Wunsch, eine Reihe von ethischen Fragen aufzuwerfen, die nach Meinung von Alexander Issajewitsch jeden Menschen und jede Gesellschaftsordnung betreffen, veranlaßte ihn, das Theaterstück DIE KERZE IM WIND oder DAS LICHT, DAS IN DIR IST zu schreiben. Die Bildgestalt des »Kerzchens« symbolisierte das Bild der menschlichen Seele, die der Mensch nicht erlöschen lassen darf, die das 20. an das 21. Jahrhundert weiterreichen muß.

Das Theaterstück mit der so hoch angesetzten Konzeption mißlang indessen in dramaturgischer Hinsicht. Solschenizyn begann die Arbeit am Stück Ende 1960, beschäftigte sich damit bis 1964 einschließlich, stellte mehrere Fassungen her, erklärte dann aber, das Stück sei danebengeraten.

Mir aber gefiel das Stück. Unüberzeugend und überflüssig erschien mir nur der Wunsch des Alex (mit dessen Stimme der Autor spricht), die Entwicklung der Wissenschaft aufzuhalten.

Inzwischen verstehe ich, daß für mich jener Umstand von nicht geringer Bedeutung war, daß durch manche handelnde Personen lebendige und mir vertraute Menschen durchschimmerten.

Mawrikij zum Beispiel ist in erheblichem Maße mein Onkel, der Filminstitutsprofessor Valentin Turkin. Manche biographischen Details und Charakterzüge stimmen überein, genauso die tragische Kollision der Trennung von der Tochter, die er so viele Jahre nicht kennen wollte. In Mawrikijs Tochter Alda verkörpert sich weitgehend meine Kusine Veronika (die Tochter von V. Turkin).

Bei der Modellierung der Gestalt des Filipp sah Solschenizyn Nikolaj Witkewitsch vor sich. Aber die Gestalt war stark hyperbolisiert, mit hundertfältigem Ehrgeiz und hundertfältigem Lebenserfolg versehen. Sie ist fast eine Leuchte der Wissenschaft, während Witkewitsch im Leben damals nur ein frischgebackener Kandidat der Chemie war.

Und endlich Alex: in vieler Hinsicht mein Mann.

Der General, Terbolm, Sinbar und Filipps gesamte »gelehrte« Umgebung sind frei erfunden.

Die Vornamen und Familiennamen haben etwas unbestimmt Ausländisches, damit die Empfindung entsteht, daß sich die Handlung

um die Mitte des 20. Jahrhunderts irgendwo »auf unserem Planeten« abspielt. Aus dem gleichen Grund ist die Sprache des Stückes »neutral« und fast flach gehalten, was dem Stück keineswegs zugute kommt.
Nikolaj Akimow, den Solschenizyn um die Entscheidung gebeten hatte, »ob dieses Stück der Bühne, der Publikation oder des Ofens würdig sei«, erwiderte: »Ihr Stück hat mir gefallen.« Aber er fügte gleich hinzu, er hätte nicht die Absicht, es für sein Theater zu nehmen. Er riet Solschenizyn, sich ans Wachtangowtheater zu wenden ...
Weitaus offenherziger als die Direktoren und Regisseure der verschiedenen Theater äußerten sich unsere Freunde: »Habe das Stück mit Interesse gelesen, aber ein zweites Mal liest es sich nicht. Und das liegt keineswegs an den Frauengestalten, sondern an der sonderbaren dramaturgischen Denkweise des Verfassers.«
Tatsächlich kommt es im Stück nicht zu einer Auflösung des Lebenskonflikts. Die Helden sind dermaßen vom lebendigen Leben abstrahiert, daß ihre Betrachtungen den Leser nicht besonders zu berühren vermögen. Dem Zuschauer würde es folglich genauso gehen. Was die Gestalt des Alex betrifft, so wurde sie als Lautsprecher für die Ideen des Autors programmiert. Überdies mag zwar allenfalls Filipp ein Lebenskonzept besitzen, und sei es auch ein falsches, nicht aber sein Antipode: der »positive« Held Alex. Der hat nur ein negatives Konzept: ich verneine dies, ich mag jenes nicht! Was er braucht, sind rein abstrakte Dinge. Wenn sich Alex für den »kybernetischen Sozialismus« erwärmt, wartet man darauf, daß ihn auch dieser bald enttäuschen wird.
Heute darf man hinzufügen, daß diese abstrakten Ideen über Gewissen und Güte auch beim Verfasser selbst nicht von langer Lebensdauer waren.
Es wird die Zeit kommen, da er sagen wird, Gewissen sei »ein fakultatives Gefühl«, folglich dürfe man »ein Versprechen brechen und Vertrauen mißbrauchen«!

Um zu schreiben, um alles niederzuschreiben, was konzipiert ist, und vielleicht noch einiges darüber hinaus, muß man um alles in der Welt gesund sein! Man muß sich wohl befinden. *Im gesunden Körper west ein gesunder Geist!*
Der weitverbreitete Frühsport und ähnliche Dinge waren natür-

lich nicht ganz nach Alexanders Sinn. Seine offenbar stark hypertrophierte Individualität akzeptierte das nicht. Auch in dieser Hinsicht verlangte er etwas Verschiedenes von dem, womit sich die vielen oder alle beschäftigten. Die Lösung stellte sich plötzlich ein und hieß ... Joga.

Die Jogabegeisterung übernahmen wir von Panin, der schlichtweg jogatrunken war.

Solschenizyn wußte es an Panin sehr zu schätzen, daß dieser bereits 900 Atemzüge am Tag schaffte, viele Stunden lang Ski fuhr, und zwar nur »mit vollen Atemzügen«, jeden Tag nach der Arbeit längere Zeit kopfstand und die Pendelschläge des Metronoms nachzählte. Das Ergebnis freilich war, daß die Ärzte einen Vorinfarktzustand konstatieren und die zweite Invaliditätsgruppe in Aussicht stellen mußten.

Bis zum Infarkt gedieh die Sache nicht, aber nach einer länger anhaltenden Jogahungerkur kam Panin immerhin ins Krankenhaus. Wie er sich jetzt in Paris ernährt und ob er dort abends kopfsteht, entzieht sich meiner Kenntnis ...

Was Alexander betrifft, so führt er seinen allmorgendlichen Jogaübungskomplex, wenn auch mit verringerter Begeisterung, vermutlich auch jetzt noch fort.

Damals lebten wir bereits ohne Nachbarn. Im Sommer 1959 brachten wir Tante Nina und Tante Manja aus Rostow nach Rjasan. In Rostow hatten die Tanten allein gelebt, dabei waren sie schon über siebzig! Es fiel ihnen immer schwerer, den Haushalt zu führen und sich mit dem Notwendigsten zu versorgen. Zudem war Tante Nina nach Ekibastus und Kok-Terek auch für Sanja ein sehr nahestehender Mensch geworden.

Das Abholen der Tanten blieb uns nicht nur dank der Reisevorbereitungen, der Aufbruchsstimmung, der Kisten, der antiken Möbel, die nicht durch die Tür gingen und durchs Fenster und über den Nachbarbalkon in den Hof gehievt werden mußten, in Erinnerung, sondern auch deshalb, weil es mit einer Vielzahl freudiger, tiefbewegter Begegnungen verbunden war. Die wichtigste war die mit den Witkewitschs: jetzt bereits in der Mehrzahl!

Nikolajs Arbeit an der Dissertation näherte sich ihrem Ende. Parallel dazu fand er Zeit, an den heißen wissenschaftlichen Streitgesprächen mit den »Autoritäten« teilzunehmen.

In diesen Tagen freilich mußte er sich in einer anderen Tätigkeit bewähren: als selbstloser und nimmermüder Packer.

In den Begegnungen mit Nikolaj und seiner Frau Egda oder mit Emil Masin fühlten wir uns wieder ganz jung, als hätte es den Krieg und die Trennungen nicht gegeben, als wären wir alle noch Studenten. Nicht einmal das beeinträchtigte diesen Eindruck, daß inzwischen Masins Tochter Natascha bereits Studentin war, jene Natascha, die ich als winziges Geschäpf während Mutters und meiner gemeinsamen Flucht vor den Deutschen im Jahre 1942 auf dem Schiffsanlegeplatz in Baku gesehen hatte.

Von da an waren wir die Alleinbesitzer der gesamten Wohnung. Mein Mann und ich wohnten in jenem Zimmer, das bisher den Nachbarn gehörte, es war doppelt so groß wie das alte.

Meine Mutter war weiterhin die Behüterin des Hauses und Herdes; die Tanten fortan ihre Helferinnen. Ich hatte mit dem Haushalt wenig zu tun. Allerdings ließ ich es mir nicht nehmen, jeden Herbst Gemüse einzusalzen und zu marinieren. Die zugepfropften Gläser mit den Gurken und Tomaten und sogar mit Pflaumen in unserem Keller gingen im Winter nicht aus. Und im Büfett stand der Vorrat an frischgekochter Konfitüre, die in meinem Mann einen besonderen Liebhaber fand. Meinem Mann oblag die Beschaffung der Kartoffeln, des Gemüses und des Brennholzes für den Winter sowie das Zersägen und Zerspalten des Holzes. Sein Helfer beim Holzzersägen war der Hausmeister meines Instituts Pawel Alexejewitsch, später rückte ich an dessen Stelle. Warum hatte ich das nicht schon früher versucht? Das ist doch recht angenehm und nicht allzu schwer! Mein Mann und ich rechneten gern nach, wie viele Hinundherbewegungen die besonders dicken Holzklötze erforderten ...

Außerdem war mein Mann auch unser Hausarzt, wie wir alle ihn halb im Ernst, halb im Scherz nannten. Einmal schrieb ich an Subows:

»Auf Anordnung von Sanja (er ist unser allseits anerkannter Hausarzt!) trinken wir beide (Tante Nina und ich) zur Anhebung unserer Kräfte ein Krautextrakt mit dem Namen Lewseja.«

Meine Kopfschmerzen kurierte mein Mann eine Zeitlang mit dem modischen »Stimulin«, indem er es mir tropfenweise auf den Scheitel träufelte.

Um sich seiner ärztlichen Künste noch mehr zu vergewissern, kaufte Alexander Issajewitsch im Frühjahr 1960 das HANDBUCH DES PRAKTISCHEN ARZTES.

Auch hierin machte sich, wie in manchen anderen Dingen, Sol-

schenizyns Wunsch nach Unabhängigkeit geltend! Nach Rationalisierung! Nach Selbständigkeit! Ich will und muß alles selbst machen! Ich will von niemandem abhängig sein! Will mich an keine Poliklinik wenden! Will einer Diagnose völlig sicher sein! Wenn ich sie selbst stelle, bin ich ihrer sicher!
Auch in allen übrigen Angelegenheiten zieht es Alexander Issajewitsch vor, von niemandem abzuhängen! Und was ist zu tun, wenn sich die Ehefrau nicht in jedem Fall bereit erklärt, ihre Einkäufe einzuschränken? Der Leitsatz »Man muß nicht viel verdienen, sondern wenig ausgeben!« paßt der Ehefrau, schlichtweg gesagt, nicht immer in den Kram ... Manchmal muß der Mann die Waffen strecken. »Natascha hat mich in dem Sinne ›verdorben‹, daß sie meine Wachsamkeit gegenüber den Kopeken und selbst den Rubeln abgestumpft hat«, beklagte sich mein Mann bei den Subows.
Als die Ehefrau nun gar den Entschluß faßte, von dem durch Vorlesungen im Medizinischen Institut zusätzlich verdienten Geld einen großen Teppich zu kaufen, verkündete Alexander niedergeschlagen, der Erwerb von Sachen sei »ein endloser und nicht zur Sättigung kommender Prozeß, der nur zu einer Unterdrükkung des Geistes führt«.
Im übrigen ist dies alles nicht so furchtbar wichtig ... Mein Mann und ich lebten wie ein Herz und eine Seele. Als Alexander im Jahre 1960 den Subows zu ihrem Hochzeitstag gratulierte, schrieb er, nur im Stande des Älterwerdens würden wir den neuen Geschmack des abgelagerten ehelichen Trunks verstehen: nicht des sorglosen Sekts der Jugend, sondern des ausgereiften Bernsteingetränks, des Safts des warmen Herzens und des klaren Sinns.
In diesen Worten steckt freilich auch ein Stück Pose. Wir fühlen uns doch noch gar nicht als ältere Menschen, besonders wenn wir uns auf unsere Räder schwingen oder die Skier anschnallen ...

Die Lücken in der Kenntnis der Weltliteratur mußten ausgefüllt werden. Alexander Isssajewitsch trieb eine Ausgabe der LITERATUR-ENZYKLOPÄDIE auf. Band für Band las er sehr aufmerksam die Biographien der Schriftsteller und die Analysen ihrer Werke. Alles, was im Zusammenhang mit einem bestimmten Schriftsteller wichtig war, wurde auf einem einzelnen Blatt, meistens einer Heftseite, notiert, die später in einer Spezialmappe deponiert wurde.

Bereits in der Verbannung hatte sich Alexander eine musikalische Kollektion (in Heftform) sowie eine literarische Kollektion (in Mappen) angelegt. Die auf Einzelblätter geschriebenen Notizen, dem einen oder anderen Schriftsteller gewidmet, wurden in alphabetischer Ordnung in die Mappen »Russische Literatur«, »Sowjetische Literatur« und »Westliche Literatur« gelegt. Diese Mappen wurden jetzt immer dicker und dicker, die Arbeit erwies sich als sehr zeitraubend. Noch mehr Zeit hätte jedoch die Lektüre aller jener Werke erfordert, von denen sich Alexander Issajewitsch aufgrund der Enzyklopädie dennoch eine allgemeine Vorstellung bilden konnte.

Alexander Issajewitsch war bestrebt, nur solche Werke zu lesen, die als literarisch mustergültig galten.

Nach seinem Umzug nach Rjasan stellte mein Mann eine Bewertungsskala für sämtliche Bücher meiner damals noch recht bescheidenen Bibliothek auf. Das Ergebnis war der Plan einer »Ausschöpfung der Bibliothek«.

In die erste Reihe der »Ausschöpfung« kamen beispielsweise die ERINNERUNGEN UND GEDANKEN von Alexander Herzen (sie wurden wieder gelesen!), die AUFZEICHNUNGEN AUS EINEM TOTEN HAUS von Dostojewskij, weiter Prischwin, Alexander Grin, Hemingway und Aldington.

In die zweite Reihe kamen: ANNA KARENINA (sie wurde wieder gelesen!), Paustowskij sowie DER IDIOT von Dostojewskij.

In die dritte Reihe: TOLSTOJ IN DEN ERINNERUNGEN DER ZEITGENOSSEN, Montesquieu, Voltaire, Swift, Rousseau und andere mehr.

Beim Lesen einzelner Erzählungen und besonders einzelner Gedichte versah Alexander Issajewitsch das Gelesene gern mit einer Note. Es begann mit einem Punkt, dann kam ein Plus, endlich kamen Ausrufungszeichen: bis zu drei Stück. Letztere Note erhielt beispielsweise ein Gedicht von Tjutschew.

Beim Lesen ausländischer Literatur pflegte es Alexander Issajewitsch sehr zu bedauern, daß er etwas für ihn so Wichtiges wie die Sprache des Schriftstellers nicht in vollem Maße bewerten konnte. Nicht von ungefähr war der einzige Schriftsteller, für den er, wie er mir selbst sagte, Neid empfand, ein Russe. Es war der von seinem Heimatland abgeschnittene Wladimir Nabokow. Solschenizyn sagte bisweilen, ihm würde Nabokows Geschicklichkeit im Auffinden von Metaphern und die Virtuosität im Umgang mit der Sprache gefallen.

Vom Augenblick der Übersiedlung Alexanders nach Rjasan an wurde es mir verboten, Bücher zu erwerben. Um ein Buch zu kaufen, genügte es durchaus nicht, daß das Buch gefiel oder daß einfach der Wunsch bestand, es zu lesen. Warum denn? Ein solches Buch kann man auch in der Bücherei ausleihen. Tatsächlich war mein Mann Benutzer der Stadtbibliothek, der Gebietsbibliothek sowie der Bibliothek im Haus des Offiziers.

Zu Hause dagegen muß man das haben, was einfach unerläßlich ist, was man heute und morgen und nächsten Monat und in ein paar Jahren benötigen könnte ... In erster Linie müssen die Klassikerausgaben aufgefüllt werden! Wir erwarben gleich mehrere Gesamtausgaben oder abonnierten welche, die erst im Erscheinen waren. Darunter waren die Gesammelten Werke von Tschechow, Kuprin, Paustowskij, Prischwin und Anatole France. (Anatole France freilich sollte Alexander Issajewitsch bald enttäuschen.)

Mein Mann las lange an einem Buch. Der Löwenanteil seiner freien Zeit war dem literarischen Schaffen gewidmet, außerdem erachtete er es als unerläßlich, sich regelmäßig, nach Möglichkeit täglich, mit dem Dahlschen Wörterbuch zu beschäftigen. Er sagte, er müsse die innere Atmosphäre der russischen Sprache in sich erzeugen und sich von ihrem Geist durchdringen lassen.

Aber in der Arbeit am Dahl, überhaupt in der Arbeit an der Wortschöpfung machte sich in Solschenizyn eher der Mathematiker bemerkbar.

Das Mathematische, vielleicht sogar das Pedantische sind unabdingbare Komponenten seines Schaffens.

Er notierte sich »neue Wörter« und Redensarten an den Rand und erlaubte es sich nicht, einen von ihm aufgestellten Grenzwert pro Seite zu überschreiten.

Sogar bei der Auffindung von Vornamen und Familiennamen herrschte absolute Ordnung und kein Chaos. Alles war genau durchdacht und durchorganisiert, alles wurde fixiert: damit sich die Namen nicht allzuoft wiederholen.

Manche Familiennamen brachte ich ihm aus dem Institut mit. Mein Mann notierte sich einige davon, später tauchten sie dann in seinen Werken auf. So erging es zum Beispiel dem Familiennamen »Schkuropatenko«, den einer der Häftlinge im IWAN DENISSOWITSCH erhielt. Einige Teit später erfuhr ich, welche Aufregung dieser Umstand in der Familie eines meiner früheren Studenten hervorrief, dessen Großvater seinerzeit ebenfalls repressiert worden war.

Einmal gab mir eine Kollegin ein sehr seltenes Buch zu lesen: eine 1904 erschienene Ausgabe zum hundertjährigen Bestehen des Knabengymnasiums in Rjasan. Aus der langen Liste der Absolventen schrieb sich Alexander Issajewitsch jene Namen heraus, die sein Interesse erweckt hatten. Ich vermute stark, daß die Schüler des ehemaligen Knabengymnasiums in Rjasan auf den Seiten der kommenden Romane von Solschenizyn auftreten werden. Warssonofjew und Obodowskij wirken bereits im AUGUST 1914. Den deutschen Familiennamen Gangart erhielt in der KREBSSTATION die Ärztin Vera Korniljewna alias Vega. Eigenartig ist, daß Alexander Issajewitschs Aufmerksamkeit beim Studieren der Absolventenliste jene Seite des Klassenjournals für das Jahr 1805 entging, auf welcher der Name des Zweitkläßlers Jakow Solschenizyn vermerkt war. Da dieser Schüler bereits vierzehn Jahre alt war, brauchte man sich nicht darüber zu verwundern, daß sein Name in der Absolventenliste fehlte.

Zum Dahlschen Wörterbuch erwarb Alexander Issajewitsch bereits in Rjasan auch die Sprichwörtersammlung des gleichen Verfassers hinzu. Auch hier wurde viel gelesen, notiert, herausgeschrieben, umklassifiziert. Einen Teil dieser Arbeit verrichteten wir gemeinsam. Nachdem das Sprichwort markiert war, tippte ich es auf der Maschine ab. Für die Zukunft wünschte sich mein Mann eine Vase fürs Haus, gefüllt mit Zetteln mit den besten Sprichwörtern, damit man sie aufs Geratewohl herausnehmen und memorieren konnte ...

Was den literarischen Geschmack und die Werturteile von Alexander Issajewitsch betreffen, so waren dieselben ständig großen Veränderungen unterworfen. Der Student Solschenizyn war in Jack London verliebt. Der Frontoffizier Solschenizyn hielt Gorkij für den größten Schriftsteller.

Solschenizyns Einstellung zu Schriftstellern ist ziemlich unbeständig. Die einen enttäuschen ihn, an anderen findet er plötzlich Gefallen.

Hier fällt mir unwillkürlich als Parallele Solschenizyns Neigung ein, sich gleich bei der ersten Begegnung eine Meinung über einen Menschen zu bilden. Dieser erste Eindruck spielte in seinem Leben stets eine große Rolle. Es handelt sich dabei gleichsam um das Bestreben, möglichst schnell eine Schlußfolgerung zu ziehen. Alle Verstandeskräfte, seine ganze Aufmerksamkeit anzuspannen, damit die Schlußfolgerung unverzüglich gemacht werden kann! Vielleicht spielt auch hierbei das Bestreben nach Zeitersparnis mit? Im Leben (in allem, was nicht Schriftstellerei ist) muß alles so schnell wie möglich gehen! Deswegen ist er bisweilen geneigt, aus einem Einzelfaktum bereits eine Verallgemeinerung abzuleiten. Wenn man an dieses Verhalten vom Standpunkt der Dialektik herangeht, dann sieht das so aus, daß Solschenizyn im Leben jenes Zwischenglied häufig fortläßt, das im Prozeß der Erkenntnis auf das »Einzelne« folgen muß: das sogenannte »Besondere«. Vom Einzelnen über das Besondere zum Allgemeinen! Bei Solschenizyn geht es indessen manchmal auch so zu: vom Einzelnen – zum Allgemeinen! So kann es vorkommen, daß er sogar die Desinformation als Information zu nehmen bereit ist, um keine Zeit auf die Nachprüfung verwenden zu müssen! In meinen Konflikt mit ihm spielte manches davon hinein ..

Und umgekehrt: Wenn die Zeit für etwas bereits aufgebracht wurde, dann muß sich das auch rechtfertigen! Wenn ein Brief geschrieben ist, muß man ihn auch absenden! Niemals darf Zeit umsonst aufgewendet worden sein! Welches dann die Folgen sein werden, ist eine Angelegenheit dritten Ranges.

Anatole France, Kuprin und Paustowskij gefielen Solschenizyn plötzlich nicht mehr.

Er kam zur Meinung, Kuprin sei doch im Grunde ein »schwacher Schriftsteller mit kleinen Themen«. In Erwartung von Einwänden versuchte er sogar, literarische Phänomene auf mathematische Weise zu erklären: »DAS GRANATARMBAND, SULAMITH, teilweise auch DAS DUELL, sind Ausnahmen, denn nach der Wahrscheinlichkeitstheorie mußte es unter einer solchen Vielzahl von Versuchen auch einige gelungene geben.«

In seinem polemischen Eifer übersieht Alexander Issajewitsch, daß nach dieser »Theorie« jeder Graphomane auch Meisterwerke schreiben müßte.

Allmählich erkaltet mein Mann Paustowskij gegenüber, den er einst sehr geliebt hatte. Er beschuldigt ihn jetzt sogar, er hätte

»sein Thema nicht gefunden – und das in einer Epoche, in der man sein Thema nicht finden *durfte*«.
Meines Mannes Mißfallen erregte der Umstand, daß Paustowskij »sich in eine autobiographische Erzählung hineinbohrte, die zwei von sieben Bänden auszumachen droht«.
Öl ins Feuer wurde noch dadurch gegossen, daß der NOWYJ MIR mit einem Abdruck der Erinnerungen von Ilja Ehrenburg begann, welche Alexander Issajewitsch zunächst nicht gefielen. Er war überhaupt der Ansicht, daß autobiographische Erzählungen einerseits »das Produkt einer übermäßigen Liebe des Autors zu sich selbst« sein, andererseits die Folge seiner Hilflosigkeit, des »Unvermögens, sich zu einer künstlerischen Verallgemeinerung des Gesehenen zu erheben«.
Solschenizyn ist nicht gegen Memoiren überhaupt, er ist nur gegen die Memoiren von Schriftstellern! Dagegen ist er prinzipiell!
Gemeinhin wird angenommen, Solschenizyns erste Publikation sei der IWAN DENISSOWITSCH im NOWYJ MIR gewesen. Dem ist aber nicht so ...
Im März des Jahres 1959, dreieinhalb Jahre vor dem IWAN DENISSOWITSCH, erschien in der Rjasaner Gebietszeitung PRAWDA DER OKA die kleine Glosse POSTALISCHE KURIOSITÄTEN, deren Verfasser Solschenizyn war. Darin war von Verzögerungen bei der Postzustellung die Rede.
Ein Jahr darauf schrieb Solschenizyn noch ein Werk der gleichen Gattung, worin er sich darüber beklagte, daß für ein und denselben Platz zwei Eisenbahnplatzkarten verkauft wurden.
Diese Glosse wurde der Zeitung GUDOK zugeschickt. Das Blatt nahm indessen aus irgendwelchen Gründen von einer Veröffentlichung Abstand ...
Im November 1960 schickte Alexander Issajewitsch an die LITERATURNAJA GASETA einen Aufsatz, den er DIE AUTOBIOGRAPHEN-EPIDEMIE betitelte. Nachdem er seiner Meinung nach überzeugende Argumente angeführt hatte, fragte Solschenizyn: »Ein Schriftsteller, der *schöpferisch* tätig sein kann, braucht nicht eine simple Autobiographie zu schreiben. Über jene, die dessen würdig sind, werden die Zeitgenossen und die Literaturwissenschaftler schreiben.« Wäre es da nicht »an der Zeit, daß wenigstens die Redaktionen der Zeitschriften dieser Epidemie von schriftstelle-

rischen Selbstbiographien Einhalt gebieten?« ruft Alexander Issajewitsch aus.
Die Unterschrift lautete: Solschenizyn, Lehrer.
Weiter unten folgte der Zusatz:
»Ich würde ungern die liebenswürdige Entschuldigung erhalten, daß die Redaktion nicht über den Platz für einen Abdruck verfügt.
Wenn ich recht habe, bitte ich um Abdruck. Wenn ich unrecht habe, bitte ich um Widerspruch.«
Die Antwort der LITERATURNAJA GASETA (»talentlos blaß«) kam nach elf Tagen. Sie ließ Solschenizyn natürlich unbefriedigt.
Solschenizyn blieb also von der LITERATURNAJA GASETA unverstanden. Auch Paustowskij, dem er eine Kopie seines Aufsatzes über die autobiographische Epidemie gesandt hatte, verstand ihn nicht.
Von Paustowskij kam überhaupt keine Antwort.
Alexander Issajewitsch war etwas ratlos. Er hatte doch Paustowskijs ersten Teil »höchlich gelobt«, der in der Art einer »Kette von ungezwungenen Novellen« abgefaßt ist ...
Was Ilja Ehrenburgs Memoiren betrifft, so äußerte sich Alexander Issajewitsch zunächst sehr heftig darüber, er beschuldigte Ehrenburg, dieser würde gegen Tote anstreiten und den Lebenden beweisen wollen, er sei ein ehrlicher Mann, ein Genie und sehr klug. Aber die Fortsetzung gefiel ihm, jetzt schrieb Solschenizyn an Freunde, Ehrenburg würde sich »auf sachgerechte Weise« erinnern, er würde sich bemühen, den Sinn des Bürgerkriegs tief auszuloten. »Es kommen darin tiefe Gedanken vor, auf die ich bis dahin nirgends gestoßen bin. Auch manche der Porträts sind interessant.«
Auf den Zorn folgt also die Gnade und mehr als das! Die Ursache ist indessen recht elementar. Das Thema des Bürgerkriegs hatte Solschenizyn schon immer beschäftigt.
Für Iwaschew-Mussatow wäre es hingegen vermutlich interessanter, bei Ehrenburg die Stellen über die »von ihm nicht gesehenen Bilder« nachzulesen, die Solschenizyn genauso wenig berühren wie Ehrenburgs Meinung darüber. Ein Werk der Literatur wird vom Standpunkt der eigenen Interessen, der eigenen Gestimmtheit und Gerichtetheit eingestuft. Von der strengen Gerichtetheit ist der Weg in die Unduldsamkeit nicht mehr weit. In den herrischen Wunsch, seine eigene Meinung, seine Geschmäcker in

Literatur und Leben unbedingt anderen Menschen aufzudrängen!

Sehr viel später, als Solschenizyn schon ein bekannter Mann war, als seine Meinung anderen Schriftstellern schon nicht mehr gleichgültig war, schickte ihm Georgij Wladimow seinen damals gerade publizierten Roman DREI MINUTEN SCHWEIGEN. Alexander Issajewitsch ging mit Interesse an die Lektüre des Romans. Es gefiel ihm, daß der Hauptheld, ein Seemann, sich von der See trennen will. Kaum aber hatte der Seemann beschlossen, auf seinen Trawler zurückzukehren, legte Solschenizyn den Roman beiseite. Alle Schriftsteller müssen die Kriterien und Geschmäcker Solschenizyns als Richtweiser nehmen! *»Nershin las niemals Bücher einfach so zur Zerstreuung. Er suchte in den Büchern nach Bundesgenossen und Feinden, über jedes Buch fällte er ein genau ausgearbeitetes Urteil, das er gern anderen Leuten aufdrängte.«*

Er konnte sich noch lange nicht beruhigen. Sogar noch in der im Frühjahr 1963 geschriebenen Erzählung IM INTERESSE DER SACHE kehrte er zu diesem Thema zurück. Es erscheint freilich als wenig wahrscheinlich, daß diese Problematik die Studenten eines Technikums dermaßen erregt! Aber den Autor brachte das nicht vom Thema ab: »Der Junge mit der Brille und mit dem komischen kurzen Haarschnitt greift die ›Memoiren‹ an!« – »Jeder, der seine fünfzig Jahre elebt hat, veröffentlicht unbedingt Memoiren: wie er zur Welt kam, wie er geheiratet hat, so was kann doch jeder Dummkopf schreiben!«

Und Alexander Issajewitsch selbst? Gar nicht erst zu reden vom ARCHIPEL. Selbst noch in seinen rein literarischen Werken verstreut er Partikel seiner Autobiographie, verschmilzt mal mit dem einen, mal mit dem anderen seiner Helden, die aber nicht einfach er selbst sind, sondern die Legierung aus ihm und irgendwem sonst, der manchmal nur fiktiven Charakter trägt.

Am engsten verschmilzt Solschenizyn mit Nershin. Wir finden ihn aber auch in Nemow (DER HIRSCH UND DAS FLITTCHEN), in Schuchow, in Sotow (ZWISCHENFALL AUF DEM BAHNHOF KRETSCHETOWKA), in Alex (DIE KERZE IM WIND), in Kostoglotow (KREBSSTATION), in dem außerdem manches von dem uns bekannten Ilja Solomin steckt. Auch in Worotynzew (AUGUST 1914) erkennen wir Solschenizyn wieder. In diesem Fall denkt Solschenizyn seine Person sozusagen in eine andere Epoche, in völlig andere Umstände hinein. Er beschreibt sich in Worotynzew als

denjenigen, welcher er unter jenen Gegebenheiten geworden wäre oder, was häufig vorkommt, gern hätte werden wollen ...
Um das Gespräch über Alexander Issajewitschs Vorliebe für extreme Urteile zu beenden, führe ich einen Gedanken von ihm an, mit dem er den Nutzen der Klassiker begründen wollte. Er spricht davon, bei den zeitgenössischen Grundfragen würde es sich weiter um die ewigen Fragen handeln, die »bloß mit jedem Jahrzehnt ihre Aufmachung wechseln. Deswegen kann man bei Puschkin im PROPHETEN, im ANTSCHAR, in SCHWEIF ICH ... viel mehr schöpfen als beispielsweise bei Surkow oder bei Jewgenij Jewtuschenko.«

Während das Lesen eine alltägliche Beschäftigung war, blieben der Theaterbesuch und der Kinobesuch recht seltene Ereignisse in unserem Leben. Ins Kino gingen wir etwa ein bis zweimal im Monat.

Einmal sahen wir uns den zweiten Teil des Filmes IWAN DER SCHRECKLICHE von Eisenstein an: DIE VERSCHWÖRUNG DER BOJAREN. Alexander Issajewitsch mißbilligte den Film. »Eine solche Anhäufung von Geschraubtheiten, Tricks, Kunstgriffen, Einfällen und Neuerungen, so viel Kunst, daß es schon gar nicht mehr Kunst ist, sondern weiß der Teufel was«, schrieb er an die Subows.

Im gleichen Jahr 1960, in das sein Angriff auf die auf das Schreiben von Autobiographien versessenen Schriftsteller fällt, startete er auch eine Attacke gegen den Film. Diesmal freilich wurde kein Artikel geschrieben und verschickt: weder für die Zeitschrift FILMKUNST noch für irgendeine andere Zeitung ... Die finsteren Prognosen über die Zukunft des Films bekamen nur die Subows zu lesen:

»... man bekommt den Eindruck, daß es mit dem Film in der ganzen Welt abwärts geht ... Aus einem mittleren Buch schöpft man mehr Freude als aus einem mittleren Film.«

Im Kontext des Briefes klang das um so überzeugender, als der Brief mit dem Eingeständnis begann, wir hätten DIE SANFTE versäumt, TAMANGO sei, nach Gerüchten zu urteilen, Quatsch, während DER RICHTER hingehen soll, man ihn aber nicht gesehen haben muß.

Der Satz, daß es mit dem Film in der ganzen Welt abwärts gehe, klang indessen so, als wäre Solschenizyn zuallermindest gerade von einem Filmfestival zurückgekehrt.

Wieder die ungeduldige Schnellfertigkeit in den Schlußfolgerungen!
Der Zweifel am Schicksal der Filmkunst verließ Solschenizyn auch später nicht. »Ich fürchte, die von Tolstoj vorausgesehene Zukunft der Kinematographie ist entweder schon vorbei, oder sie hat sich verflacht oder gar nicht stattgefunden«, schrieb er.

Mein Institut wurde für mich leider immer mehr zum bloßen Mittel des Gelderwerbs für mich und meinen Mann. Alles, was ich tat, tat ich immer mit Begeisterung. Davon war nicht viel geblieben. Ich war ausgebrannt ... Im Unterrichten hatte ich mich bis an jene Decke gestreckt, über die hinaus ich nicht mehr zu reichen vermochte, und eine wissenschaftliche Arbeit, wie ich sie in Moskau betrieben hatte, kam in Rjasan nicht zustande.
Viel größeres Vergnügen als die Vorlesungen bereiteten mir die Hilfe, die ich meinem Mann gewährte, die Beschäftigung mit der Musik, mit der englischen Sprache und der Photographie. Ich lernte es, nicht für mich selbst, sondern für meinen Mann zu leben.
Was das Musizieren angeht, so vermißte ich sehr die Möglichkeit einer Anleitung. Den Ratschlägen meines Mannes folgend, der sich selbst mir als Vorbild empfahl, versuchte ich vorwärtszukommen, indem ich das Buch von Neigaus DIE KUNST DES KLAVIERSPIELS durcharbeitete.
Ich unternahm den Versuch, mich bei der Rjasaner Gebietsphilharmonie zu bewerben, aber ohne regelmäßigen Unterricht hatte ich meine Form verloren. Da war an Philharmonie nicht zu denken ...
Mein Mann lachte mich wegen meiner vielfältigen Begeisterungen und Impulse aus und meinte, ich hätte trotz allem meinen Lebenskern noch nicht gefunden. Tatsächlich verlangt mein Individuelles weiter nach Ausdruck. Aber ein Lebenskern ist da. Das ist die Liebe zu meinem Mann. Unsere Beziehungen waren so geartet, daß mein Leben vollständig oder fast vollständig seinen Interessen und seiner Arbeit untergeordnet war. Nicht von ungefähr zogen mich die mit uns befreundeten Subows damit auf, daß ich ein Tschechowsches »Seelchen« sei.
Doch das »Seelchen« war sein Ideal! Er erzählte mir seinerzeit und erwähnte es dann später in einem Brief an die Subows, er

hätte noch in Kok-Terek das Nachwort Tolstojs zu Tschechows SEELCHEN photokopiert und es vielen seiner präsumptiven Bräuten zu lesen gegeben und zugeschickt. Wobei keine der Bräute die Perspektive, eine solche Frau zu werden, verlockend fand. Und erst »Natascha las es 1956 in Torfprodukt und erklärte sich sogleich vollkommen damit einverstanden«.
Das war überhaupt kein Opfer, sondern mein natürlicher Zustand. Gerade deshalb wird die kommende Trennung für mich so schwer sein! Erst dann werde ich, allzuspät, begreifen, daß man in unserem Jahrhundert für niemanden, nicht einmal für den allerbedeutendsten Menschen, zum Tschechowschen Seelchen werden darf!
Eine gewisse Abwechslung in unser abgemessenes Leben mit der strengen Zeiteinteilung brachten die freilich spärlichen Gäste.
Nikolaj Andrejewitsch Potapow besuchte uns ein weiteres Mal. Zu jener Zeit war der »Andrejitsch« bereits an die Kama aufs Bauvorhaben des Wotkinsker Kraftwerks übergewechselt, wo er die Abteilung für Elektromontage leitete.
Einige Male war D. M. Panin bei uns zu Besuch. Auch andere Freunde kamen.
Von meinen zahlreichen Freundinnen besuchte mich nur Schura Popowa, einmal schaute auf der Durchreise Irotschka Aressenjewa aus Rostow, eine Kindheitsfreundin, bei uns vorbei. Alle Besuche von Schura gingen nicht ohne gemeinsames Musizieren ab. Wir nahmen unser kleines Konzert auf Tonband auf: Schumann, Schubert, Rimskij-Korssakow, Weckerlen ...
Alle diese Gäste kamen nicht unerwartet, es waren sozusagen eingeplante Gäste.
Nur ein einziger Gast fiel wie Schnee aufs Haupt auf uns herab! Obwohl mein Mann den überraschenden Besucher fünfzehn Jahre lang nicht mehr gesehen, obwohl er ihn überhaupt nur einmal gesehen hatte: damals im Eisenbahnzug, erkannte er ihn sofort wieder. Das Äußere von Leonid Wlassow war einfach unverkennbar.
Alexander und Leonid, die sich einst so rasch angefreundet hatten, verplauderten einen ganzen Abend.
Wlassow unternahm öfter Dienstreisen nach Moskau (er lebte in Riga) und hätte sich gefreut, uns in Rjasan besuchen zu können. Aber schon bei seinem zweiten Besuch spürte er, daß Alexander ihm gegenüber sehr zurückhaltend war, er begriff, daß er nicht

»einfach so« zu uns angereist kommen sollte ... So blieb es bei einem spärlichen Briefwechsel.

Allerdings war Wlassow immerhin nur eine flüchtige, wenn auch im Gedächtnis verbliebene Bekanntschaft gewesen. Aber sollte Nikolaj Witkewitsch nach Rjasan kommen, dann würde ich begeistert sein. Ich kannte ja die ganzen unterschwelligen Umstände nicht. Ich glaubte: Alexander und Nikolaj hätten so viel miteinander erlebt. Mein Mann hatte ihn zehn Jahre früher als mich kennengelernt ... Die ganze Zeit verbrachten sie Seite an Seite: erst in der Schule, dann an der Universität, dann im MIFLI ... Auch an der Front und im Gefängnis waren sie zusammen ... Doch Solschenizyn kühlte meine frohen Erwartungen unverzüglich ab.

»Sie werden zu Besuch kommen ... Wir werden Geschenke machen müssen ...«

Von der Verwandtschaft kam Mutters Schwester Tante Schenja ab und zu zu Besuch. In der zweiten Januarhälfte des Jahres 1961 erwarteten wir die Tante meines Mannes, Irina Iwanowna Stscherbak (es war die Frau seines Onkels mütterlicherseits: Roman).

Tante Ira, diese »mit uns allen recht gut auskommende Alte«, wie mein Mann konstatierte, fühlte sich wohl und unbeschwert bei uns.

Wir zeigten ihr Rjasan, fuhren sie in unser geliebtes Solotscha. Diese Reise hatte auch einen sachlichen Aspekt. Wir überlegten uns, ob sich Irina Iwanowna nicht vielleicht einverstanden erklärte, in unsere Nähe überzusiedeln. Im Dorf Dawydowo unweit von Solotscha wurde ein Haus mit Garten zum Verkauf angeboten.

Wir könnten das Haus kaufen und die Tante dort unterbringen. Wir würden sie ständig besuchen, sie mit dem Notwendigen versorgen, ihr im Haushalt helfen, die freien Tage bei ihr verbringen oder auch wochenweise dort leben.

Tante Ira gefiel es dort sehr gut. Trotzdem hatte sie Angst, sich vom angestammten Ort fortzubegeben. Und außerdem: was sollte sie mit ihren Katzen machen? Die würde sie wohl kaum im Zug mitnehmen können ...

»Nein«, sagte sie, »alte Leute soll man lieber nicht vom altgewohnten Fleck bewegen!« Irina Iwanowna konnte sich zu einer so einschneidenden Veränderung ihres Lebens nicht entschließen.

Sie zog die Einsamkeit im kleinen Kämmerlein vor ... Die Einsamkeit, die sie mit ihren Vierbeinern teilte.
Nach ihrer Abreise begann zwischen der Tante und meiner Mutter ein lebhafter Briefwechsel. Zunächst erschien es ganz natürlich, daß es meistens Mutter war, die ihr schrieb, da Mutter es auf sich genommen hatte, ihr das Geld und Pakete zu schicken. Doch mit den Jahren fühlte sich Tante Ira immer stärker durch den Neffen gekränkt, der ihr fast überhaupt nicht schrieb. Ihre krankhaft greisenhafte Einbildungskraft machte dafür meine Mutter und mich verantwortlich. Wir waren es, die Sanja von ihr fernhielten! Ich konnte mich nicht zurückhalten und antwortete ihr. Ich erinnerte sie daran, daß sie seinerzeit ihre Katzen Sanja vorgezogen hatte.
Wer sich für Solschenizyn und dessen Bücher interessiert, der kennt auch Irina Stscherbak. Lange bevor die westdeutsche Zeitschrift STERN im November 1971 über sie schrieb, tat es Solschenizyn selbst.
Irina Stscherbak wird als junge Frau unter ihrem eigenen Namen im AUGUST 1914 beschrieben, die alte Irina Stscherbak tritt als Tante Christina in KERZE IM WIND auf. Aus diesen Werken weiß man von ihrer Bigotterie.
Irina Iwanowna ist nicht einfach nur eine Gläubige. Ihre Ansichten hat sie in zahlreichen Briefen an meine Mutter expliziert, die sich unter anderem auch mit den von ihr betreuten Katzen befassen. In einem ihrer Briefe finden sich folgende Zeilen:
»Das sind die wahren Nachfolger Christi. Die Menschen dagegen stehen weit von Christi Lehre ab.«
Versuchen wir, die alte Frau zu verstehen. Sie konnte die Kränkung nicht verzeihen, die ich den »wahren Nachfolgern Christi« zugefügt hatte. Auch die »wertvolle Information«, die sie dem STERN-Mitarbeiter angedeihen ließ, braucht nicht Verwunderung zu erregen. Dieser Dieter Steiner erwies sich übrigens als auf dem Niveau der alten Frau stehend. Gewöhnlich pflegt sich jeder Gesprächspartner im ersten Augenblick des Gesprächs zu überlegen, ob man sich auf die Worte einer alten Dame verlassen darf. Die Versionen der Tante kamen der Redaktion im vorliegenden Fall offenbar mehr zupaß als die Wahrheit. Übrigens hat Irina Stscherbak mich, eine gebürtige Kosakin, in die »Tochter eines jüdischen Händlers« verwandelt und mich, Ehefrau Solschenizyns, zu seiner »Geliebten« gemacht. Sie tat das durchaus nicht aus dem

Wunsch heraus, die Tatsachen zu entstellen. Das waren einfach die schlimmsten Scheltworte im Wortschatz der Tante!
Wenn mich jemand verwundert hat, dann war es Alexander Issajewitsch. In einem vierstündigen Interview, diesmal also ohne Angst um Zeitvergeudung, hat er den besagten Artikel ausführlich kommentiert. Nur zu meiner Verteidigung fand sich kein einziges Wort bei ihm. Ein Jahr später hat er mir allerdings – eine »posthume Rehabilitierung«(!) versprochen.

Eine gewisse Abwechslung in unser Leben brachten noch die ziemlich seltenen Reisen nach Moskau. In der Regel hatten sie einen sachbezogenen Charakter. Ich fuhr zu wissenschaftlichen Konferenzen, mein Mann hatte dienstlich in der Akademie für Pädagogische Wissenschaften zu tun. Ab und zu traten wir den Weg in die Hauptstadt gemeinsam an.
Im Mai 1960 gelang es mir, in Moskau die Ausstellung der englischen Malerei sowie die Rerich-Ausstellung zu besuchen und außerdem das brillante Stück von Oscar Wilde LADY WINDERMERES FÄCHER zu sehen. Während des gleichen Moskaubesuchs fuhr ich im Omnibus zufällig die Nowoslobodskaja entlang und sah, wie die Ziegelmauer des Butyrkigefängnisses abgerissen wurde... Mir erschien das als ein Symbol, daß die furchtbare Vergangenheit für immer verschwindet ...
Wenn Alexander nach Moskau kam, ging es ihm immer nur darum, Panin, Kopelew und Iwaschew-Mussatow zu treffen ... Einmal versammelten sie sich alle vier in der Wohnung der Schwester von Dimitrij Michailowitsch. Das war am 9. Februar 1959: am vierzehnten Jahrestag der Verhaftung meines Mannes.
Jeder von ihnen war vorher auf der Kunstausstellung in der Manege gewesen. Alexander hatte sich übrigens durch das »schamlose Mätzchen der polnischen Maler« schockiert gefühlt, die den ganzen ihnen eingeräumten Platz entweder mit kraß abstrakter oder mit absolut expressionistischer Malerei angefüllt hatten. Kein einziges Bild im Geiste des Realismus!
Nichtsdestoweniger waren diese Säle proppenvoll mit Menschen, es kam zu spontanen Streitgesprächen, es herrschte eine lebhafte Stimmung.
Iwaschew-Mussatow sagte, alle großen Maler seien »in gewisser Weise Abstraktionisten« gewesen, sogar Rembrandt und Rubljow, die eine Gestalt nicht nur durch eine andere Gestalt ins Gleich-

gewicht brachten, sondern beispielsweise durch eine Wendung, eine Farbe nicht durch eine andere Farbe, sondern beispielsweise durch einen Blick«. Und obwohl die heutigen Abstrakten »Menschen ohne Herz« seien, obwohl sie »nicht ein Haus schaffen, sondern das Skelett eines Hauses, und uns vorschlagen, darin zu wohnen«, würde eine völlige Hintanstellung der abstrakten Malerei »zur Verkümmerung der ornamentalen und dekorativen Kunst führen«.

Ich habe von unseren Beschäftigungen im Verlauf des Unterrichtsjahres erzählt: im Herbst, Winter und Frühling ... Und was war dazwischen? In den Sommermonaten? ... Da brach in unser abgemessenes Leben etwas grundlegend anderes, Neues, Frisches ein, und völlig andere Eindrücke ergriffen von uns Besitz! Wir brachen ins Freie und Weite aus!

Unser Ausruhen nahm selten die Form der Bewegungslosigkeit an. Höchstens, daß wir Ende 1959 zwei Wochen lang in Tschernomorskoje blieben, um morgens und abends im Meer zu baden. Sonst waren wir immerzu auf Achse. Wobei die Marschroute schon vorher festgelegt wurde. Es gab auch einen strengen Zeitplan, in dem die Umsteigorte, die Haltepunkte und die unterwegs stattfindenden Begegnungen mit Freunden verzeichnet waren. Zu diesem Zweck wurde der Fahrplan der Eisenbahnen und Dampferlinien beizeiten studiert, wurden Anfragen verschickt, Landkarten und Fremdenführer angeschafft, Kartothekzettel über die besonders sehenswerten Orte ausgefüllt.

Die Züge entführten uns in verschiedene Richtungen, die in Moskau ihren Anfang nahmen. Einmal nach Leningrad und von dort nach Ostaschkow oder ins Baltikum, dann auf die Krim oder in den Kaukasus, dann nach Wladimir – und sogar nach Irkutsk ... Vom Zielort aus unternahmen wir kleinere Fahrten und Wanderungen auf vorgezeichneten Wegen.

Außer auf der Wolga, der Oka oder der Moskwa fuhren wir auf Flußschiffen auch den Dnjepr, die Kama und Belaja sowie den Jenissej hinauf und herunter.

Als den ungewöhnlichsten dieser Flüsse empfanden wir natürlich den Jenissej.

Auf dem Dnjepr tat es uns besonders die Stadt Kanew an, wo der Dichter Schewtschenko begraben ist. Die Stadt liegt malerisch auf waldbedeckten Hügeln. In Erinnerung blieben uns auch die zahllosen taghellen nächtlichen Lichter der lodernden

Metallöfen von Dnjeprodserschinsk. Sehr majestätisch bietet sich das alte Kiew mit dem zum Fluß gewendeten Denkmal des heiligen Wladimir dem vom Fluß her gerichteten Blick dar.
Durch das herrliche Kiew unternahmen wir viele Streifzüge. Es gelang uns sogar, in die Kirillowskaja-Kirche vorzudringen, die seit vielen Jahren restauriert wird, und einen Blick auf die interessanten Fresken von Wrubel zu werfen...
Am 2. November kam Lew Sinowjewitsch Kopelew nach Rjasan und hielt einen Vortrag über Schiller. Bei uns in der Wohnung weilte er nur vom Abend bis zum nächsten Morgen. Nachdem er das Manuskript des IWAN DENISSOWITSCH durchgeblättert hatte, machte er eine wegwerfende Handbewegung und sagte nachlässig: »Das ist eine typische Produktionsgeschichte.« Außerdem fand er, sie sei zu sehr mit Details überladen.
Indessen wurde diese Erzählung just mit Hilfe Kopelews drei Jahre später im NOWYJ MIR publiziert.

KAPITEL 8

Die Treppe hinauf und hinab

Im November 1962, einige Tage nach der Veröffentlichung des IWAN DENISSOWITSCH, brachte ich, vor Glück wie berauscht, zwei neue Erzählungen meines Mannes mit der Bahn nach Moskau. In unserem bequemen Elektrozug Rjasan–Moskau mit den weichen Sitzen und den verstellbaren Sesselrücken und Tischchen konnte man so bequem die ganzen drei Stunden lang lesen oder sogar Notizen machen. Aber diesmal verbrachte ich die Zeit im lebhaften Gespräch. Mein Weggefährte war ein Dozent unseres Instituts. Wir kamen auf den NOWYJ MIR zu sprechen.

»Im allgemeinen lese ich ihn nicht«, sagte er, »aber die Nummer elf werde ich mir wohl anschaffen müssen. Haben Sie übrigens den Artikel von Simonow in der ISWESTIJA gelesen?«

»Ich habe nicht nur den Artikel von Simonow gelesen, sondern auch den IWAN DENISSOWITSCH.« Ich konnte nicht mehr an mich halten und sprach zum erstenmal das Geständnis aus: »Der Verfasser ist mein Mann!«

Dem gleichen Dozenten sollte ich an einem späten Dezemberabend des Jahres 1970 nach dem Verlassen des Zuges Moskau–Rjasan auf dem Taxistandplatz begegnen. Und zwar kurz nach der Verleihung des Nobelpreises: auf dem Höhepunkt unseres persönlichen Dramas. Der Dozent und ich werden uns jener acht Jahre zurückliegenden Bahnfahrt entsinnen.

»So war es *zu Beginn* der Epopöe!« wird der Dozent vielsagend äußern.

Der Kreis wird sich geschlossen haben.

Ich will jetzt versuchen, einen Sinn in alle Geschehnisse nach dem Abschluß des *stillen Lebens* zu bringen. Was ist vorgegangen? Warum führte die Treppe, die mein Mann, jede zweite Stufe überspringend, hinaufzusteigen begann, ihn im Endresultat nach unten? Warum zerriß er Schritt um Schritt die Bande, die ihn mit seinen Freunden verbanden, warum zerstörte er die Familie, warum verlor er endlich auch die Heimat? Steckt in dieser Eskalation vielleicht irgendeine Gesetzmäßigkeit?

Ich stelle mir nicht die Aufgabe, alle diese Fragen erschöpfend zu beantworten. Ich möchte nur über meinen alten Tagebüchern und Briefen laut nachdenken und alles neu durchleben. Mögen andere dann die Schlußfolgerungen ziehen.

Wenn ich auf das Jahr 1962 zurückkomme, finde ich mich in der Lage eines Zuschauers, der zu Beginn eines Films den Eindruck hat, er würde dessen Ende bereits kennen. Doch der Regisseur hält eine Überraschung für ihn parat, der Film endet völlig anders, als es der Zuschauer zu wissen glaubte.

Jetzt schaue ich mir den Streifen des vergangenen Jahrzehnts gleichsam aufs neue an, kenne aber bereits den für mich unerwarteten Schluß. Und ich darf nicht behaupten, daß mir der Regisseur namens Leben niemals einen Wink bezüglich eines anderen Finales gegeben hätte.

Jawohl, damals »am Anfang« ging uns der Kopf rund ob dieser so überraschenden Wendung der Ereignisse. Es gab viele Reaktionen und Stellungnahmen. Alexander Issajewitsch beschloß, sie zu klassifizieren und in verschiedene Mappen zu verteilen. Die positiven Briefe, die negativen Briefe. Die Briefe der Unglücksgefährten. Die positiven Pressestimmen. Die negativen Pressestimmen. Die Stellungnahmen der westlichen Presse usw.

Das Sichten und Sortieren der verschiedenen Reaktionen war naturgemäß meine Aufgabe.

Wie dissonant im Chor der ersten Stellungnahmen, für mich damals unbegreiflich, heute nur allzu verständlich, klang der Brief von Alexander Trifonowitsch Twardowskij, worin er »mit dem Recht des höheren Alters und der literarischen Erfahrung« Solschenizyn warnend darauf hinwies, er würde unter anderem bald auch auf »ein bisweilen von nichtliterarischen Impulsen angeheiztes Interesse stoßen«. Er warnte, mein Mann würde nicht umhinkönnen, »die Prüfung durch den Ruhm« zu bestehen.

Ähnlich besorgt wie Twardowskijs Brief klangen auch einige Leserbriefe. Eine Leserin schrieb, die Erzählung hätte gemischte Gefühle in ihr wachgerufen. Erstens sei schon das schlecht, daß »Sie zu einer Mode werden«. Und das bedeutet, daß »irgendwer versuchen wird, Sie für seine irgendwie gearteten *Ziele* einzuspannen«. Sie stellte in Aussicht, daß ihm »das Leben eine weitaus schwierigere Prüfung bereithalte, als es die Entbehrungen der Lagerjahre gewesen seien«.

Ich begriff damals nicht, wer mein Mann nun eigentlich »einspannen« könnte, obwohl mich einige ausländische Stellungnahmen hätten stutzig machen müssen (sie taten es aber nicht).

Deren Übersetzungen liegen in der Mappe Nr. 28 (»Stellungnahmen aus dem Ausland«), in der die Ausschnitte aus ausländischen Zeitungen oder auch nur deren Übersetzungen gesammelt wurden, die wir entweder über den NOWYJ MIR erhielten oder von Lesern zugeschickt bekamen.

Diese Stellungnahmen hatten damals einen offenherzigeren Charakter als später. Es fehlten die Superlative, der Vergleich mit den Klassikern, es fehlte die offen zutage liegende Schmeichelei – das alles kam erst später. Für die Verfasser der ausländischen Rezensionen waren Solschenizyn und seine Erzählung nur in einem ganz bestimmten Sinn interessant. Sie machten es sich nicht zum Ziel, seine Erzählung kritisch zu bewerten, ihre Vorzüge und Schwächen abzuwägen, dem Verfasser zu einem besseren Verständnis dessen zu verhelfen, was der Leser nun eigentlich von ihm will. Weitaus mehr interessierte sie, ob die Erzählung ihrer eigenen Ideologie entspricht, ob sie dazu herhalten konnte, ihre Konzeption des russischen Lebens und der russischen Literatur zu erhärten. Die Rezensenten des Westens (unter ihnen war der Prozentsatz der politischen Betrachter sehr hoch) gehören verschiedenen Lagern an. Sie haben aber alle etwas gemeinsam, was sogleich in die Augen sticht.

Am offenherzigsten dürfte sich damals die YORKSHIRE EVENING PRESS vom 31.1.1963 geäußert haben. Sie beurteilte die Erzählung im Titel der Rezension folgendermaßen: *»Ein politischer – kein literarischer Wert.«*

Der EVENING STANDARD schrieb seinerseits am 8.2.1963, irgendwer würde versuchen, aus dem Buch *politisches Heu* zu gewinnen.

Vielsagend waren auch die Betrachtungen der westlichen Rezensenten über den Kampf der »Liberalen« gegen die »Konservativen« in der UDSSR. Man spürte deutlich, daß bestimmte Kreise im Westen den TAG zu einem Feld machen wollten, auf dem sich die Leidenschaften begegnen, zu einem Brennpunkt, in dem sich angeblich alle geistigen Strömungen unseres Landes überkreuzen.

Jawohl, heute sehe ich manche Dinge anders. Doch dies verspätete Begreifen bringt wenig Nutzen. Damals prägten ganz andere Gefühle und Gedanken meine Stimmung.

Ich gehe die winterlich verschneite Straße entlang in mein

Institut, wo ich eine Vorlesung zu halten habe. Mein Mann ist mit dem Sieben-Uhr-Frühzug nach Moskau gefahren, zu seiner ersten Begegnung mit seinem ersten Redakteur. Und ich soll eine offene Vorlesung über Polymere halten. Das paßt mir überhaupt nicht in den Kram.
Das ließ mich wieder auf der Erde landen, führte mich wieder ins gewohnte Gleis. Zweifel kamen mir: Wird sich unser Schicksal jetzt wirklich verändern?
Unterwegs stellte ich mich auf folgendes Omen ein: Wenn mich als erster ein Mann grüßte, dann würde bei Sanja alles erfolgreich verlaufen! Als erster grüßte mich unser Institutshauswart Pawel Alexejewitsch oder Onkel Pascha, ein ungemein herzlicher Mann. Er grüßte mich nicht nur, er nahm, was heutzutage so selten vorkommt, seine Mütze ab und verneigte sich tief vor mir.
Am Abend kehrte Alexander Issajewitsch nach Hause zurück. Er wirkte fast ein wenig ratlos. Schweigend entnahm er seinem Köfferchen ein steifes Blatt Papier und zeigte es mir und meiner Mutter. Auf dem Papier stand das Wort VERTRAG.
Die Monate lösten einander ab. Der Frühling ging vorbei, der Sommer näherte sich seinem Ende. Die Frage der Veröffentlichung des IWAN DENISSOWITSCH ist immer noch nicht gelöst. Ein Brief aus dem NOWYJ MIR erweckte Hoffnungen. »... jeden Tag kann es Neuigkeiten geben ...«
Genau eine Woche später kam es zu einem kuriosen Vorfall. Wir ruhten uns nach dem Mittagessen aus und lasen. Plötzlich sagte mein Mann zu mir:
»Was ist das für eine Uhr in unserem Zimmer?«
»Der Wecker.«
»Nein.«
»Dann ist es meine Uhr, die tickt ....« Ich halte ihm meine Armbanduhr ans Ohr.
»Nein, die ist es auch nicht.«
In diesem Augenblick erschallt das ohrenbetäubende Geläute eines unsichtbaren Weckers aus einer fernen Ecke. Wir sind erschreckt und noch mehr verblüfft. Alexander Issajewitsch holt aus dem Nachttischchen unseren alten kaputten Wecker, der dort mindestens ein halbes Jahr gelegen hat.
Dieses sonderbare Geläute ertönt um 17 Uhr 41 Minuten. Vielleicht werden wir eines Tages erfahren, daß in diesem Augenblick etwas für uns sehr Wichtiges geschehen war.

Oder vielleicht ist es das Signal, daß wir uns endlich aufraffen und nach Moskau fahren, um Neuigkeiten zu erfahren.
Es war genau der richtige Moment!
Und noch ein Besuch in Moskau. Einen Monat später. Um zehn Uhr abends verlasse ich das Haus, um meinem Mann entgegenzugehen. Doch er steht bereits vor der Tür: im grauen Mantel, das graue Köfferchen in der Hand, das Gesicht voller Freude: »Mein Stern ist aufgegangen!«
Sein Stern. Und daneben meiner. Aber wird der meinige ein Glücksstern sein?
Der Lauf der Zeit wird immer schneller. Andere Ereignisse, in Charakter und Ausmaß von den bisherigen verschieden, treten in unser Leben.
Eine frostkalte Neujahrsnacht. Das Theater des Zeitgenossen am Majakowskijplatz. Die Aufführung ist zu Ende. Die Schauspieler feiern das neue Jahr.
Im Foyer stehen kleine quadratische Tische. Jeden Tisch quert eine Latte mit fünf grünen Schälchen aus Metall. In jedem Schälchen steckt eine kleine Kerze – das ist die ganze Beleuchtung. Über den Tischen hängen geschickt befestigte Tannenzweige mit bunten Bändern, glitzernden Kugeln und bengalischem Feuer.
An einem dieser kleinen Tische sitze ich mit Alexander Issajewitsch. Mitternacht rückt näher. Drei Minuten vor Anbruch des neuen Jahres schließen sich uns Oleg Jefremow und seine Frau, die Schauspielerin Alla Pokrowskaja, an. Oleg Nikolajewitsch ist gerade von den Dreharbeiten zu KRIEG UND FRIEDEN zurückgekehrt, wo er den Dolchow spielt.
Es schlägt zwölf. Alle erheben die Sektgläser und stoßen auf das neue Jahr an.
Schon dröhnt das Radio, die bengalischen Lichter funkeln, Knallfrösche explodieren.
Von den Tischen erheben sich die Paare. Die Schals und Pelzüberwürfe bleiben auf den Stühlen liegen. Die meisten Frauen tragen Dekolletés. Ihre Arme sind entblößt.
Es wird getwistet.
Wie wenig ähnelt das meiner eigenen Jugend! Tut es mir leid darum? Oder war das andere besser? Bescheidener? Reiner?
Ein gewaltiger, rascher und ungestümer Ereignisstrom riß uns immer weiter und weiter mit sich fort, ohne uns Zeit zur Besinnung zu lassen.

Immer häufiger sind mein Mann und ich getrennt voneinander. Ich bin in Rjasan, er in Solotscha oder Moskau. In der freien Zeit, die mir das Institut läßt, erledige ich die Korrespondenz, mache Auszüge aus Briefen, verrichte auch noch andere Sekretärsarbeiten. Wenn das Wetter schön ist, setze ich mich mit den Mappen in den Garten. Widme mich ein wenig dem Haushalt, spiele viel Klavier.

Das Institut bedeutet mir immer weniger.

Zum erstenmal beschleicht mich die Angst, daß ich in diesem Strom hinter meinem Mann zurückbleiben könnte; die Fühlung, den Kontakt verlieren könnte. Das aber wäre mein Untergang, besonders wenn ich mich weit weg vom Ufer befinden sollte... Ich durfte jenes Ufer nicht aus den Augen lassen, zu dem ich hinüberschwimmen könnte, um mich auf meine eigenen Füße zu stellen. Wird mir dies Ufer entgleiten? Es könnte passieren, daß ich mit meinem Mann nicht mitkomme, die Kräfte verliere. Dann würde ich untergehen oder bestenfalls erst dann ans Ufer gespült werden, wenn ich schon keine Kraft mehr habe, mich zu erheben.

Meine Arbeit im Institut war für mich längst nicht mehr das ersehnte Ufer. Vielleicht könnte meine Musik dazu werden...

Mein Mann versprach es mir und nährte die Illusion in mir, daß sich der Kreis unserer Bekannten, wenn man Solschenizyn erst einmal druckte, unermeßlich erweitern würde. Dann würde ich jenen musikalischen Umgang bekommen, der mir so gefehlt hatte.

Dem Menschen eignet das Bedürfnis nach dem Ausdruck seines Selbst. »Sich selbst finden und äußern!« – so formulierten einst meine beste Freundin Lida und ich das Ziel des menschlichen Lebens. Sich in Gedanken ausdrücken... Sich in Gefühlen ausdrücken... Durch die Musik äußerte ich mich offenherziger als in Worten. Darin war ich, bevor ich im Herbst 1970 den entsetzlichen Schlag empfing, ungemein zurückhaltend und sogar verschlossen...

Deshalb glaubte ich immer, daß mich jener nicht kennt, der mein Klavierspiel nicht gehört hat.

In jenen Tagen ließ ich keine Gelegenheit zum Musizieren aus.

Aber mein Mann verstand die Gefühle bereits nicht mehr, die mich bewegten. Er verurteilte mich sogar ihretwegen. »Du bist doch kein großer Musiker«, sagte er mir eines Tages. »Nur die

Großen haben ein Anrecht darauf, sich auszudrücken. Alle übrigen müssen gesichtslos bleiben ... Wer kein Genie ist, der ist Mittelmaß...«

Und das Genie?

Das hat, wie sich herausstellte, viele Rechte. Es ist sich selbst das höchste Gericht, sogar anderen Großen ist es versagt, irgendwelche Mängel bei ihm zu finden. Später wird das auch auf die Angelegenheiten des Lebens ausgedehnt, einstweilen beschränkt es sich auf literarische Dinge.

Ich freue mich über den lobenden Artikel von Konstantin Simonow in der ISWESTIJA. Ich warte auf meinen Mann. Er ist nach Moskau gefahren, um sich mit Twardowskij wegen der neuen Erzählung zu besprechen. Er kehrt mit dem Abendzug zurück. Betrübt und fast schlecht gelaunt. Er ist unzufrieden mit Simonows Artikel (»er hat nichts über die Sprache geschrieben, über das Eindringen in die Seele des einfachen Mannes«), auch Twardowskijs Anmerkungen zur Erzählung ZWISCHENFALL AUF DEM BAHNHOF KRETSCHETOWKA haben ihn betrübt...

Alexander Trifonowitsch Twardowskij hatte, wie mein Mann berichtete, die auf der fünften Seite aufgeblätterte ISWESTIJA sofort vor ihnen auf den Tisch gelegt. Alexander Issajewitsch sah die Seite flüchtig durch, legte die Zeitung weg und machte den entschiedenen Vorschlag:

»Wollen wir zur Sache kommen!«

Twardowskij zuckte mit den Achseln, ging ins Nebenzimmer und machte die Tür hinter sich zu. Solschenizyn blieb nichts anderes übrig, als den Artikel von Simonow durchzulesen.

Das Gespräch über den ZWISCHENFALL begann mit der Frage Twardowskijs, wie sie die Erzählung durchnehmen sollten: mit oder ohne Narkose. Alexander Issajewitsch verzichtete auf die Narkose. Alexander Trifonowitsch kam sofort zur Sache und machte eine Vielzahl von Bemerkungen. Der Autor muckte gegen jede Bemerkung auf. »Sie sollten die Frontlinie halten und nicht jeden klitzekleinen Schützengraben«, redete ihm Twardowskij zu.

Wie sehr ist es zu bedauern, daß die Beziehungen zwischen Solschenizyn und Twardowskij nicht zur Freundschaft gediehen sind! Noch vor dem Erscheinen des IWAN DENISSOWITSCH hatte es den Anschein, als würde sich eine Freundschaft entwickeln können. Damals war das für Alexander Issajewitsch das Äußerste

des Wünschbaren. Aber er folgerte sogleich, diese Freundschaft wäre in gewisser Weise ein Anschlag auf seine Unabhängigkeit. Eine Freundschaft verpflichtet beide Seiten! Twardowskij ist älter, Twardowskij ist erfahrener. Er wird Ratschläge erteilen. Alexander Issajewitsch indessen bedarf immer weniger der Ratschläge von wem auch immer. Er weiß besser als alle anderen, wie er vorzugehen hat! Niemand kann für ihn zur unanfechtbaren Autorität werden! Nicht einmal Twardowskij.
Es kam mehr als einmal vor, daß ein Gespräch Solschenizyns mit Twardowskij oder mit Professor Kobesew oder mit irgendeinem anderen interessanten Menschen den Punkt erreichte, wo es spannend zu werden begann... Doch da blickte mein Mann auf die Uhr: die zugemessene Zeit war abgelaufen!
Und wenn nun just in der nächsten Minute das Allerwichtigste – das Tiefste – das Notwendige gesagt werden würde? Die Zeit läßt es nicht zu! Solschenizyns eigene Konzeptionen müssen zu Papier gebracht werden.
Später wird es meinen Mann zu Twardowskij hinziehen, um dessen Rat zu suchen. Handeln aber wird er trotzdem auf eigene Faust. Er wird es Twardowskij nicht gestatten, ihn vor jenen unbedachten Schritten zu bewahren, die sein literarisches und staatsbürgerliches Los so sehr erschwert haben!
Einmal in Leningrad holte uns an einer Straßenbahnhaltestelle eine hagere Frau mit spitzem Gesicht und mit Brille ein, die uns noch ganz jung erschien. Sehr erregt hielt sie Alexander Issajewitsch ein Manuskript hin und bat ihn, es durchzulesen.
»Warum wenden Sie sich ausgerechnet an mich?«
»Weil mir das, was Sie schreiben, so gefällt.«
Mein Mann ließ sich überreden und nahm das Manuskript, wies allerdings warnend darauf hin, daß er es in Leningrad nicht mehr lesen würde.
Diese Frau war T. Kasanskaja.
Erst geraume Zeit später, aber immerhin, schrieb ihr Alexander Issajewitsch eine ausführliche Rezension, beschwerte sich jedoch bei mir, wieviel Zeit ihn das gekostet hätte.
»Die Erzählung befindet sich an der Schwelle des Gelingens«, resümierte er. »Damit diese Schwelle überschritten wird, müßte man...«
Kurz und gut: die Kasanskaja hatte Glück gehabt! Aber dann verlor sie das Gefühl für jedes Maß und schickte ihm noch eine

weitere Erzählung zu. Diesmal bekam sie keine Antwort mehr! Alexander Issajewitsch faßte den Entschluß, seine Einstellung zur Zusendung von Manuskripten durch »junge Autoren«, mit der Bitte um Begutachtung, ein für allemal zu formulieren. So wurde die sogenannte Form Nr. 1 geboren:

Sehr verehrte(r)
Sie schicken mir Ihr Manuskript zu und bitten mich um eine Äußerung (Überarbeitung, Ratschlag, Druckmöglichkeit).
Es ist schade, daß Sie nicht vorher mein Einverständnis eingeholt haben. Ihnen erscheint es ganz natürlich, daß jeder Schriftsteller imstande und verpflichtet ist, sich Ihnen gegenüber zum Niveau, zur Qualität Ihrer Arbeit zu äußern, und daß ihn das keinerlei Mühe kostet.
Indessen ist dies eine umfängliche Arbeit. Eine oberflächliche Stellungnahme, nach kurzem Durchblättern, wäre verantwortungslos, sie kann Sie ohne Grund betrüben oder Ihnen genauso grundlos Hoffnungen machen. Eine qualifizierte Stellungnahme würde jedoch voraussetzen, daß ernsthaft ins Manuskript eingedrungen und nicht nur dieses selbst bewertet wird, sondern auch die Ziele, die Sie Ihrer Feder setzen (diese müssen bei Ihnen und Ihrem Rezensenten nicht übereinstimmen).
Mein Gesundheitszustand sowie mein spätes Eintreten in die Literatur nötigen mich, mit meiner Zeit höchst sparsam umzugehen, und machen es mir unmöglich, Ihre Bitte zu erfüllen.
Glauben Sie mir, daß ein (für Sie) namenloser Rezensent, der eine solche Arbeit ständig für eine Zeitschrift, sagen wir: für den »Nowyj Mir« verrichtet, Sie eher zufriedenstellen kann als ich.
Alles Gute! (Unterschrift)

Seinerzeit hielt es der junge Solschenizyn für ganz natürlich, sich mit seinen ersten Federproben an Fedin oder Lawrenjow zu wenden. Und wieviel Aufmerksamkeit brachte ihm Alexander Twardowskij entgegen! Die Antwort dieser Schriftsteller an ihn erfolgte nicht nach »Form Nr. 1«.

Die neue Fassung des KREISES befindet sich in den Händen von Kopelew. Wie wird Lew sie wohl aufnehmen? Die Sache ist die, daß in der alten Fassung der Häftling Jakow Grigorjewitsch

Lewin dem Staat dabei half, auf dem Weg der Dechiffrierung der Aufzeichnung eines Telephongesprächs einen Mann ausfindig zu machen, der die Interessen seines Vaterlandes an den Nachrichtenmann einer ausländischen Macht verriet. Der Prototyp Lew Kopelew hatte keine Einwände gegen eine solche der Wirklichkeit nahekommende Variante.

Jedoch im Verlauf seiner Arbeit am Roman fügte Solschenizyn eine wesentliche Änderung ein: das Band mit dem Gespräch, das Lewin im Labor dechiffrierte, wurde »ausgewechselt«. In der neuen Fassung ist es nun so, daß er dazu beiträgt, einen anständigen Menschen in Gefahr zu bringen, der einen liebenswerten alten Gelehrten vor leichtfertigen Kontakten mit Ausländern warnen möchte. Nicht einen Vaterlandsverräter, nicht einen Spion, sondern einen anständigen Mann, der im Grunde nichts Schlimmes getan hat.

Das hätte Kopelew natürlich niemals zugelassen.

Ich war sehr betrübt, als ich von meinem Mann erfuhr, er hätte mit Lew ein nervenbelastendes Gespräch geführt. Warum soll man den Prototypen seiner Helden willfahren? Ist es nicht einfacher, keine Rücksicht auf sie zu nehmen?

Später schickte Kopelew einen Brief. Er war sehr wichtig, über ihn mußte nachgedacht werden. Kopelew war der Ansicht, er müsse trotz des Zerwürfnisses unbedingt alles zur Sprache bringen, was er über den KREIS denkt. »Wappne Dich mit Geduld – und lies, und weiter möge Dir dann Gott helfen.«

Dieser Brief war keineswegs nur jener einen Frage gewidmet, die Kopelew so naheging: ob Rubins Handlungsweise, die dazu beiträgt, einen anständigen Menschen ins Verderben zu führen, berechtigt oder nicht berechtigt ist. Dieser Brief gab eine sehr ernsthafte kritische Analyse des gesamten Romans.

In ihm war vor allem die Rede von der Ungleichmäßigkeit der Fähigkeit zur unmittelbaren Darstellung und zur verstandesmäßigen Vorstellung bei Solschenizyn. Daher würde auch der qualitative Unterschied der beiden »Schichten« des Romans rühren: der Darstellung und der Phantasie.

Bereits »in der Grundbasis des künstlerischen Geflechts« des Romans sieht Kopelew eine »subjektive Voreingenommenheit«, eine »Unbestimmtheit der Empfindungen des Häftlings für das, was hinter den Mauern liegt«. Daraufhin zieht Kopelew die Schlußfolgerung über eine »innere Zwiespältigkeit« des Romans, der deswegen auch schwächer sei als der IWAN DENISSOWITSCH und die Erzählungen.

Kopelew drückte seine Besorgnis darüber aus, der Erfolg des IWAN und der anderen Erzählungen, die Zeichen der Verehrung und des Lobes könnten seinem Freund die »gefährliche Überzeugung« eingegeben haben, daß er bereits »sämtliche Wahrheiten in seiner Hand« hielte. »Dabei sind dieser Erfolg und die Anerkennung nicht nur ein Recht, sondern vor allem eine große Verpflichtung.« Er schlägt Solschenizyn vor, er möge zu begreifen versuchen, worin die Hauptkraft bestehe, um erst danach »die Flanken und Etappen nachzuziehen«. Er fürchte sich davor, »an jene Homunkulusse zu glauben, die in den Retorten der Zeitungsarchive gezeugt würden müssen«.

Damit war unter anderem auch der kommende AUGUST 1914 gemeint. Alexander Issajewitsch schrieb sofort an den Rand: »Wir werden sehen.«

Alexanders Antwort auf diesen Brief war einige Tage darauf fertig. Er erklärt, warum er Kopelews Bemerkungen nicht ganz ernst nehmen könne und wirft ihm die seinerzeitige falsche Einschätzung des IWAN DENISSOWITSCH und der MATRJONA vor. »Ich wäre ganz schön bedient gewesen, wenn ich beide Male auf Dich gehört hätte! Und Du kannst nicht verlangen, daß ich auch künftig Deinen Geschmack ohne Beweis akzeptiere.«

Solschenizyns Erwiderungen auf die angeschnittenen Einzelfragen erwiesen sich indessen als weitaus weniger beweiskräftig als die Argumente Lew Kopelews. Nur eines wird zur Kenntnis genommen: »Was Du über die Staatsanwaltskapitel sagst (davon reden auch andere), werde ich wiederkäuen. Einstweilen schweige ich.«

Über das Wechselverhältnis von Gedächtnis und Einbildungskraft »habe nicht ich zu urteilen«, schrieb Solschenizyn, »aber ich werde tot sein, wenn ich begreife, daß ich vermittels Einbildungskraft nicht schreiben kann – schließlich kann man nicht alles selbst gesehen haben«.

Was Rubin betrifft, so wollte Alexander alles tun, was im Rahmen der Belastbarkeit des Romans möglich sei.

Es sollten sich Leute finden, die den Roman nur in der neuen Fassung kennenlernten und vom Zweifel gepackt wurden, ob sie Kopelew noch die Hand geben könnten. Einige erblickten in ihm einen Halunken.

Man versuchte, einen Ausweg zu finden. Solschenizyn schrieb an Kopelew einen »rehabilitierenden« Brief, den dieser nach Belieben jedermann vorweisen konnte, besonders jenen Personen, die hätten denken können, daß er fortan nicht einmal mehr einen Händedruck verdiene...
Der Kreis der mit diesem Brief vertrauten Personen war indessen ungleich kleiner als die Zahl der Leute, die den Roman gelesen hatten.
Zur Neujahrsfeier 1965 kamen Witkewitschs zu uns in die Kassimowskijgasse. Am festtäglichen Tisch wurde die Stimmung plötzlich gespannt.
Nikolaj erklärte, es gäbe zwischen uns keine Aufrichtigkeit. Als ich widersprach, entgegnete er, es würde mir nur so scheinen, als wäre ich aufrichtig zu ihnen.
Alexander merkte auf und meinte, wenn in seinem Umgang mit irgendwem die Aufrichtigkeit ausbliebe, dann würde er den Umgang mit diesem Menschen einstellen...
Das Gespräch kam auf den Roman ... Witkewitschs hatten erst einige Kapitel gelesen. Trotzdem sagte Nikolaj, er würde auf jeder geschriebenen Seite die Unbescheidenheit des Verfassers bemerken, seinen Anspruch, eine unanfechtbare Meinung vorzubringen. Die Neujahrsfeier war damit gestört.
Am nächsten Tag fuhr Alexander zu Witkewitschs und nahm ihnen unter einem Vorwand sein »Lieblingskind« ab, das sie nicht zu würdigen gewußt hatten...
Einige Zeit später begegnete ich Nikolaj auf der Straße.
Sein kleiner Sohn war krank, Nikolaj eilte ins Krankenhaus. Er hatte andere Sorgen als die Literatur.
Solschenizyn zuckt nur mit den Achseln.
»Ist die Geburt eines Kindes wirklich ein größeres Ereignis als die Geburt eines Romans ... Er hat meinen KREIS nicht akzeptiert.«
(Genau zwanzig Jahre vorher belehrte mich mein junger Ehemann in einem Brief von der Front, jeder könne ein Kind zur Welt bringen, aber nur er sei dazu imstande, eine Romanserie zu schreiben.)
Erst viele Jahre später wird Alexander begreifen, was die Geburt eines Kindes bedeutet. Und durchaus nicht deshalb, weil der Solschenizyn der frühen sechziger Jahre etwa weniger feinfühlig gewesen wäre. Eher umgekehrt. Es geht einfach darum, daß die

»Kinderfrage« damals außerhalb des Kreises seiner Interessen lag. Und alles, was keine unmittelbare Beziehung zu seinem »schöpferischen Weg« besaß, schien für Solschenizyn einfach nicht zu existieren.

Auf der Datscha äußerte eine Nachbarin einmal die Volksweisheit, in früheren Zeiten, als es noch viel Kinder in den Familien gab, seien diese viel herzlicher und menschlicher gewesen, während das Einzelkind oft zum Egoisten wird. Mein Mann war von dieser »Weisheit« stark beeindruckt. Ich war verblüfft: war ihm das selbst noch nie in den Sinn gekommen?

So gestaltete sich bis zu einem gewissen Grad die einseitige Auffassung des Lebens. Ein heller Strahl griff aus dem Halbdunkel einen schmalen Sektor heraus. Jenseits des Sektors herrschte die Finsternis.

Allerdings legt sich Alexander Issajewitsch selbst keine Rechenschaft darüber ab. Er hat ja ein für allemal den Glauben an seine Unfehlbarkeit gefaßt! Folglich ist auch alles von ihm Ausgedachte – im Leben oder im Schaffen – richtig! Wie kann man ihn nur wegen irgend etwas kritisieren? Nicht auf ihn hören? Ihm einen Vorwurf machen? Ihn beschuldigen? Zu Opfern seiner Handlungsweise werden bisweilen die ihn Umgebenden. Jedoch das größte Opfer dürfte er selbst sein.

Ich sollte Nikolaj nicht mehr zu sehen bekommen. Er sollte Rjasan bald verlassen.

Auch die Begegnung mit Iwaschew-Mussatow verlief traurig. Später kam von ihm ein Brief, in dem er davon schrieb, es sei sehr schlimm, wenn Menschen, die sich lieben und einander schätzen, vom Leben so sehr zerstreut werden, daß sie sich nicht einmal sehen und ihre innersten Gedanken austauschen können: etwas, das man einem bloßen Bekannten nicht sagen würde, sondern nur einem Freund. »Und ich möchte Ihnen vorschlagen, lieber Alexander Issajewitsch: Wollen wir uns lieber seltener sehen, aber dafür richtig, damit hinterher nicht die bittere Empfindung einer Entfremdung entsteht. Einverstanden?«

Sergej Michailowitsch unternahm den Versuch, eine Freundschaft zu retten, von der man immer glaubte, sie sei unzertrennlich, auf die auch Alexander Issajewitsch bisher großen Wert gelegt hatte, daß er sie zu seinem neuen Lebensabschnitt hinüberzuretten hoffte! Man gab ihm einen Rat! Aber Solschenizyn war nicht mehr zu retten. Die Umstände hatten sich als stärker erwiesen.

Wie sollte man allen gerecht werden? Wie alles miteinander vereinbaren, ohne dem literarischen Schaffen Zeit zu stehlen? ... Man mußte irgend etwas wählen, irgend etwas und irgend jemanden bevorzugen. Hat Alexander Issajewitsch das Richtige gewählt? Und die Richtigen?

Ich bemühte mich immer darum, meinen Mann nach außen und im Innern zu rechtfertigen. In Gedanken und auch einmal in einem Brief wendete ich mich an Sergej Michailowitsch und bemühte mich um sein Verstehen: »Lieber Sergej Michailowitsch! Denken Sie daran, daß auch Sie, als Sie sich einmal in einem ›schöpferischen Rausch‹ befanden, lange, lange nicht geantwortet haben?« Bei meinem Mann aber setzt dieser schöpferische Rausch nie aus. Allenfalls wird später einmal eine Unterbrechung eintreten, im Herbst 1965, doch auch wohl nur für kurze Zeit und nur deshalb, daß er nachher noch stärker, noch eiserner von diesem Rausch ergriffen wird...

Alexander Issajewitsch verkündete, das Leben müsse so bleiben wie zuvor. Jedoch mit zwei wesentlichen Korrekturen. Erstens müsse nach neuen Möglichkeiten für die schöpferische Arbeit gesucht werden. Die Zeit sei reif, die Schule aufzugeben und sich voll und ganz der Literatur zu widmen. Zweitens müsse ein anderes Maß der Verantwortlichkeit gefunden werden. Jetzt verfolgten aufmerksame Leseraugen die Arbeit Solschenizyns. Man erwartete irgend etwas von ihm. Dieser seiner neuen Position in der Gesellschaft mußte er sich voll gewachsen zeigen. Um mit Twardowskij zu sprechen: er mußte die Prüfung des Ruhmes bestehen. Vielleicht wurden aber die Grundsätze des neuen Lebens von Solschenizyn nicht ganz richtig bestimmt.

Einerseits: die Jahre des Nachdenkens und der Arbeit, der physischen und moralischen Prüfungen, der unwahrscheinlichsten Situationen, der unerwartetsten Begegnungen und Bekanntschaften. Andererseits: so paradox das erscheinen mag, haben diese Jahre keine Schichten von Lebenserfahrung, sondern buchstäblich nur Krumen angesetzt.

Es scheint mir, obwohl er nie davon sprach, daß er in sich eine Aversion, vielleicht sogar Furcht gegenüber brodelnden Kollektiven und lauter Geselligkeit, gegenüber aktiven Kontakten mit Menschen aufgebaut hatte, die natürlich ihre Vorteile mit sich gebracht, aber zugleich Umstände und ungewohnte Verpflichtungen auferlegt hätten.

Der Ruhm hatte seine Einsamkeit, um einen Ausdruck von Stanislawskij zu verwenden, zu einer »öffentlichen Einsamkeit« gemacht. Er hatte in ihm aber nicht den Wunsch erweckt, jenseits der Rampe zu schauen oder irgendeinen Menschen aus der Menge der Zuschauer zu sich auf die Bühne zu lassen.
Iwaschew-Mussatow und Potapow, Kopelew und Witkewitsch ließen sich alle vorzüglich der Vergangenheit zuschreiben. Iwaschew-Mussatow zum Beispiel war für ihn in den Mauern der »Scharaschka« ungewöhnlich interessant. Seine jetzige »Alltäglichkeit« wirkte weitaus weniger anziehend. In den Strom der Gedanken und Erinnerungen an die nahe Vergangenheit versenkt, dürfte Solschenizyn aufrichtig darüber gestaunt haben, daß das Interesse für die gemeinsam durchlittenen Jahre bei seinen früheren Gefährten nachgelassen hatte. In ihrem Leben erklang immer lauter eine andere Musik.
Er konnte nicht umhin, sich über die Taten und Erfolge seines guten alten Freundes, des Ingenieurs Potapow, zu freuen, der sich mit jugendlicher Begeisterung, von Baustelle zu Baustelle ziehend, der ihn erfüllenden Arbeit hingab. Und dennoch lockerte das so »leichte« Abrücken Potapows von der für Alexander so wichtigen und wertvollen Vergangenheit allmählich die frühere Verbindung und Sympathie.
J. B. Karbe war in Ekibastus einer der Alexander am nächsten stehenden Menschen. Doch in der Freiheit ging die Freundschaft auseinander. Ihre Interessen harmonierten nicht mehr.
Alexander warf Iwaschew-Mussatow wiederholt vor, daß dieser erfahrene Maler keine Bilder aus dem Lagerleben malte. Im Eifer des Wortgefechts verstieg sich Solschenizyn sogar zu der Behauptung, alle Shakespeareschen Probleme seien längst gelöst und für niemanden mehr interessant. Nicht bei allen Diskussionen war ich persönlich zugegen, will aber hier anführen, was Iwaschew-Mussatow sehr viel später über die Impulse seines Schaffens gesagt hat. Er war der Meinung, daß sich über einem Menschen, dessen Blick ausschließlich in die Vergangenheit gerichtet ist, die moralischen Wolken zusammenballen; er kann nicht mehr vollwertig leben und schaffen.
Sergej Michailowitsch Mussatow – eine der lichtesten und edelmütigsten Gestalten in unserem Leben – erinnert sich daran, wie ihm nach der Freilassung »neue Flügel wuchsen«, wie sich »der schöpferische Blick weit öffnete«: für neue Arbeiten und neue

Freuden des Lebens. Ich weiß nicht, ob er mit Alexander darüber gesprochen hat. Mir ist aber klar, daß bei so polar entgegengesetzten Einstellungen die Beziehungen zwischen den alten Freunden nicht dauern konnte.
Wenn man sich ein abschließendes Urteil über die literarische Arbeit Solschenizyns bilden will, muß man einer bestimmten Seite seines Schaffens besondere Beachtung schenken. Es geht fast immer nur um ihn selbst! Und um jenen engen Kreis von Menschen, die das Schicksal in Beziehung zu ihm brachte. Das rührte von der Unkenntnis und dem Nichtverstehen des um ihn herum brodelnden Lebens, vom Mangel eines darauf gerichteten Interesses her. Es fehlte an Erfahrung, an einer tiefen Kenntnis des Lebens und der Menschen, es fehlte die Fülle der Beobachtungen, die es einem Schriftsteller erst ermöglichen, freigebig und freizügig Gebrauch davon zu machen. Das alles war einfach nicht da. Und wenn es doch da war, bezog es sich einzig und allein auf eine bestimmte, sehr enge Sphäre des Lebens: auf die Lagersphäre.
Die Versenkung in diese Sphäre führte nicht nur zu Selbstwiederholungen, zu immer neuen Variationen des gleichen Alten, zur Ballung jener moralischen Wolken, von denen der alte Maler sprach.
Die Optiker und Augenärzte wissen, daß man mit einem Auge die Details keineswegs schlechter wahrnimmt als mit zwei Augen. Was aber nicht möglich ist, ist dies: die Lage der Details im Raum zu erkennen.
Die Zeit der alten Freunde ging unwiederbringlich dahin. Die Natur duldet kein Vakuum. Rund um Solschenizyn begannen sich neue Menschen zu gruppieren, die ihm in irgendeiner Hinsicht nützlich waren, ihm zu irgend etwas verhalfen, die etwas für ihn taten: Material sammeln, abtippen und Zeit einsparen ...
Aber werden ihm diese Menschen dabei helfen, seine Seele zu bewahren? Ein unauflösbarer Widerspruch für Solschenizyn, der zu einem traurigen Ergebnis führen mußte ... Die Freunde, die Verwandten, die eigene Ehefrau: alles verschwand in der Tiefe ...
Es wäre nicht verwunderlich und wäre verzeihlich gewesen, wenn statt der alten Beziehungen ein neues Feld von Beziehungen entstanden wäre; interessanter, inhaltsvoller, innerlich reicher als die früheren Beziehungen. Aber es kam genau umgekehrt. Solschenizyn war bald von Leuten umringt, die an sich kein allzu großes Interesse darstellten. Es entstand eine Kette von »Freundschaften

aus Berechnung«. Seitens der neuen Bekannten war es durchaus nicht krasser Merkantilismus. Eher war es ein Streben nach einem moralischen Vorteil.
Jemandem wie Jaurès Medwedew imponierte bereits der Umstand des persönlichen Umgangs mit Solschenizyn. Jaurès lebte in Obninsk, sein Weg nach Moskau im Auto oder im Omnibus führte regelmäßig an unserer Datscha vorbei. Er ließ keine Gelegenheit aus, bei uns vorbeizuschauen, obwohl er wußte, daß wir uns bei weitem nicht immer über sein Kommen freuten. Man mußte um diesen gelehrten Mann Schmerz und Scham empfinden, der buchstäblich aus dem Hof hinauskomplimentiert wurde, der jedoch zur Überzeugung gekommen war, daß Scham nicht Rauch ist und nicht die Augen beißt, und der deshalb immer und immer wieder bei uns auftauchte. Im Jahre 1970 legte Jaurès eine wahnsinnige Geschäftigkeit an den Tag, um mich am Institut in Obninsk unterzubringen, mit dem Hintergedanken, daß wir dorthin übersiedeln würden. Er war buchstäblich tot, als die Sache platzte. Er hatte es nicht vermocht, zum Wohltäter von Alexander Issajewitsch zu werden! Die Versuche, Solschenizyn »aus der Patsche zu helfen«, stellte er allerdings nicht ein: auch nicht nach seinem Überwechseln an englische Fleischtöpfe.
Doch diese Versuche sind allzu kleinkariert. Als er zum Beispiel Anfang 1973 in der Presse Solschenizyn ein »Armutszeugnis« ausstellte, mischte sich Medwedew mit dem Recht des »alten Freundes« in unser persönliches Leben ein und stritt nicht nur die Existenz der Datscha bei Narofominsk ab, sondern auch mich, als »reale Ehefrau« von Alexander Issajewitsch.
Meine Erwiderung auf diese tiefsinnigen Enthüllungen wurde in der NEW YORK TIMES vom 9. März 1973 veröffentlicht. Ich schrieb, Solschenizyns Pseudofreunde wie auch er selbst würden gegen ihr Gewissen handeln, indem sie unser gemeinsames, nicht leichtes Leben der Vergangenheit anheimgeben wollten. Ein Leben von der Dauer eines Vierteljahrhunderts, in dem es den Krieg und die Gefahr gab, wo wir uns verloren und wiederfanden, wo es das Gefängnis gab und endlich die lange Zeit, die wir Seite an Seite verbrachten, als alles in unserer Familie in seinen und seiner Arbeit Dienst gestellt war, als ich ihm in allen Dingen behilflich war. Ich führte sein Sekretariat, sichtete die Korrespondenz, interviewte Leute für seine Bücher, schrieb seine Manuskripte auf der Maschine ab. Ich vertiefte mich so sehr in

seine Arbeit, durchdrang mich so sehr mit seinen Interessen, daß ich 1969 sogar meine Dozentenstelle am Institut aufgab: mit dem Einverständnis meines Gatten.
»Wie Solschenizyn dies alles gewürdigt hat«, fuhr ich in meiner Erwiderung fort, »ersieht man aus seinem vierstündigen Interview mit einem amerikanischen Korrespondenten, wo er sich an seine Großmutter, seinen Großvater, seine Mutter, seinen Vater, seine Ehefrau, nämlich Natalja Dmitrijewna Swetlowa, und den ›hellhaarigen Sohn Jermolaj‹ erinnert. Und unser Leben hat es wohl nicht gegeben? Ein Vierteljahrhundert wird mit einem Schlag einfach durchgestrichen.«
Weiter schrieb ich, Solschenizyn würde »die Öffentlichkeit des Wortes zur Bedingung der Gesundheit einer jeden Gesellschaft« erklären, von mir aber verlangen, daß ich als Antwort auf Verleumdung schweige und diese auch von sich aus nicht unterbinde. Er will die russisch-orthodoxe Kirche vor dem Staat beschützen, handelt aber selbst durchaus nicht als Christ. Er trauert darüber, daß man einen ins Gefängnis gesetzten Menschen vergißt, selbst aber wirft er in die Leere eines einsamen Greisenalters einen Menschen, dem er einst schrieb: »Du hast mir das Leben gerettet und mehr als das Leben.«
Und als ich eine Woche nach der Verleihung des Nobelpreises an ihn Hand an mich legte und erst nach zwei Tagen wieder zum Leben erweckt wurde, stellten seine neuen Freunde, um seine Reputation zu retten, die Tragödie als eine Komödie dar.
Als Jaurès Medwedew später von meinem Buch hörte, war er bereit zu schwören, ich hätte ihm das Geständnis gemacht, daß ich den ganzen Rest meines Lebens der Rache an Solschenizyn weihen wolle.
Auch wenn ich eine so böse Absicht hegen würde, hätte ich Jaurès Medwedew davon keine Mitteilung gemacht!
Auch andere Leute tauchten rings um Solschenizyn auf. Ljuscha Tschukowskaja, die Tochter von Lidija Kornejewna Tschukowskaja, stellte Alexander Issajewitsch ihr Moskauer Zimmer zur Verfügung. Sie und einige andere Damen brachten sich in eine solche Lage, daß Solschenizyn jede Dienstleistung als angemessen aufnahm, daß er es fast für eine Wohltat, die er den anderen erwies, erachtete, sich gnädig bedienen zu lassen. Einige dieser Damen waren aufrichtig der Meinung, Alexander Issajewitsch sei ein Genie, dem vieles erlaubt ist. Für die anderen schien bereits der

Umgang mit ihm, und sei es nur auf diese Weise, etwas sie Erhöhendes und aus der allgemeinen Masse Heraushebendes zu sein. Das alles freilich ist nicht so wichtig. Wichtiger und schlimmer war etwas anderes: Im Vakuum, das sich um Solschenizyn gebildet hatte, begannen die Stimmen dieser Frauen Gewicht zu bekommen, auf ihre stets vorbehaltslos schmeichelhaften Meinungen begann Solschenizyn zu hören.

Eine seltsame Sache: er behandelte irgendwen ohne Achtung, spöttelte bisweilen, erlaubte sich eine Charakteristik wie »abstoßend häßlich und dazu noch Jüdin« und nahm es gleichzeitig durchaus ernst, wenn ihn besagte Dame auf den Sockel von Tolstoj stellte.

Hundertmal recht hatte eine von ihnen – nämlich Nadeschda Pawlowitsch –, als sie später ausrief: »Wir sind schuld, Sie verdorben zu haben – durch den Ruhm und die Beinahe-Anbetung ...«

Die meisten dieser Verehrerinnen zeichneten sich durch ein schlechtgeordnetes Leben, durch Verbitterung und Züge von Hysterie aus.

Einmal fragte ich meinen Mann, warum sich eine solche Damengesellschaft um ihn scharte. Ich hatte angenommen, daß er sich über die Frage ärgern und mir widersprechen würde. Doch er entgegnete, fast etwas ratlos:

»Ich weiß nicht. Es hat sich irgendwie von selbst so ergeben.«

Außer den Damen begannen sich übrigens auch Männer einzustellen: und zwar keineswegs gekränkte. Es handelte sich um arrivierte westliche Berichterstatter. Ihr persönlicher Einfluß auf Alexander Issajewitsch war minimal. Jedoch die Resultate ihrer Kontakte kann man kaum überschätzen. Sie waren es, die rund um die Werke meines Mannes das »politische Heu« aufzuwirbeln begannen.

Die Artikel in den soliden westlichen Blättern unterschieden sich im kritiklosen Gebaren und in der Konzentration von Weihrauch kaum von den Begeisterungen der umgebenden Damen und wurden ebenfalls als etwas genommen, das völlig in der Ordnung war. Und so gab es auf der Welt schon keine Macht mehr, die in Solschenizyn auch nur den geringsten Zweifel erwecken konnte, daß er in allen Dingen recht hat: angefangen mit seiner politischen Beurteilung der Tätigkeit Peters I. bis hin zu seiner Meinung über Toilettenseife.

In einer öffentlichen Bücherei in Leningrad musterte einmal eine Verehrerin meinen Mann vierzig Minuten lang, bevor sie auf ihn zutrat (es war ihr erlaubt worden, zum Zweck einer Bekanntschaft in die Bücherei zu kommen). Später vertraute sie mir an, sie hätte darüber gestaunt, mit welcher Geschicklichkeit Alexander Issajewitsch einen Bleistift in die Luft wirft und ihn, ohne hinzuschauen, im Flug wieder auffing, nachdem sich der Bleistift in der Luft einige Male um seine Achse gedreht hatte. Das tat er wirklich nicht ohne Virtuosität. Außerdem sagte sie mir noch, sie hätte sich davor gefürchtet, auf Solschenizyn zuzugehen. Am Ende entsprach er gar nicht jenem Bild, das sie sich von ihm gemacht, an das sie sich unter anderem auch mit den Zeilen gewandt hatte: »Wir sind Tausende! Sie sind einer. Und niemand, niemand von uns darf es wagen, ihre Aufmerksamkeit zu beanspruchen. Man darf nicht auf den böse sein, den man anbetet. Ich warte mit leidenschaftlicher Ungeduld auf Ihren Anruf ...«

Diese exaltierte Verehrerin war Jelisaweta Denissowna Woronjanskaja, die später auf so tragische Weise ihr Leben durch Selbstmord beenden sollte.

Der Leningrader Kritiker Gubko konnte sich mit der Erzählung IM INTERESSE DER SACHE nicht befreunden. »Sie haben das Organische, das Unmittelbare Ihrer Palette *im Interesse der Sache* aufgeopfert, die eine überaus tagespolemische und darum recht geringfügige Sache ist. War das nicht ein zu hoher Preis?«

Solschenizyn begriff selbst, daß diese Erzählung schwächer als die vorausgegangenen war. Er veröffentlichte sie, weil die Aussage in diesem Fall wichtiger war als der künstlerische Wert.

Es kam ein Brief der Schriftstellerin Nadeschda Pawlowitsch. Sie meinte, Solschenizyn könne nur über Dinge schreiben, die er selbst gesehen habe. Er sei kein »Erfinder«. Nadeschda Pawlowitsch warf Alexander Issajewitsch den »Naturalismus« der Sprache vor. Sie wirke wie eine Tonbandaufnahme. Aber Kunst und Tonband seien zweierlei, in der Kunst käme noch etwas hinzu.

Noch eine Kritik, zudem eine sehr qualifizierte. Ein Professor der Philologie aus Leningrad vertrat die Meinung, diese Erzählung sei äußerlich, *arbeiten* würde hauptsächlich das Sujet. Er habe den Eindruck, daß der Verfasser die Personen aus der Gegenwart weitaus schlechter kenne als die Helden seiner früheren Erzählungen, deshalb würde Oberflächliches überwiegen.

Gubko, die Pawlowitsch und jener Professor waren für Solschenizyn Autoritäten ... Aber nur bis sie diese Urteile fällten! Fortan wäre der Umgang mit ihnen reine Zweitverschwendung gewesen, der ihn bei der Arbeit behinderte. Jede Störung bringt meinen Mann aus dem Rhythmus. Er weigert sich strikt, Journalisten, Leser oder überhaupt Besucher zu empfangen. So wächst noch eine weitere Mauer zwischen dem Schriftsteller und dem Leben auf.

Einmal sprachen zwei Moskauer Bildhauer bei uns vor. Sie waren dabei, Solschenizyn zu porträtieren. Wenn er schon nicht zu sprechen sei, würden sie ihn sich wenigstens gern ansehen.

Ich versuchte höflich, die Bildhauer zu überreden, ihr Vorhaben aufzugeben. Das wollte mir nicht gelingen.

Endlich verliert mein Mann die Geduld, tritt aus dem Zimmer, schiebt mich weg und schlägt den beiden die Tür vor der Nase zu.

Ich machte den traurigen Witz, so würde man ihn jetzt wohl darstellen: die Tür vor Besuchern zuschlagend ...

In Moskau arbeitete Alexander Issajewitsch am liebsten in der Fundamentalbibliothek für Gesellschaftswissenschaften sowie im Zentralarchiv für Kriegsgeschichte, das im ehemaligen Schloß Lefortowo untergebracht ist.

Dort gelang es ihm, amtliche Papiere über seinen Vater aufzustöbern. In einem davon ist sogar die Kirche in Belorußland angegeben, wo seine Eltern während des Ersten Weltkriegs getraut wurden.

Als mich mein Mann direkt vor der Abreise von Moskau nach Leningrad anrief, sagte er mir, er würde seine Arbeit in der Bibliothek und im Archiv auf ihrem Höhepunkt und an der interessantesten Stelle unterbrechen ...

Wozu war das notwendig? Wozu mußte er überhaupt nach Leningrad fahren? Konnte er die Materialien, die sich in der dortigen Bücherei befinden, nicht auch in Moskau ausfindig machen?

Aus Leningrad rief er mich nicht an. Aber es kamen regelmäßig Briefe. Er schreibt, wie vorzüglich es sich in der »Publitschka« arbeite!

Ich bin ziemlich ruhig und ertrage die Trennung endlich recht tapfer.

Am 12. Februar spielte ich zusammen mit einer Studentin der

Musikschule das Konzert von Kabalewskij. Wir hatten bei uns zu Hause viel geübt, das Lob war wohlverdient.
Jetzt mußten alle Kräfte auf die Vorbereitung meines eigenen Konzerts verwendet werden! Es sollte im März stattfinden, bevor mein Mann und ich nach Taschkent fuhren. Er mußte sein Onkodispensarium aufsuchen und noch etwas Material für die KREBSSTATION sammeln. Ich fuhr mit, ich hatte Urlaub bekommen.
Plötzlich bricht in meinen musikalischen Rausch ein alarmierendes Telegramm ein.
Es kam am 13. Februar von der Woronjanskaja: »Beschwören Sie zu gestatten, Aufenthalt um Woche zu verlängern.«
Zunächst maß ich dem Telegramm keine Bedeutung bei. Ich dachte, es sei eine Laune der Woronjanskaja. Wahrscheinlich war es so, daß mein Mann unter dem Vorwand, bis zum 26. Februar wieder zu Hause sein zu müssen, Besuche ablehnte. (So ähnlich war es auch gewesen.) Aber dann – wurde ich von Unruhe ergriffen.
Richtig aus der Fassung kam ich jedoch erst, als von Alexander persönlich ein Brief mit der gleichen Bitte eintraf: er komme zeitlich nicht zurecht, er wolle länger bleiben, er bitte um mein Einverständnis ...
Einst im Jahre 1957 schrieb mir Alexander aus Milzewo von unserem unzertrennlichen Glück, von der Unmöglichkeit, mir und ihm getrennt voneinander Glück zu wünschen. »Also gehören wir zusammen! Und alle Geburtstage werden wir künftig nur noch gemeinsam begehen!«
Das wurde dann zur Tradition. Während all der seither gemeinsam durchlebten Jahre, ob zu Hause oder in Solotscha, beim Unterricht oder beim Skifahren, verbrachten wir ihn *gemeinsam*.
Und jetzt beginnt das, was für uns scheinbar nicht bloß ein Tag des Gedenkens und nicht bloß ein Festtag war, sondern ein Symbol dessen, daß wir fortan immer zusammen sein würden – jetzt begann es für ihn seinen Wert zu verlieren ...
Der Gedanke an eine Frau kam mir nicht in den Sinn. Ich befand mich unter Hypnose dessen, was mir mein Mann ein für allemal gesagt hatte: »Mein literarisches Schaffen ist deine einzige Nebenbuhlerin.« Diesen Gedanken fortspinnend, dachte ich nun, das literarische Schaffen sei also jetzt nicht bloß Nebenbuhlerin, sondern *glückliche* Nebenbuhlerin, die ihn mir mehr und mehr wegzunehmen beginnt. Doch was konnte ich da tun!

Jedoch aus dem letzten Brief meines Mannes spürte ich eine kaum greifbare Entferntheit heraus. Irgendeine Kleinigkeit war anders geworden. Und diese »Kleinigkeit« flüsterte mir zu, daß etwas Ernstes vor sich ging.
Mein erster Gedanke: zu meinem Geburtstag werde ich nach Leningrad fahren!
Draußen tobte ein Schneesturm. Aber ich rannte zweimal auf die Post. Zwei Briefe und ein Telegramm wurden abgeschickt. Das war am 15. Februar. Am gleichen Abend, zu später Stunde, gab ich noch ein weiteres Telegramm telephonisch durch:
»Müssen entscheiden du Rjasan wir Moskau ich Leningrad anruf telegraphier.«
Der folgende Tag ging vorbei. Kein Anruf, kein Telegramm.
Nein, Alexander kannte mich nicht. Immerhin war ich Häftlingsfrau! Was könnte mich hindern? Vielleicht ein Stacheldraht? – Ich wollte den 26. Februar nicht abwarten und einfach nach Leningrad fahren. Aber da warf mich eine Virusgrippe um, mit hohem Fieber...
Am nächsten Tag traf ein Brieftelegramm von meinem Mann ein. Es war unbestimmt gehalten. Ich fand weiterhin keine Ruhe.
Die Grippe hatte mich so geschwächt, daß an eine Reise nicht zu denken war. Eine dich im richtigen Augenblick überfallende Grippe kann durchaus die Wirkung des Stacheldrahts haben. Und ich hatte gedacht, es gäbe nichts Schlimmeres. Aber auch die Grippe ging vorbei. Und doch gab es etwas, das hundertmal schlimmer war als Stacheldraht. Damals habe ich das nicht geahnt...
Anrufen hätte ich sollen! Der Gedanke kam mir nicht, daß es in der Wohnung, wo mein Mann abgestiegen war, ein Telephon gab. Er hatte mir nichts davon geschrieben.
Einige Jahre später stieg ich in Leningrad in der gleichen Wohnung ab. Gleich in der ersten Minute, beim Aufhängen meines Mantels, streifte ich dieses Telephon, das sich einst vor mir verbarg. Das Telephon fiel herunter. Der Hörer zerbrach. Dieses in die Verschwörung verwickelte Telephon mußte ausgewechselt werden.
Ich rief die Woronjanskaja an. Alexander Issajewitsch schien sich mit der Absicht zu tragen, in den kommenden Tagen nach Moskau zu fahren. Mitgefühl schwang in ihrer Stimme nicht mit...

Am 21. Februar erhielt ich ein Telegramm von meinem Mann. Wir treffen uns in Moskau. Mir wurde leichter, aber nicht leicht ums Herz... Irgend etwas hatte sich verändert...
Am 25. Februar fuhren mein Mann und ich einander entgegen: ich aus Rjasan, er aus Leningrad.
Nach Moskau fuhr ich ein wenig besänftigt. Aber immerhin sagte ich meinem Mann, als ich ihn am Abend des 25. Februar auf dem Leningrader Bahnhof in Moskau traf, schon gleich auf dem Bahnsteig, er sei »nicht mehr meiner«. Er bestritt das. Er habe doch alles, was ich gewollt, getan. Und habe mir sogar ein Geburtstagsgeschenk mitgebracht. Das war eine hübsche beigefarbene Damenhandtasche, gegen die ich allerdings gleich von Anfang an eine Abneigung hegte.
Sich selbst hatte mein Mann einen neuen Sweater gekauft. Mich verblüffte die Veränderung seines Geschmacks: der Sweater war schwarz, aber bunt gemustert. Er sagte, die Woronjanskaja hätte den Sweater entdeckt und ihn überredet, ihn zu kaufen.
An jenem Abend versuchte mein Mann mit allen Mitteln, mein Mißtrauen zu zerstreuen. Erst einen Monat vorher waren wir beide hier zusammen gewesen. Alles schien so zu sein wie vor seiner Abreise nach Leningrad – und dennoch war es nicht ganz so...
Einige Tage darauf besuchten mein Mann und ich die Familie Teusch. Die scharfäugige Susanna Lasarewna bemerkte irgendeine neue Nuance in der Einstellung meines Mannes zu mir. Als sie und ich allein geblieben waren, fragte sie mich, ob ich nicht befürchte, daß sich Alexander Issajewitsch für eine der Schauspielerinnen des Theaters des Zeitgenossen erwärmen könnte...
»Das ist ausgeschlossen. Ich zweifle nicht daran, daß sein literarisches Schaffen meine einzige Nebenbuhlerin ist...«
Am gleichen Tag fuhr ich nach Rjasan. Einige Tage darauf kehrte auch mein Mann dorthin zurück. Das war am 1. März.
Meine Mutter spürte, daß der Schwiegersohn diesmal als ein ganz anderer Mensch heimgekehrt war. Ihn erfreute zu Hause nichts, wie das früher der Fall war. Im Gegenteil: manches machte ihn gereizt...
In jener Periode nahm mich das Institut stark in Anspruch, es war gerade die Session der Fernhörer. Wenn ich nach Hause kam, setzte ich mich gleich ans Klavier, denn der Gedanke, ein Konzert zu geben, verließ mich nicht. Das führte dazu, daß sich mein

Umgang mit meinem Mann gegenüber früher einschränkte. Alexander Issajewitsch war hauptsächlich mit dem KREIS beschäftigt, er arbeitete einzelne Kapitel um und zu Ende.

Alles wäre gut gewesen, hätte ich nicht ständig den Eindruck gehabt, daß sich mein Mann irgendwie fast ungreifbar verändert hatte. Irgend etwas zwischen uns wurde nicht restlos ausgesprochen.

Endlich hielt ich es nicht aus und redete ihn darauf an...

»In unserem Haus ist ein Verrat begangen worden«, sagte er.

»Von wem?« rief ich ungläubig aus.

»Von deiner Mutter.«

»???«

Solange wir hier in Rjasan wären, würde er nicht sagen, worin der Verrat bestehe. Vielleicht später, wenn wir nach Taschkent führen...

Meine Mutter und – *Verrat?*

Mutters offene Seele, ihre Aufrichtigkeit und Selbstvergessenheit und – *Verrat?!*

Ich krampfte mich zusammen. Mit meiner Ruhe war es vorbei. Ich versuchte, fürs Konzert zu üben, aber daraus wurde nichts. Ich konnte mich nicht konzentrieren, war zerstreut...

Irgendwie lebten wir trotzdem bis zum 17. März: bis zum Tag unserer Abreise.

Draußen waren zehn Grad Kälte. Wir bestellten ein Taxi.

Der Waggon war nur schwach belegt. In unserem Abteil waren wir allein.

Im Zug kam ich allmählich wieder zu mir. Mein Mann sichtete die mit auf die Reise genommenen Unterlagen für die KREBSSTATION.

Um drei Uhr nachmittags erreichten wir die Hauptstadt Usbekistans. Wir stiegen im Hotel »Taschkent« ab.

Aber vielleicht war er umsonst hierhergekommen, dachte mein Mann. Dieser Zweifel, den er mir bereits am ersten Abend geäußert hatte, zerstreute sich auch am folgenden Tag nicht, als er das Onkodispensarium aufgesucht hatte, im weißen Kittel herumgegangen war, an einer Arztvisite teilgenommen hatte: dies alles mit dem Gefühl, ein »namhafter Gast« zu sein.

Ein weiteres Mal überzeugte er sich davon, daß es unmöglich und unsinnig war, »Material zu sammeln«. Das kann man nur mit seinem Buckel und nur dann, wenn man kein Schriftsteller ist

(zumindest nicht für die Leute ringsherum). Anderenfalls bist du ein hoffnungslos beiläufiger Beobachter, vor dem sich alle verstellen oder auf die Zehenspitzen stellen.
Man kann nur über das schreiben, was man erlebt hat! – das ist die erstarkende Überzeugung Solschenizyns. Dann hat also Lew Kopelew recht?

Dies begann an dem für mich bitteren Tag des 23. März. Draußen regnete es, goß es in Strömen.
»Wollen wir also reden!« sagte endlich mein Mann.
Er setzte mich auf eines der beiden Hotelbetten, die durch einen schmalen Durchlaß voneinander getrennt waren, blickte mich durchdringend an und begann mir zu erklären, worin Mutters »Verrat« bestanden hatte...
Sie hatte allzu offenherzig mit einer Besucherin über die Gesundheit, genauer: über die Krankheiten ihres Schwiegersohnes gesprochen.
Ich glaubte es nicht.
»Wie kannst du nur so überzeugt davon sein?« fragte ich. »Wem hat sie es denn gesagt?«
Mein Mann nannte einen Familiennamen.
Ich war verwirrt. Ich war geneigt, dieser Frau, einer Professorin aus Leningrad, zu vertrauen, obwohl ich sie persönlich nicht kannte. Aber ein anderer Gedanke versetzte mir einen Schock.
»Wie konnte sie dir so etwas sagen? Sprechen denn Frauen mit Männern über solche Themen?«
Mein Mann schwieg. Wahrscheinlich wartete er darauf, daß ich errate...
»... sollte sie!«
»Sie hat sich – in dich verliebt? – Du bist mit ihr?«
»Ja.«
Ich lächelte, ich weiß nicht warum. Eine gelehrte Professorin hatte sich in meinen Mann verliebt...
Aber im nächsten Augenblick stürzten mir die Tränen unaufhaltsam aus den Augen...
»Du hast mir geholfen, einen Roman zu schaffen. Erlaube, daß sie mir bei der Schaffung eines anderen Romans hilft!« bekam ich zu hören.
Und er begann mir zu erklären, ich sei recht schwach auf den

Füßen, längere Fußwanderungen würden über meine Kraft gehen. Er aber müsse durch die Dörfer streifen. Und sie sei anspruchsloser als ich und hielte körperlich mehr aus. Wir aber, er und ich, würden mit dem Auto auf die Reise gehen... Er sei doch ein bekannter Schriftsteller. Gewöhnliche Maßstäbe dürfe man bei ihm nicht anlegen.

Unsere Welt brach zusammen, in der ich und er untrennbar gewesen waren. Eine Frau war in diese Welt eingetreten. Sie hatte einen Platz in dieser *nur uns zweien* gehörenden Welt eingenommen!

Der langjährige Glaube hatte sich als Illusion erwiesen.

»Ich begreife alles«, sagte ich endlich. »Meine Etappe in deinem Leben ist abgelaufen. Nur erlaub mir, ganz fortzugehen, aus dem Leben fortzugehen.«

»Du mußt leben!« redete Alexander auf mich ein. »Wenn du dich umbringst, führst du nicht nur dich selbst ins Verderben, sondern auch mich und meine Arbeit...«

Er redete mir zu: es sei nichts Schreckliches passiert, er liebe mich. Seine Einstellung zu mir und zu ihr seien zwei »sich nicht überschneidende Ebenen«. Für mich empfinde er *ein* Gefühl. Und ein »ganz anderes« für sie.

Ich hatte mich so sehr daran gewöhnt, meinem Mann uneingeschränkt zu glauben, im Bewußtsein dessen zu leben, daß dieser Mensch hoch und exzeptionell ist, daß sich irgendein Zweifel bei mir gar nicht einschleichen konnte. Aber – wie sollte ich ihm entgegenkommen? Wie sollte ich mich umkrempeln? Meine Grundsätze ändern?

Alexander hatte geglaubt, sich alles so vorzüglich ausgedacht zu haben. Wenn ich nur einverstanden wäre, würde alles gut sein! Und ihn unterdessen das Gewissen nicht plagen. Die Ehefrau hat es doch erlaubt ...

Hätte irgend jemand in jenen Minuten Solschenizyn gesagt, sein Unterfangen würde der Moral, der Religion und der schlichten Menschlichkeit zuwiderlaufen – er hätte es nicht geglaubt und wäre aufrichtig erstaunt gewesen. Ihn quälte das Bewußtsein, daß der von ihm so gut ausgedachte Plan nicht gelingen wollte. Er führte immer neue Argumente an. Er versuchte nachzuweisen, daß sein Gefühl für mich noch tiefer werden würde, daß Dankbarkeit und Bewunderung hinzukommen würden, wenn ich auf dieses Opfer einginge.

Aber vielleicht ist gerade dies das Höchste in der Liebe? Im Bewußtsein zu leiden, daß du dich zum Opfer bringst, und darin vielleicht eine höhere Freude zu finden? Aber selbst wenn das so wäre – würde ich es über mich bringen?
Ich scheine mich bereit erklären zu wollen. Und heule gleich wieder los. Und weiß wieder nichts ...
So ging der 23. März 1964 zu Ende ...
Damals hatte ich anderes im Kopf und zog keine Parallele. Doch es hatte in unserem Leben auch einen anderen 23. März gegeben: den 23. März 1942, als mein Mann zu mir nach Morosowsk kam: als Rotarmist auf dem Weg nach Stalingrad. Jener Tag und dieser ... Ja, war es denn überhaupt noch derselbe Mensch?
Und tags darauf, am 24. März 1942, hatte ich, trunken vor Glück, meinem Mann einen Brief geschrieben, den er für das Beste hielt, was ich je an ihn geschrieben habe.
Und wieder ist der 24. März, zweiundzwanzig Jahre später ...
Beim Frühstück konnte ich nichts essen. Mein Hals schien sich verengt zu haben.
Sollte ich darauf eingehen? Sollte ich das fortführen, was vor sieben Jahren begonnen wurde: ihm sämtliche Voraussetzungen für das literarische Schaffen zu gewährleisten? Damals benötigte er den Komfort der ihn umgebenden Atmosphäre, den ich durch meine Musik, durch ein gutgeführtes Haus, durch meine Kunst, jeden seiner Wünsche zu erraten und zu erfüllen, durch mein Bemühen, sein »Seelchen« zu sein, herzustellen versuchte ... Jetzt brauchte er auch noch den Komfort des Gewissens, denn *Das Gewissen wird einem nur einmal gegeben* ...
Und andererseits: wie sehr liebte es mein Mann zu wiederholen, daß ich für ihn besser sei als alle anderen Frauen, mochten diese Frauen anderen Männern noch so schön und anziehend erscheinen! Und ich war so fest von seinem Gefühl überzeugt, davon, daß ich für ihn die einzige bin, daß ich mich ergeben unterordnete und sogar dann noch gehorchte, wenn er sich dagegen sträubte, daß ich mir das Haar wellte, die Lippen schminkte, daß ich mich nach der Mode kleidete. »Man darf nicht nach der Mode gehen, denn jedem steht das Seine ...« Und ich Dummerchen gehorchte immer?
Ich weiß, daß ich mich nicht gerade originell verhielt, als ich am nächsten Tag in den Friseursalon hinunterging und mir die Haare schneiden und wellen ließ ... Bei seiner Rückkehr aus dem Onko-

dispensarium fand mich mein Mann leidend, aber verschönt vor ... Er staunte mich aufrichtig an.
Bisweilen hypnotisierte mich seine Beredsamkeit, riß mich für Augenblicke mit sich fort. Dann schien es, daß ich bereit sei, mich zu unterwerfen ... Und wieder verfiel ich in Verzweiflung und spürte mein Unvermögen, das innere Aufbegehren in mir niederzukämpfen ...
Solschenizyn quälte mich nicht nur. Er beobachtete mich außerdem noch. Bereits nicht mehr als Ehemann, sondern als Schriftsteller bat er mich, alle meine Empfindungen in mein Tagebuch einzutragen.
Aus diesem Tagebuch würde Alexander Issajewitsch später Auszüge machen. Sie befinden sich in seinem Besitz. Die Leser werden sich noch einmal damit vertraut machen können.
Wir spazierten durch den Park des Onkodispensariums. Vielleicht werden einige Frauen Solschenizyn entschuldigen, wenn er, den einen Arm um mich, den anderen Arm um die fiktive Taille einer anderen geschlungen, sagt: »Damals hatte ich hier keine einzige – jetzt habe ich zwei.«
Warum muß ich davon reden? Er wird ja immer eine Antwort finden. Zum Beispiel: weil das die Wahrheit ist, und der Wahrheit muß man ins Gesicht sehen.
Mein Mann sagte mir, ich und sie seien »sich nicht überschneidende Ebenen« (ein der Mathematik entnommenes Bild!), doch ich spürte etwas anderes. Ich spürte, daß er uns, ohne sich vielleicht darüber Rechenschaft abzugeben, unablässig miteinander verglich. Mal warf er mir die Worte hin: »Du bist doch kein großer Musiker!« Dies gegen den Hintergrund einer Frau, die er für eine hervorragende Wissenschaftlerin hielt. Oder er war umgekehrt darüber verblüfft, daß sowohl ich wie sie auf Tjutschew und dessen Doppelleben zu sprechen kamen ...
Und so immer und in allem ...
Nicht mit dem Verstand – mit dem Herzen konnte ich dem Manne nicht nachgeben, meine Prinzipien, meine Überzeugungen, meine Natur nicht verraten ...
Nicht mit dem Herzen – mit dem Verstand versuchte ich, mir unwahrscheinliche Gewalt anzutun, um dem Schriftsteller nachzugeben. Mich im Namen seines Schaffens zu überwinden, meine Überzeugungen zu verändern und zu verraten, dieselben und dazu mich selbst ihm zum Opfer zu bringen ...

Ich kämpfte schon nicht mehr gegen meine Rivalin. In mir kämpfte die Frau mit der Schriftstellergattin. Wer wird Oberhand gewinnen? Was wird sich als stärker erweisen? Das Herz oder der Verstand? Die Liebe der Frau oder die Opferbereitschaft und Selbsterniedrigung der Schriftstellergattin? Damals war ich der Meinung, Solschenizyn sei berechtigt, solche Eigenschaften von seiner Ehefrau zu verlangen.

Am 2. April empfing uns unfreundlich das noch nicht vom Winter erwachte Rjasan. Es war kalt. Wir froren in unseren leichten Mänteln.

Wir sind zu Hause ... Meine Mutter erschrickt beim Anblick meiner Magerkeit und der Verzweiflung in meinen Augen.

Mutter konnte sich nicht vorstellen, daß noch in den größten Männern der Urmensch steckt, vielleicht sogar in stärkerem Maß als in einfachen Männern. Und daß die hervorragendsten Frauen zuweilen mehr von einem primitiven Weib an sich haben als die letzte Spießerin. –

Heute, nachdem zehn Jahre vergangen sind und eine Vielzahl von Ereignissen mich dazu nötigte, die Menschen und ihre Handlungsweise umzubewerten, kann ich mich nur schwer damit abfinden, daß ein erwachsener, durch eine gewaltige Lebensschule hindurchgegangener Mann eine so ernsthafte und sogar entscheidende Bedeutung dem unvorsichtigen Wort einer alten Frau (Mutter war damals vierundsiebzig) beimessen konnte, deren Ergebenheit die Zeit und das gemeinsam durchlebte Unglück bewiesen hatten.

Mein Mann suchte weder damals noch später eine Aussprache mit meiner Mutter, aber er ließ sie lange seine stumme Verurteilung spüren. Er hat nie begriffen, daß er aus der Mücke einen Elefanten gemacht und meiner Mutter, aber auch mir, völlig überflüssiges Leid zugefügt hatte.

Mir blieb vom Urlaub noch eine ungenutzte Woche. Ich fuhr nach Moskau, um Ablenkung zu finden.

Aus Moskau schrieb ich an meinen Mann einen Brief: ich hätte mir alles genau überlegt und begriffen, daß ich ihn nicht mit einer anderen Frau teilen könne. Er solle wählen. Wenn er sich nicht gleich entscheiden könne, solle er wegfahren. Es sei unerträglich für mich, in denselben vier Wänden mit ihm zu leben und ihn gespalten und fremd zu sehen ... Ich sei an meine Arbeit gebunden. Er an nichts.

Die Antwort wurde unter Tränen geschrieben. Alexander konnte nicht begreifen, wieso man ihn »wegen der Wahrheit aus dem Haus jagt«. Er sei schon genug unterwegs gewesen ... Moskau ... Leningrad ... Jetzt wäre es gerade an der Zeit, am häuslichen Herd zu leben. Aber man ließe ihn nicht!
Die Bitterkeit der Kränkung vermischte sich in mir mit dem Mitgefühl für meinen ratlosen Mann. Ich schlug ihm folgende Möglichkeit vor: ich wollte die Rjasaner Wohnung umbauen und ein abgetrenntes Arbeitszimmer für ihn einrichten. Wir könnten in verschiedenen Räumen leben, solange er seinen Entschluß nicht gefaßt hatte ...
»Gut, mach das!« pflichtete mir Alexander bei.
Ich rannte zu dem für Verwaltungsfragen zuständigen Prorektor. »Wenn Sie meine Bitte nicht erfüllen, werde ich trotzdem alles nach meinem Willen tun. Hinterher soll man mich von mir aus vor Gericht bringen!«
Nach dieser Ansprache erschien ihm meine Bitte um eine Verlegung der Türen in der Wohnung leicht erfüllbar.
Es fällt der Stuck, es bröckelt der Ziegelstein. Ich schaffe den Dreck aus dem Haus. Treibe die Arbeiter an, treibe den Techniker und die Maler an.
Ich kaufe Stoff. Nähe neue Gardinen für die Fenster, die Türen, schneidere eine Decke für die Ottomane ...
Das Klavier und der Flügel, die in unserem Haus in so schöner Einmütigkeit erklungen waren, verlassen ihre Plätze nebeneinander und ziehen sich in verschiedene Zimmer zurück: genau wie ich und mein Mann. Ich gebe den Flügel her. Das Klavier wandert in mein kleines Boudoir.
In meinem Mann geht ein schwerer innerer Kampf vor. Er muß einen Entschluß fassen! Welche Qualen mich diese Wochen gekostet haben, mußte mein Mann wohl ahnen ...
So wie alles andere wurde vermutlich auch dies vor Alexander hingestellte Dilemma vorwiegend vom Standpunkt des Nutzens oder Schadens für das literarische Schaffen beurteilt. Alles für die Literatur, alles *im Interesse der Sache* ...
Alles wurde durch die »hohe Bestimmung« sanktioniert, durch das edle Ziel, durch die »Überaufgabe«.
Die Veränderung der Lebensweise hätte seinem Schaffen Schaden zufügen können. Alexander beschloß, seine Neigung für jene andere Frau zu unterdrücken.

»Sie eignete sich nicht als meine Lebenskameradin«, gestand er mir sechs Jahre darauf.
Natürlich habe ich damals noch nichts begriffen. Ich hoffte einfach auf die Wiederkehr der Liebe meines Mannes. Ich lebte, versuchte meinen Schmerz und meine Angst zu verbergen ...
Endlich wurde das Urteil verkündet: Jene Frau wird es in seinem Leben nicht geben. Ich konnte aus Mappe Nr. 21 (»Die Welt der Gelehrten«) ihre Briefe nehmen und sie vernichten.
Ja, damals erschien mir das als Sieg – als mein Sieg und als der Sieg meines Mannes. Als ein Hinaufsteigen der Treppe um eine Stufe. Doch es war ein Pyrrhussieg. Die Treppe meines Mannes verlief unaufhaltsam abwärts. Nur abwärts – obwohl es manchmal den Anschein hatte, daß sich alles noch zum Guten wenden könnte.
Es sind Illusionen ...
Einst wurde der Hauptmann Solschenizyn unter den schweren Bedingungen der Kriegszeit seiner Freiheit beraubt. Jetzt sperrte sich der Schriftsteller Solschenizyn durch alle seine Handlungen selbst ein. Tag für Tag grenzte er sich von seinen Freunden, von seiner Familie, von seinem Volk ab. Und dieser unsichtbare Stacheldraht sollte sich für ihn als weitaus schlimmer erweisen als der Lagerstacheldraht.
Alles, was einem Menschen zustößt, sieht ihm selbst unweigerlich ähnlich.
So schrieb es Huxley in seinem KONTRAPUNKT. Das Schlichte und Verblüffende an diesem Gedanken hatte uns in der Jugend beeindruckt. Jetzt sagte bereits nicht mehr mein Herz, sondern der Verstand und meine ganze Lebenserfahrung: die Geschichte Solschenizyns beweist ein weiteres Mal, daß Huxley recht hat.